首都经济贸易大学北京市属高校基本科研业务费专项资金资助
（项目号：XRZ2021001）

启动、爆发与消退：
网络舆情中的情绪周期

Arising, Bursting and Ebbing
Cycles of Emotion in Online Public Opinion

刘念◎著

首都经济贸易大学出版社
Capital University of Economics and Business Press

图书在版编目（CIP）数据

启动、爆发与消退：网络舆情中的情绪周期／刘念著．--北京：首都经济贸易大学出版社，2023.3

ISBN 978-7-5638-3352-8

Ⅰ.①启… Ⅱ.①刘… Ⅲ.①互联网络-舆论-案例 Ⅳ.①G206.2

中国国家版本馆 CIP 数据核字（2023）第 029580 号

启动、爆发与消退：网络舆情中的情绪周期
QIDONG，BAOFA YU XIAOTUI：WANGLUO YUQING ZHONG DE QINGXU ZHOUQI

刘念　著

责任编辑	晓地
封面设计	
出版发行	首都经济贸易大学出版社
地　　址	北京市朝阳区红庙（邮编 100026）
电　　话	（010）65976983　65065761　65071505（传真）
网　　址	http：//www.sjmcb.com
E-mail	publish@cueb.edu.cn
经　　销	全国新华书店
照　　排	北京砚祥志远激光照排技术有限公司
印　　刷	北京九州迅驰传媒文化有限公司
成品尺寸	170 毫米×240 毫米　1/16
字　　数	212 千字
印　　张	12.5
版　　次	2023 年 3 月第 1 版　2023 年 3 月第 1 次印刷
书　　号	ISBN 978-7-5638-3352-8
定　　价	45.00 元

图书印装若有质量问题，本社负责调换
版权所有　侵权必究

前　言

党的十九大报告指出，要"提高新闻舆论传播力、引导力、影响力、公信力"。党的十九届四中全会继续强调，要"健全重大舆情和突发事件舆论引导机制"，"建立健全网络综合治理体系"，"全面提高网络治理能力"。然而，随着移动互联网和社交媒体的发展，网络逐渐成为宣泄社会情绪的一个重要出口。网络空间中汹涌澎湃的情绪流给网络舆情应对和网络社会治理带来了巨大挑战。

在这样的时代背景下，本书聚焦于网络舆情中的情绪要素，将网络舆情事件分为导入期、爆发期和衰退期，以社会学中的社会运动理论为基础，整合传播学相关理论，基于22个案例的实证研究，采用话语分析、社会网络分析和深度访谈等方法，考察网络舆情中的"情绪周期"，即情绪在舆情不同阶段中的启动、传播和消退的动态过程，着重回答以下三个问题：第一，在网络舆情事件的导入期，公众情绪从何而来？第二，在网络舆情事件的爆发期，公众情绪如何传播？第三，在网络舆情事件的衰退期，公众情绪如何平息？

具体来看，在网络舆情事件导入期，主要启动公众情绪。借鉴社会运动理论中社会运动产生和发展的宏观结构视角，本书从变迁、结构、话语三个角度分析网络舆情事件中的情绪来源。本书认为，社会变迁构成网络舆情事件中情绪来源的宏观语境，社会结构塑造了社会中稳定存在的某些"结构性情感"，在网络舆情事件的文本刺激下，社会"结构性情感"被唤醒和点燃，从而转化为"情境性情绪"，并通过网络舆论等形式释放出来。首先，从变迁角度而言，经济高速发展的同时也带来贫富差距扩大、认同分歧等社会问题，热点舆情事件频发；互联网的技术赋权使情绪的多元化表达成为可能，部落化的网络社会为个体情绪的相互感染创造了有利的环境条件。其次，从结构角度而言，中国中等收入群体的显著扩大对形塑情感与网络舆论生态产生了重要影响；在社会结构的作用下产生了某些容易引起舆情热点的"结构性情感"，如：信任缺失与信任异化、社会焦虑与不安等。最后，从话语角度而言，网络舆情事件中各种形式的文本刺激与上述"结构性情感"产生共振，从而促使"情境性情绪"爆发,其方式包括:"道德震撼"为"道德电池"积蓄情绪能量,文本"互文性"唤醒公众情绪记忆,通过网络谣言进行情感动员,采用视觉修辞强化情绪渲染。

随着网络舆情事件的发展,在各种文本刺激下,一直处于"休眠"状态的"结构性情感"被迅速"点燃",公众情绪进入爆发期。具体来看,本书主要从不同类型情绪传播的网络结构和关键节点及其影响因素三个方面考察情绪爆发期的传播特点。通过对"红黄蓝幼儿园虐童事件"的个案分析,作者发现:首先,在此事件中传播范围较广、影响力较大的情绪传播网络中,借助大型媒体机构和名人明星强大的影响力而形成了"放射状"传播结构;而此事件中传播范围和影响力较小的次要情绪则主要在草根大V和普通用户之间传播,由于其影响力相对较弱,故呈现出相对较零散的"星点状"传播结构。其次,在情绪传播过程中主要存在两类关键节点:一类是以媒体机构为主的"情绪吸引力"较强的节点,他们作为网络舆情事件中主要的信息释放者,在事件本身给公众造成强烈的道德冲击,继而引发大量网民的情绪表达后,成为情绪传播的"源头";另一类是以草根微博大V为主的"情绪凝聚力"较强的节点,他们更擅于通过直接的煽情化表达,凭借其在特定领域内的影响力,而成为情绪传播网络中重要的"情绪枢纽"。最后,从用户特征和媒介使用情况来看,微博使用程度较高的男性用户在情绪传播网络中的影响力较大,机构认证类用户更容易引发网民情绪,而个人认证类用户更容易凝聚网民情绪。

经过了情绪爆发期的释放与宣泄,随着舆情事件的平息与结束,公众情绪也逐渐消退。通过对网络舆情事件见证者的深度访谈,作者发现,事件衰退期的公众情绪主要经历了情绪消解、情感反思与情感沉淀三种路径。其中,那些由具体事件情节而引发的"情境性情绪"比较容易通过信息释放和焦点转移等方式伴随着舆情事件结束而逐渐消解,而那些指向社会深层的"结构性情感"则不容易消散。当喧闹的情绪狂欢结束后,主流媒体的理性发声与批判性思考有力地将网民的亢奋情绪导向更加深沉、理性、克制的反思,公众情绪逐渐由"情境性情绪"向"反思性情感"转化,留存下来的情感内容则沉淀为社会成员共享的情感体验而长期停留在公众心中,从而形塑了公众的集体记忆、强化了公众的原型认知,并且可能在以后的类似事件中再次被唤醒和触发。

基于以上分析，本书借鉴社会运动理论中的"争论周期"概念，提出了事件层面与社会层面上的"情绪周期"的理论构想。在具体的舆情事件中，情绪贯穿于网络舆情事件的整个发展过程，并在不同阶段呈现不同的传播特点，构成事件层面的"情绪周期"。从社会层面来看，网络舆情事件中的情绪已超越了单个的具体事件，随着一个事件的酝酿、爆发与结束，情绪能量得到释放后，通过情感反思和情感沉淀而凝结为新的反思性情感，直到下一个事件爆发后被再次唤醒和点燃，流动的情绪在整个社会中进行着"波浪式"的周期性运行和传播。

本书从实践角度，分别从媒体、公众与政府三个层面提出网络舆情中情绪疏导的策略建议。首先，在媒体层面，媒体应在建立对话中扮演好公共性的主体角色，在尊重事实、理性报道的同时，在立场认同、角色认同的基础上与公众建立"情感共同体"。其次，在公众层面，要提高公众的媒介素养，培养公众的批判性思维能力与理性反思能力，强化公众作为传播者的社会责任感。最后，在政府层面，应尊重"情绪周期"规律，探索将情绪作为一种社会治理资源的可能性，构建新型舆论引导观。

本书的创新点主要体现在以下四个方面。

（1）在研究内容上，本书是对网络舆情中情绪转向研究的一次新探索。目前，该领域相关的研究成果不多，且多是经验总结式的案例描述，本研究的理论创新点之一在于将目光从网络舆情研究中的信息流转向情绪流，尝试开拓和挖掘网络舆论相关理论体系的新版图。

（2）在理论视角上，本书将社会运动理论视角引入网络舆情研究中，结合传播学相关理论，采用社会运动理论与传播学理论的融合视角，尝试构建一个社会学导向的情绪传播理论框架。借鉴社会运动相关理论，提出了舆情事件层面与社会层面的"情绪周期"理论构想，从而在网络舆情研究的理论视野上有所突破。

（3）在研究的着眼点上，本书跳出以往研究大多仅关注事件爆发期内"显舆论"的局限，不仅关注事件发生之前公众情绪的来源，而且探究事件发生之初公众情绪的唤醒以及结束之后公众情绪的消解、转化及其产生的影响，从而建构一个相对完整和系统的情绪传播理论框架。

（4）在研究方法上，本书采用混合研究方法，将量化统计与质化研究相结合。一方面，通过采用大数据与机器学习算法实现网络文本的情绪识别，结合社会网络分析法，进一步明确情绪运行和传播的内在机理；另一方面，通过质化的文本分析与深度访谈，探究公众情绪的社会根源及事件结束后公众情感的变化规律，从而对舆情事件中的情绪传播现象进行更加全面、深入和系统的分析。

当然，作为带有探索性的研究成果，本书还存在这样那样的缺陷。譬如，囿于研究时间和精力，本书对情绪爆发期中情绪传播结构的考察主要基于个案的微观分析，缺乏多案例、跨平台的比较分析，若能丰富案例类型，会使研究结论更具解释力和说服力；再如，本研究虽然借鉴了社会运动理论，提出了"情绪周期"的理论构想，但在理论阐释与发展方面则稍显乏力。本书对网络舆情中情绪要素的探索才刚刚开始，以上研究不足，也为后续进一步开展此领域的深度研究提供了空间。

目 录
CONTENTS

1 绪论 ··· 1
　1.1 研究背景 ·· 1
　1.2 研究意义 ·· 3
　1.3 文献综述 ·· 5
　1.4 研究问题 ·· 21
　1.5 研究设计与创新之处 ································· 21

2 概念厘定与理论基础 ··· 29
　2.1 情绪与情绪周期 ··· 29
　2.2 研究的理论基础 ··· 34

3 情绪启动：变迁、结构与话语 ··························· 52
　3.1 变迁：经济与技术的双重逻辑 ····················· 52
　3.2 结构：社会结构与结构性情感 ····················· 61
　3.3 话语：文本刺激与情绪唤醒 ······················· 69

4 情绪爆发：传播结构与关键节点 ······················· 83
　4.1 研究假设 ·· 84
　4.2 研究步骤 ·· 87
　4.3 数据分析 ·· 91

5 情绪消退：消解、反思与沉淀 ·············· 114
5.1 情绪消解：信息释放与焦点转移 ············ 115
5.2 情感反思：理性回归与情感转化 ············ 124
5.3 情感沉淀：集体记忆与原型强化 ············ 133

6 结论与讨论 ························ 143
6.1 "情绪周期"的理论想象 ················ 143
6.2 网络舆情中情绪引导的策略建议 ············ 149
6.3 研究的不足之处 ··················· 151
6.4 未来可能的研究方向 ················· 152

参考文献 ·························· 154

附 录 ··························· 176
附录1 深度访谈大纲 ··················· 176
附录2 深度访谈对象信息表 ················ 177
附录3 本书研究的22个网络舆情事件案例信息表 ········ 178

图表索引

图 1.1　情绪+社交媒体：国外已有研究的时序分布 ⋯⋯⋯⋯ 6
图 1.2　情绪+社交媒体：国内已有研究的时序分布 ⋯⋯⋯⋯ 11
图 1.3　研究框架 ⋯⋯⋯⋯⋯⋯⋯⋯⋯⋯⋯⋯⋯⋯⋯⋯⋯⋯⋯ 22
图 2.1　社会运动理论发展脉络 ⋯⋯⋯⋯⋯⋯⋯⋯⋯⋯⋯⋯⋯ 35
图 2.2　值数累加理论模型 ⋯⋯⋯⋯⋯⋯⋯⋯⋯⋯⋯⋯⋯⋯⋯ 40
图 2.3　本研究的理论定位 ⋯⋯⋯⋯⋯⋯⋯⋯⋯⋯⋯⋯⋯⋯⋯ 50
图 3.1　"于欢案"终审公布前的网民关注点分布 ⋯⋯⋯⋯⋯ 71
图 3.2　"南京宝马撞人案"事故现场 ⋯⋯⋯⋯⋯⋯⋯⋯⋯⋯ 79
图 3.3　"江苏响水'3·21'化工厂爆炸案"事故现场 ⋯⋯⋯ 79
图 3.4　"榆林产妇坠亡事件"中的下跪场景 ⋯⋯⋯⋯⋯⋯⋯ 80
图 3.5　"杭州保姆纵火案"祭奠亡者 ⋯⋯⋯⋯⋯⋯⋯⋯⋯⋯ 82
图 4.1　"北京红黄蓝幼儿园虐童事件"舆情趋势 ⋯⋯⋯⋯⋯ 91
图 4.2　不同类型情绪的时间走势 ⋯⋯⋯⋯⋯⋯⋯⋯⋯⋯⋯⋯ 93
图 4.3　媒体与公众的情绪传播模式 ⋯⋯⋯⋯⋯⋯⋯⋯⋯⋯ 107
图 4.4　微博草根大 V 与公众的情绪传播模式 ⋯⋯⋯⋯⋯⋯ 108
图 5.1　武汉市卫健委辟谣"刘庆香事件"微博截图 ⋯⋯⋯⋯ 117
图 5.2　福建泉港碳九泄漏事件情绪走势 ⋯⋯⋯⋯⋯⋯⋯⋯ 119
图 5.3　365 天内推特中热点事件爆发的时间密度 ⋯⋯⋯⋯ 121
图 5.4　@人民日报、@新京报评论对"杭州保姆纵火案"的反思 ⋯ 127
图 5.5　李文亮医生微博评论部分截图 ⋯⋯⋯⋯⋯⋯⋯⋯⋯ 138
图 6.1　网络舆情事件层面的情绪周期 ⋯⋯⋯⋯⋯⋯⋯⋯⋯ 146

表 1.1　本书 22 个案例列表 ⋯⋯⋯⋯⋯⋯⋯⋯⋯⋯⋯⋯⋯⋯ 23
表 3.1　"罗一笑"事件中微博用户转发评论的高频词分布 ⋯ 72
表 4.1　关键节点影响因素的变量设定 ⋯⋯⋯⋯⋯⋯⋯⋯⋯⋯ 90

表 4.2　各类型情绪的传播网络图 ················· 94
表 4.3　各类型情绪传播网络的 k-核成分图 ············ 98
表 4.4　各类型情绪外向中心度最高的 10 位用户身份统计 ····· 102
表 4.5　各类型情绪中介中心度最高的 10 位用户身份统计 ····· 105
表 4.6　节点外向中心度回归系数 ················ 109
表 4.7　节点中介中心度回归系数 ················ 111

1　绪　论

1.1　研究背景

2015年12月18日,习近平总书记在中央经济工作会议中指出:"在经济发展形势比较复杂的情况下,要提高舆论引导能力……善于把握社会心理……更有针对性做好舆论引导工作"(人民网,2019)。自20世纪70年代改革开放以来,中国进入了一个高速发展的时代,同时也是社会急剧变迁的时代。这种社会变迁的本质特征是由"总体性社会"逐渐转向"分化性社会"(孙立平等,1994)。伴随着经济飞速发展,一些新的社会问题也一并出现,并带来了社会矛盾的激化,如:生态环境恶化、地域发展不平衡、贫富差距扩大等。可以说,中国社会目前正处于传统的总体性社会趋于解体,而稳定的现代化社会尚未形成的发展阶段(苏振华等,2017)。正如美国著名政治理论家塞缪尔·亨廷顿(2008)所言:"现代性孕育着稳定,但现代化过程却滋生着混乱。"在这一快速发展又剧烈变迁的社会背景下,热点舆情事件频频发生。从"快递员下跪事件"到"女子给差评遭外卖员上门辱骂",从"响水化工厂爆炸"到"无锡高架桥侧翻",社会经济发展的同时也带来了社会不同群体的利益分化和认同分歧,加大了社会冲突发生的风险。

同时,互联网技术,尤其是社会化媒体的兴起和发展,不仅颠覆了传统的信息传播方式,而且正在重构着整个中国社会。随着Web2.0时代微博、微信等社交媒体的迅猛发展,中国社会正在进入"人人都有麦克风"的自媒体时代。社交媒体在一定程度上为社会情绪的释放提供了一个出口。从近年来出现的许多网络舆情事件中都可看到网民强烈的情绪表达和宣泄,有时甚至伴随着网络暴力。由此可见,在经济因素、技术因素和社会因素的共同作用下,网络已成为推动舆情事件发酵、传播、升级的重要平台,而情绪也逐渐成为贯穿网络舆情事件发展过程中的一条重要线索。

1.1.1 经济结构更迭带来利益分化和矛盾激化

当前中国社会经济发展正处于转型升级期，在跨过了工业化的高峰期后，中国经济发展的重心已由传统制造业逐步转向了信息、服务等第三产业（张斌、邹静娴，2018）。经济结构的转型催生了多元化的利益主体，带来了利益结构的分化。中国社会的利益结构由计划经济时代的一元利益结构转向了多元利益结构（张方华，2000）。在这种多元利益结构下，社会成员以自身利益最大化为目的参与经济活动，对自身利益的保护意识增强，对社会所能给予的利益需求普遍提高。在中国社会人口基数大、资源相对短缺的基本国情下，不同阶层的利益主体出于对自身利益的追求和保护，利益诉求的表达更加激烈，甚至无序，容易形成不同利益群体间的矛盾，引发各种舆情事件。因此，经济发展过程中出现的问题便逐渐演变为各种社会问题和矛盾，为舆情事件的发生提供了土壤和条件。

1.1.2 社会"结构性紧张"激化舆情热点

美国社会学家默顿在探讨社会结构与失范时曾提出社会"结构性紧张"（structural strain）的概念。他认为，在社会和文化结构的要素中，有两种要素是十分重要的：一是由文化定义的目标、目的和兴趣，它包含一种理想的参照系；二是社会结构中定义、规定并控制着实现这些目标的可接受的行为模式。默顿进而将社会成员对文化目标（cultural goals）和制度化手段（institutionalized means）的适应模式分为五类：遵从、创新、仪式主义、退却主义和反抗。他认为，当由社会文化定义出的目标（比如金钱与成功）与社会结构所能提供的实现这些目标的手段之间存在鸿沟时，社会便处于一种结构性紧张状态，而这也是导致社会失范（anomie）的结构性张力（Merton，1938）。清华大学社会学教授李强（2005）曾指出，中国社会正处在一种结构紧张状态，在这一状态下，任何一件偶然性的小事，只要它与公众利益冲突，就可能触动公众心中的敏感神经。加之通过社交媒体平台的信息聚合与情绪感染，则容易引爆舆情热点。

在当下中国的社会环境中，"官二代""富二代"已成为特殊的群体标签，医患关系、城管与小贩、官员贪腐等话题更是成为公众日常关切的热点与焦点。在此背景下，公众在社会矛盾积累下产生的不满情绪很容易"借由"这些偶然性事件得以宣泄。随着移动互联网技术，尤其是社会化媒体的勃兴，这些舆情事件经过网络发酵与传播，与现实中的社会矛盾积累的负面情绪产生共振，从而迅速激化与扩散，给网络舆情应对和网络社会治理带来了巨大挑战。

1.1.3 技术变革重构网络舆情的传播语境

在技术变革的驱动下，信息传播与社会运行方式都产生了颠覆性变化。随着互联网技术的发展，传统的单向度、一对多的信息传播方式被逐渐颠覆，取而代之的是基于关系交互与场景代入的多维互动传播。技术赋权使得过去被动的受众变为如今主动的用户，传统精英阶层对话语权的垄断被大众所消解。在"人人都有麦克风"的自媒体时代，社交媒体逐渐成为公众观念交流、意见表达与情绪发泄的出口，成为社会舆论的主阵地，也重构着网络舆情的传播语境。

互联网在中国发展的几十年过程中，不仅改变了信息的传播方式，也在深刻地影响着整个社会。一方面，互联网为社会公众的利益诉求和表达提供了一种新的渠道，重塑着社会舆论格局，改变着公众的行动方式与社会的运行逻辑；另一方面，舆情事件的运行和发展也受到互联网的影响，在动员方式、框架建构等方面发生着深刻变革。互联网催生了网络公民社会的诞生，使得公民意识和公民力量逐渐崛起，成为舆论传播与行动酝酿的全新场域（苏振华等，2017）。

在经济、技术与社会因素的影响下，中国社会中的网络舆情热点事件频发，并呈现出越来越明显的情绪化特点，为网络舆情治理带来了巨大挑战。基于此，本书将目光聚焦于网络舆情事件中的情绪要素，通过对近年来发生的多个案例的研究，采用话语分析、社会网络分析、深度访谈等方法，探究情绪在网络舆情中产生、传播与消解的动态过程。

1.2 研究意义

本书聚焦网络舆情事件中的情绪要素，对情绪的产生、传播与衰退过程进行详细剖析与解读，具有理论层面与现实层面的双重意义。在理论层面，本书将网络舆论研究的对象由信息的扩散转向情绪的传播，补充和完善了网络舆论研究的理论体系；同时，社会运动理论视角的引入也丰富了新闻传播学研究网络舆情的理论抓手。在实践层面，明确网络舆情事件中情绪的运行和传播机制能够为政府及相关管理部门在网络舆情事件中的策略应对及情绪引导提供一定的思考与借鉴。

1.2.1 理论意义

首先，目前新闻传播学领域对网络舆论的研究多数仍停留在对信息流的考察上，而对情绪要素的关注则显不足，仍处于起步阶段。并且，大多数研究以经验化的描述总结和政策建议为主，缺乏对情绪传播机制的系统考察。本书对网络舆情事件中情绪周期的研究能够将网络舆论研究视角由信息流的关注转向情绪流的探测，为网络舆论研究提供新的视角。

其次，本书将舆情事件的发展周期与情绪的运行和传播过程相联系，对不同发展阶段内情绪流的系统性量化分析，能够突破目前传播学研究停留在表面现象描述的局限，明确情绪传播的内在机理和背后的网络结构。

最后，本书以社会学与传播学的整合视角，将网络舆情事件放置在宏观的社会学视角下，采用社会运动理论考察舆情事件中情绪的产生、传播与消解，同时汲取传播学中关于信息流与意见领袖相关理论营养，对情绪在网络空间中的聚合与流动进行了较为全面和系统的探究，有助于拓宽目前传播学关于网络舆情研究的理论视角，在一定程度上弥补了网络舆论研究中理论深度与理论创新的不足。

1.2.2 实践意义

中共中央在"十四五"规划建议中指出，在今后五年，经济社会发展要努力实现"国家治理效能得到新提升"（新华社，2020）。具体到舆情治理上，党的十九大曾指出，要"提高新闻舆论传播力、引导力、影响力、公信力"（新华社，2017）。党的十九届四中全会继续强调，要"健全重大舆情和突发事件舆论引导机制"，"建立健全网络综合治理体系"，"全面提高网络治理能力"（新华社，2019）。在如今的"后真相"时代，网络空间中汹涌澎湃的情绪流给舆情治理和网络社会管理带来了巨大挑战。然而，当前无论在研究中还是在实践上，对网络舆情中的情绪传播现象的关注和探究还远远不够。

本书通过对网络舆情事件不同发展阶段中情绪的运行和传播机制进行研究，试图厘清情绪在网络空间中的发酵、传播、扩散与衰退机制，有助于明确情绪在舆情事件中的运行逻辑与规律，帮助政府及相关管理部门采取更有针对性的策略应对和处理网络舆情事件中的公众情绪，为政府部门准确进行舆情研判、适时介入舆情管理、有效疏导网络情绪提供一定借鉴，从而提升政府的舆情应对效果，开拓将公众情绪作为一种社会治理资源的可能性，以构建新型舆论引导观，助力国家网络治理体系和治理能力的现代化。

1.3 文献综述

本部分对网络舆情中与情绪相关的研究进行梳理和评述，主要分为以下两个部分：一是社交媒体中的情绪研究，二是网络舆情中的情绪研究。基于对研究现状的分析和把握，最终明确本研究的逻辑起点与理论定位。

1.3.1 社交媒体中的情绪研究

1.3.1.1 国外研究综述

作者以"emotion"和"social media"为主题词在 Web of Science 数据库中搜索，排除专利、临床试验等无关文献后，共得到相关文献 341 篇。

从研究时序上看（图 1.1），关于情绪与社交媒体的研究较早出现在 2011 年，有学者（Lin、Yang and Chen，2011）利用音乐标签的在线储存库开发了一种对音乐进行情绪分类的算法。此后关于社交媒体与情绪的研究逐年增加，尤其是自 2014 年开始，相关研究激增。其中，2018 年关于情绪与社交媒体的研究数量达到高峰，全年共有 80 篇相关文献。需要说明的是，由于本书的检索时间为 2020 年 1 月 21 日，因此，2020 年搜索到的相关文献数量不多。整体来看，关于情绪与社交媒体的研究是近年来研究者们关注的热点。

具体来看，相关研究涉及的主题主要有以下三个方面：网络中的情绪测量方法、情绪表达与自我呈现、网络中的情绪感染现象。

（1）网络中的情绪测量方法

近年来，心理学、计算机科学、传播学等多个学科领域的研究者逐渐转向情绪研究，将互联网视为公众情绪的一大数据来源。而要想分析互联网，尤其是社交媒体中公众的情绪，如何测量它们便成为研究者需要解决的首要

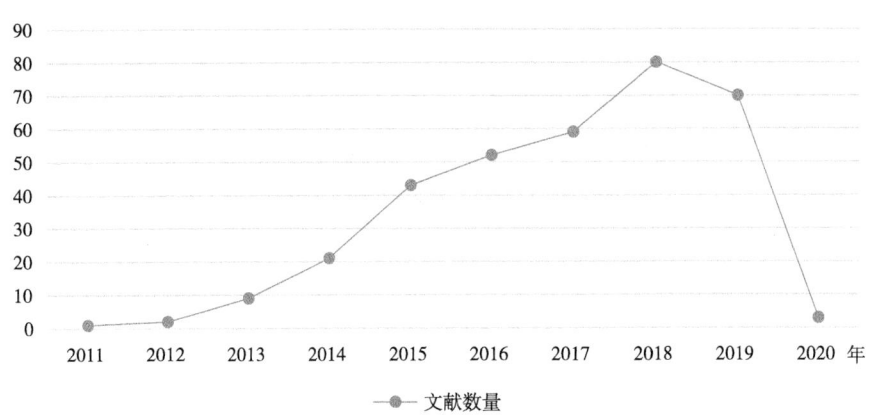

图 1.1　情绪+社交媒体：国外已有研究的时序分布

问题。库斯特和卡帕斯（Küster、Kappas，2013）曾总结，目前测量网络中的情绪主要有三种途径：一是通过机器自动分类研究网络中海量的情绪化内容，二是询问个人在网络中的情绪体验，三是通过记录个体的身体反应测量网络中的情绪。这三种方式并不相互排斥，而是存在各自的优势和短板，且可以相互补充。虽然使用计算机进行自动化文本分类是如今研究网络情绪中最受欢迎的方式，但其他用以研究线下情绪的方法也能够非常有效地为我们理解网络情绪提供重要的帮助。对这三种方法的详细分析如下。

第一，自动化文本分析能够在短时间内分析海量文本数据中的情绪问题，因此受到研究者们的欢迎。这一方法主要有两条实现途径：一是基于情绪词典来识别文本中的情绪，比如，LIWC（linguistic inquiry and word count）（Pennebaker et al., 2007）。也有一些开发好的软件可直接用于分析文本中的情绪，例如，SentiStrength（Thelwall et al., 2010）[①] 能够有效地对文本中的情绪内容进行分类，即便是简短的非正式文本也可被分析。这种方法主要是对文本中所包含的具有显著情绪特点的情绪词进行匹配，从而达到情绪分类的目的（例如，Mou and Du，2016）。二是通过机器学习算法实现文本的自动化情绪分类，以评估文本的情绪极性（积极、中性、消极）。机器学习是指输入一部分人工标注的数据，以此作为训练集训练分类器算法，从而实现对剩余文本的自动化情绪分类。换句话说，人工标注的训练子集是用于优化、验证

---

① SentiStrength 可在 http：//sentistrength.wlv.ac.uk 下载。

和调整分类算法，以适应特定类型的文本以及文本所在的语境（Sebastiani，2002）（例如，Perikos and Hatzilygeroudis，2016）。

第二，通过访谈或自我报告的方式分析用户的情绪体验。这一方法的合理性是基于对情绪而言，有三个成分要素是可被测量的，一是在线文本中的情绪化内容（即信息），二是作者（即发送者）的情绪，三是读者（即接收者）的情绪。有学者指出，即使当我们只聚焦于其中一种成分要素时，如果我们没有考虑另外两种要素，那么我们对网络情绪的理解将仍然是片面的（Küster and Kappas，2013）。因此，卡帕斯等人（Kappas et al.，2010）采用自我报告（self-report）的方法测量网络中用户参与讨论的方式如何影响个人和群体的情绪。这一方法很好地弥补了自动化文本分类时只关注情绪化内容本身而忽略了发布者主观情绪的缺陷。但是，这种方法也具有一定的局限性，比如，人类的情绪本身复杂多变，对大多数没有经过特殊训练的普通人来说，情绪的某些方面很难被察觉或是用语言表述（Sze et al.，2010）。另外，也有研究表明，人们通常更擅于表达当下的情绪状态，而不善于表达很久之前所经历过的情绪体验（Robinson and Clore，2002）。因此，库斯特和卡帕斯（2013）指出，在未来的研究中，研究者们可以将两种方法结合起来，用访谈或自我报告的质化分析材料弥补机器自动化情绪分类这种量化分析的不足，从而更加全面地理解网络情绪。

第三，通过记录身体反应的生理数据分析网络情绪。这一方法可被用于探测内容或行为因素如何影响个体的情绪体验。生理数据测量对我们概念化地理解线上和线下的情绪过程具有重要作用。由于情绪是一种自我调节的过程，它的作用是调节和指导行为，因此，当人们具有某种情绪时，可以通过生理表现体现出来的。比如，苏莱马尼等人（Soleymani et al.，2011）利用脑电图、瞳孔反应和注视距离记录用户在观看视频时的情绪反应。实验表明，这种方法在情绪效价标注方面的准确率达到 68.5%，在情绪激活度方面的准确度达到 76.4%。结果表明这一方法在测量情绪的激活度方面优于用户个人的自我报告。

（2）情绪表达与自我呈现

情绪表达与自我呈现是社交媒体研究中的一大热点。虽然许多研究表明，社交媒体中的用户会以较为理想化和正面积极的方式呈现自己，而更多的来自计算机传播方面的文献则显示，用户在社交媒体中的自我呈现体现出较为明显的去抑制作用，倾向于更自由地表达自己，包括消极情绪的表达。此外，关于刺激信息分享或病毒式传播的情绪研究显示，相比于情绪效价来说，激活度才是分享行为的关键。因此，用户在社交媒体中的自我呈现可能会更容易吸引注意，而不是更加积极或者消极。接下来，本书将对这三类文献进行详细分析。

首先，不少学者的研究表明，用户在社交媒体中的自我呈现倾向于表现积极的一面，倾向于进行理想化的呈现和自我提升，甚至有学者称其为"我们想成为谁的幻想"（Turkle，2011；Zhao et al.，2008）。有学者（Qiu et al.，2012）的研究较早地通过情绪披露（emotional disclosure）证明了 Facebook 上的印象管理。在他们开展的两项研究中，自我报告与观察者评分的结果都表明，与现实生活相比，用户在社交媒体中表达积极情绪的可能性更大，更倾向于表达情感上的幸福感。此后，不少研究者的研究证实了这一点，例如，巴扎罗娃等人（Bazarova et al.，2015）的研究表明，人们在 Facebook 中分享了更多的积极情绪后会感到更加满意。林和乌茨（Lin、Utz，2015）通过对 207 位美国人和 194 位德国人的情绪研究实验表明，当用户浏览 Facebook 时，积极情绪比消极情绪更加普遍，并且，当积极情绪的帖子来自强关系时，用户会感到更加高兴。乌茨（Utz，2015）的研究也显示，在社交网站中，大部分信息都是积极的和娱乐性的，并且积极的、娱乐性的自我呈现能够增强好友之间的联系感。伯克和迪韦林（Burke and Develin，2016）的研究表明，在社交媒体中，积极情绪的帖子能够获得更多的点赞和正面的评论回应。崔和托玛（Choi and Toma，2014）以大学生为样本，通过记录他们在社交媒体上的分享行为发现，用户在 Twitter 上更倾向于发表积极情绪，但在 Facebook 上，这种差异则不明显。

其次，虽然有关社交媒体中自我呈现与情绪表达的文献集中于社交媒体可以约束或抑制人们的表达，但也有许多计算机媒介传播（computer-mediated communication）的早期理论却提出了相反的观点，认为计算机具备较为明显的解放或去抑制的效果。他们认为，计算机媒介传播是去抑制性的，因为它提供了匿名性、更多的表达控制以及较少的同步或非语言反馈。网络的匿名性使得人们的线上行为在线下产生影响的可能性变小了，人们可以在网络中尽情尝试新的身份、表达自己心中真实的想法，因此，网络具有一定的去抑制效果（McKenna and Bargh，2000；Suler，2004）。更多的表达控制指的是人们能够在传播信息之前对其进行撰写和编辑，因而能够促进人的反思，在社会性焦虑中放松自我表露（McKenna and Bargh，2000；Amichai-Hamburger et al.，2002）。由于计算机媒介传播中缺乏面对面交流的一些即时反馈和细微暗示，比如，眼神交流、面部表情、点头、手势、停顿、语调等，这种异步性和粗糙性意味着人们可以不受这些线索的约束，也没有当下需要应对这些反馈的负担，因而起到了较强的去抑制效果（Suler，2004）。

最后，除了情绪表达的正负性倾向（即情绪效价）以外，有的研究者将目光聚焦于情绪的激活度（arousal）。相较于学者们以上关于情绪效价研究莫衷一是的结论而言，对情绪激活度的研究结论是相对一致的。伯杰和米尔克曼（Berger and Milkman，2012）的研究发现，那些能够唤起高激活度情绪（如惊叹、惊讶、愤怒、焦虑）的电子邮件通常更容易被发送给其他人，而那些唤起低激活度情绪（如悲伤等）的邮件，则较少被传播。他们之后的实验也证明，激起愤怒和愉快的高激活度情绪的内容能够促进分享，而引起悲伤等低激活度情绪的内容则会抑制分享。伯杰（Berger，2011）的研究还表明，无论内容如何，当用户处于情绪激活状态时更能够促进信息分享。研究者为此进行了两个实验：在第一个实验中，研究者发现，与引发人们感到低激活度的悲伤和满足感相比，引发人们感到高激活度的焦虑或愉悦能够使他们更倾向于分享内容无关的文章和视频；在第二个实验中，研究者发现，让人们进行短时间的慢跑以达到身体上的高激活度后，同样能够使他们更倾向于分享内容无关的文章。随后，拜耳等人（Bayer et al.，2018）的研究进一步证明了这一观点。他们发现，当人们在 Facebook 中发帖或评论之后，会感到更有活力、情绪高涨。基于以上分析可以发现，高激活度的情绪能够促进信息分享，因此，人们在社交媒体中的情绪表达倾向于具有高情绪激活度的特点。

（3）网络中的情绪感染现象

情绪感染理论（emotional contagion theory）认为，个体会自动模仿他人情绪的声音、表情、姿势等非语言线索，并通过不同的反馈过程而达到情绪上的趋同（Hatfield et al.，1994）。由于分享情绪对于建立和维持社会关系至关重要，社交网络的状态在某种程度上包含着用户表达的情绪和感受，并使得用户能够在他们交往的圈子中找到共鸣。因此，不少研究者开始关注社交媒体中的情绪感染现象。他们的主要关注点有两个：一是探究社交媒体中是否存在情绪感染现象，二是社交媒体中的网民情绪如何相互感染。

已有大量研究证明，情绪感染可以通过人的面部表情、姿势和声音线索的趋同而发生（Condon and Ogston，1966；Wild et al.，2003；Rueff-Lopes et al.，2015）。然而，当社交媒体出现后，不少研究者开始关注在社交媒体中是否也存在情绪感染现象。2014年，康奈尔大学和Facebook联合开展了一项实验，通过减少在动态消息（news feed）中情绪化内容的推送检验情绪感染是否会在个体之间没有亲自接触时发生。实验发现，当积极的情绪表达减少时，人们会发布更少的积极帖子、更多的消极内容；当消极的情绪表达减少时，出现了相反的情况。这一结果表明在Facebook中用户的情绪表达能够影响其他用户的情绪，面对面接触和非语言线索并非是情绪感染发生的必要条件。因此，社交媒体中存在大规模的情绪感染现象（Kramer et al.，2014）。另一项研究在分析了两年多时间Facebook上约100万名用户的状态后指出，负面情绪和正面情绪的帖子都会对社交圈的其他成员产生一定的影响。这一研究的巧妙之处在于，它从天气状况会影响人们情绪的前提出发，分析了不同城市的天气与居住在不同城市用户的状态更新之间的相关性。结果证实，在下雨天里，包含正面情绪的帖子数量下降了1.19%，而包含负面情绪的帖子数量则增加了1.16%。并且，对于每一个直接受到影响的人来说，降雨将会改变大约一到两个人的情绪表达。这表明，在线社交网络可能会放大全球情绪同步的强度。最后，这一研究得出用户更新状态的决定会受到他们社交圈中联系人影响的结论（Coviello et al.，2014）。

关于社交媒体中的情绪是如何发生感染的这一问题，有研究者从传播的信息内容和情绪类型等方面进行探究。在传播内容方面，有研究者关注了模因（meme）现象，即在网络中引发病毒式传播的、能够动员起网民情绪的、具有感染性的图片、视频或观点，尤其是当传统媒体回应他们所获得的情绪共鸣时，这种动员的效果更加强烈。因此，研究者试图通过数据分析预见这种内容的扩散过程（Sampson，2012；Spitzberg，2014）。在传播的情绪类型方面，有学者（Fan、Xu and Zhao，2018）提出了一个基于智能体的模型（agent-based model）模拟了社交媒体中的情绪感染过程。研究发现，与其他类型的情绪相比，愤怒情绪偏好弱关系、在用户的高活跃度方面占主导作用、具有更短的转发间隔、在负面事件当中更具竞争力。此外，他们还发现，当愤怒情绪的比例与快乐情绪的比例差小于12%时，愤怒情绪将会主导整个社交网络，并在整个网络空间中引发集体愤怒。

1.3.1.2 国内研究综述

笔者以"情绪""情感""社交媒体"为关键词，检索时间为2020年1月23日，在中国知网（CNKI）文献数据库中搜索，共得到相关文献189篇。其中，期刊论文124篇、硕士学位论文54篇、博士学位论文5篇、会议论文3篇、报纸文章2篇、图书1部。学科范畴涵盖新闻传播、计算机、金融、工商管理等多个学科。

从研究的时间分布上（图1.2），国内相关研究的发展时间与国外的研究基本类似，自2011年开始出现相关研究后逐渐发展，在2015年之后开始大量增长，到2018年达到研究的高峰（62篇）。由于检索时间停留在2020年1月，因此2020年相关研究的数量较少。从整体来看，情绪与社交媒体的研究也是近年来国内相关领域的研究热点。

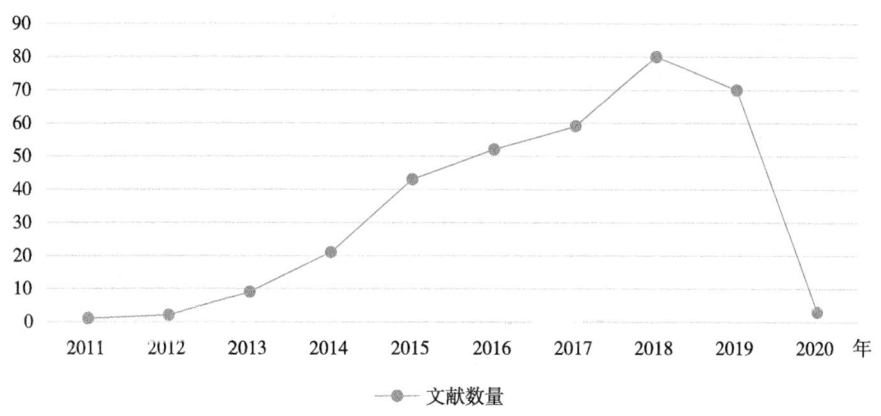

图1.2 情绪+社交媒体：国内已有研究的时序分布

具体来看，国内相关文献可分为以下几个研究主题：一是情感分析与文本挖掘，二是社交媒体中的情绪表达，三是情绪与其他因素的交互影响。

（1）情感分析与文本挖掘

情感分析与文本挖掘，主要集中于计算机科学领域，研究者通过不同的算法优化文本中的情感分析效果。在这一方面，国内研究与国外研究所采用的方法基本一致，主要包含基于情绪词典的情感分析、采用机器学习算法进行的情感分析，以及两者的结合。它们的实现逻辑在前面已有论述，在此不再赘述。

在基于情绪词典的情感分析方面，常用的情绪词典包括：台湾科技大学根据中文的语言特点在 LIWC 词典的基础上翻译改编的 C-LIWC 词典、中国科学院计算机语言信息中心创建的 HowNet 词典，以及大连理工大学编制的 DUTIR 情感本体库等。有研究者以上述情绪词典为种子，通过算法识别社交媒体文本中新词的情感极性，结合各种语言规则建构新的情感词典，从而提升情感分析的准确度（蒋翠清等，2019）。在机器学习方面，许多研究者采用支持向量机、最大熵等算法对微博文本进行自动化情感分析（何跃等，2018）。除此以外，基于神经网络的深度学习算法也被用于情感分析领域，用以提高情感分析的精度、优化情感分析的效果（余传明，2018；吴鹏等，2017）。也有研究者将基于 HowNet 词典的方法与支持向量机的机器学习算法相融合，提出具有特征级别的融合情感分类方法，以增强中文情感分类的效果（甘小红、张兆年，2012）。

（2）社交媒体中的情绪表达

在"后真相"的时代背景下，社交媒体中的传播内容越来越呈现出情绪化的特征，许多研究者从不同的传播主体、传播内容、传播渠道上，研究社交媒体中的情绪表达现象。

在传播主体方面，田浩、常江（2019）以《人民日报》为例，研究了党报的情绪化表达策略，认为其情绪化表达策略受到语境的影响，仅作为一种软化传统表达方式的辅助性策略，并未对党报的核心气质产生颠覆性影响。卢嘉、刘新传、李伯亮（2017）对微博中社会公众对公共事件的理智和情感表达特点进行研究，发现情感要素已经超越理智，成为公共讨论的中心，并成为转发的主要动力。同时，微博中公共空间与私人空间的边界消融使得理智和情感两者不再二元对立，而是同时存在、并行发展。

在传播内容方面，大部分研究以社交媒体中的文本为内容，对其进行量化统计分析或质化的话语分析，也有研究者关注社交媒体中的表情包在情绪表达中的角色和作用。例如，谷学强、张子铎（2018）认为，表情包在当下的社会语境中已被赋予新的意义，成为一种超越单纯情绪表达的复杂情感活动。表情包既是社会现实和社会情感的映射，又充当了公众情感治疗的"治疗药"和社会负面情绪的"减压阀"。部分极端情绪通过表情包规避审查，也助长了网络民粹主义。

在传播渠道方面，微博平台由于其数据的公开性而成为大部分研究者的研究对象。例如，陈安繁、金兼斌、罗晨（2019）通过对 2017 年热门网络话题的 20 多万条微博的量化研究发现，社交媒体中用户的情感表达以正面情感为主，微博用户的线上身份促进而线下身份抑制情感表达；个人身份能够释放而机构身份则约束情感表达；意见领袖在情绪表达方面更加强烈，更多地表达消极情感。除此以外，范明献（2019）以微信中的道德捆绑式转发呼告帖文为研究对象分析其话语策略，发现此类内容主要采用了道德召唤和情绪刺激的话语策略，用语直接、简单，其背后与当下中国现实社会中存在的道德期待与道德焦虑相勾连。

（3）情绪与其他因素的交互影响

在社交媒体的情绪研究中，许多研究者将用户情绪与传播效果、社交媒体使用、股票市场、消费者行为等因素相联系，探究它们之间的影响与作用关系。例如，陈昊、李文立、柯育龙（2016）探究用户的认知和情感在社交媒体使用意愿中的作用机理，发现情感响应在个人认知与持续使用社交媒体意愿之间起中介作用。冯杰、唐亚阳（2017）以微信平台中的公众号推文为研究对象，探究情绪表达与传播效果之间的关系，研究发现，情感诉求能够促进认同的产生，微信公众号文章正文中的情绪化表达对点赞数具有显著影响，而标题中的情绪化表达则对传播效果的提升作用并不显著。程琬芸、林杰（2013），孙鲲鹏、肖星（2018）以及石勇、唐静、郭琨（2017）利用社交媒体中大量的 UGC 内容，探究用户情绪与股票市场的关系，以帮助投资者预测市场走向、优化策略决策。

1.3.1.3　已有文献述评

通过对已有文献的总结与梳理可以看出，随着互联网技术的发展和普及，目前情绪要素已成为社交媒体研究中的一大热点和焦点，但仍处于较为初级的阶段，在以下三个方面存在较大的发展空间。

第一，社交媒体中的情绪这一主题需要融合多个学科的理论知识和方法进行综合探究，但目前的研究存在比较明显的学科分野，跨学科的交互和融合不足。目前大多数研究来自计算机科学中的文本分析和自然语言处理方向，这类研究者更关注社交媒体中海量文本的自动化情绪分类方法的构建，致力于如何发展出更加准确、高效的算法进行情感分析。而新闻传播学、社会学等其他学科更关注情绪本身的理论意义，囿于研究者分析技术的限制，往往无法进行大规模的数据量化统计分析。因学科门槛限制、学科间的合作不足，因此目前的研究呈现出理论与方法相互独立，而非相互促进的局面。作者通过与大数据舆情分析技术团队开展合作，采用机器学习算法实现文本的自动化情绪分类。同时，将社会运动理论与传播流理论相结合，以期能够在多学科融合的基础上，借助文本挖掘技术促进相关理论体系的进一步完善和发展。

第二，在研究内容上，目前国内社交媒体中的情绪研究着眼点大多是情绪表达现象，而对网络空间中情绪在个体之间的相互感染与传播机制研究不足。在这方面，国外已有部分研究为我们提供了一定的参照与借鉴，证明了社交媒体中情绪感染现象的存在，并对情绪的感染过程进行了一些初步分析。在此基础上，本书关注社交媒体中网民在各种舆情事件中的情绪传播机制，换言之，即研究情绪在社交媒体中如何传播这一研究主题，能够在一定程度上弥补国内研究者对此现象的关注不足，完善社交媒体中情绪研究的相关理论体系。

第三，在研究方法上，目前国内外相关研究采用的方法较为单一，计算机科学领域更注重情绪识别实现算法的改进，这是进行社交媒体情绪研究的最常见方法，而新闻传播学等其他社会科学领域则多采用传统的内容分析法进行调查研究。事实上，正如库斯特和卡帕斯（Küster and Kappas, 2013）所言，关于社交媒体中的情绪研究是可以采取多种方法进行的，不仅限于计算机情感分析技术，其他质化分析方法的融合可以很好地弥补计算机技术带来的研究缺憾。本书借助大数据分析和机器学习算法进行微博文本的情绪识别，在此基础上，融合社会网络分析法，探究情绪传播现象背后的网络特点和传播机制，并通过深度访谈法探究社交媒体用户的相关情绪和内在心理变化。通过社会网络分析法、话语分析法与深度访谈法相结合，本书为社交媒体中的情绪研究在方法上做出了一定的创新尝试。

1.3.2 情绪与网络舆情研究

1.3.2.1 相关研究现状

本书以"情绪""情感"+"网络舆情事件""网络舆论事件""新媒体事件"等相近概念为主题词在中国知网（CNKI）中进行文献检索，发现目前学界关于网络舆情中的情绪研究数量相对较少，内容上大致分为以下四个研究角度：一是从社会学角度出发，分析网络舆情事件发展中的情绪逻辑，尤其是社会运动理论下的情感动员是研究者们关注的热点；二是从情报学角度出发，以网络文本为研究对象，结合计算机数据挖掘技术，尝试建立精度更高的情绪识别方法，分析网民的情绪演进规律；三是从传播学角度出发，强调网络舆论研究的情感转向，通过内容分析等方法，结合框架分析等理论总结网络舆情中情绪的传播规律；四是从舆情管理的角度出发，以舆情监测和社会治理为目的，通过现实案例的经验总结，提出网络舆情中的预警机制以及情绪疏导、情绪管理策略等。

（1）社会学视角

在社会学视角下，不少研究者从社会运动理论出发，关注网络舆情事件发展的情绪逻辑。陈颀、吴毅（2014）认为，情感逻辑是主导群体性事件发生的最重要机制，这一机制主要体现在情感宣泄和情感自控两个方面。前者是指民意表达渠道不畅通使得大众面对不平等时往往选择隐忍，一旦超越一定界限，极易引发愤怒的情感宣泄。后者是指在网络事件中，网民的情感自控更多地体现为对情感本身的克制、掩饰，尤其是反向顺从表演。汤天甜、刘聪（2016）认为，网络为公众提供了一个表达不满情绪的空间，网民通过建构共同身份、集体造势等情感动员方式聚集起来，通过线上线下方式的结合，影响网络舆论的走向，最终建构了社会成员的集体记忆。徐勇（2016）通过分析社会对个体情感的作用揭示了网络事件中公众情绪的演化机制，认为社会结构性紧张导致了情感的积累，偶发性因素导致了情感的唤起，共同的信念加速了情感的聚集，行动动员的完成和社会控制的失效促使情感的爆发。殷文、张杰（2017）聚焦于怨恨情绪的产生机制，对网络中怨恨情绪的产生进行了本土化思考和阐释，认为中国式怨恨的根源在于差序格局的纵轴关系的变化，网络怨恨情绪中暗含着认同边界的确认和社会心理的变化。陈相雨、丁柏铨（2018）从社会建构的理论范式出发，从情感体验、情感动员、情感后果三个方面展示了网络事件发展的整个情感逻辑，认为社会结构紧张导致了负面社会情绪，形成了舆情事件发生的土壤，再通过悲情叙事、身份展示和戏谑表达这些情感动员的主要策略，易形成情感暴力、煽情主义、民粹主义的情感后果。

同时，不少学者将目光聚焦于网络事件中的情感动员机制，通过案例分析等方法对情感动员的策略及作用方式进行深入分析。杨国斌（2009）较早地关注到中国网络事件中的情感元素，发现网络事件的发生实质上是一个情感动员的过程，其中，悲情与戏谑是中国网络事件中最主要的两种情感动员风格。郭小安（2013b）着眼于谣言在网络抗争中的情感动员作用，认为网络抗争事件中的谣言通过虚构情景、建构身份、过滤、删除和强化部分信息，引起行动者的悲情和愤怒，进而通过借势造势、舆论审判等剧目将事件进一步升级。

(2) 情报学视角

在情报学视角下，研究者关注的是网络舆情事件中行动者所生产的网络文本当中所蕴含情绪的扩散和传播机理，较多采用实证的量化研究来描绘不同类型情绪的构成比例、演进轨迹和变化规律等。其中，网络文本中的情绪识别是分析情绪传播过程的基础。目前，计算机情绪识别较常用的方法主要有两种：一是基于情绪词库的方法，二是机器学习的方法。这两种方法在前文社交媒体中的情绪研究中已有论述，在此不再详述。

也有学者将基于情绪词库的方法与分类器建构相结合，实现对文本的情绪识别。欧阳纯萍等（2014）提出一种基于情感词汇本体的多策略集成分析法。首先采用朴素贝叶斯分类器对微博进行有无情绪分类，然后利用情绪词库对有情绪微博进行特征选择及特征值权重计算，最后分别采用 SVM 和 KNN 分类器对其进行情绪分类，结果表明基于多策略融合的情绪分析方法优于单一分类器算法。王玮、温世阳（2017）分别用基于词典和基于 SVM 的方法获得一条微博文本中每个句子的两个情绪标签，实现微博句子级的情绪分类，然后从句子级的分类序列规则提取特征，对整个文本进行基于 SVM 的情绪分类，从而实现微博文档级的情绪分类。

在情绪识别的基础之上，唐超（2012）较早地对网络情绪进行了实证量化研究，他以 2011 年某司机酒驾事件为例，通过分析不同类型网络情绪的构成比例和情绪强度研究网络情绪的演进规律，为网络舆情中的情绪分析打开了一个视角。金鑫、李小腾、朱建明（2012）利用支持向量机（SVM）对"7·23"甬温线动车组事故相关微博进行情绪识别，并进一步探究了民众、媒体、政府、意见领袖四种参与主体对不同阶段舆情发展的影响。刘雯、高峰、洪凌子（2013）以雅安地震事件为例，使用武汉大学开发的 Rost CM 文本挖掘软件，利用语义词典计算微博的情感值，实现微博情感的正面、负面和中性识别，以及每种情绪类型中高度、中度和一般三个情绪强度级的识别，并在此基础上通过对网络舆情的时间序列进行建模分析，实现对情绪值的预测。王国华等（2014）以昆明"3·1"暴恐事件为例，通过对@人民日报的新浪微博内容及其评论分析，将网民情绪发展分为情绪爆发期、蔓延期、过渡期、恢复期和消退期,并指出,网民情绪的爆发较快,而消退较慢,后期非理性情绪逐渐减少,理性情绪逐渐增多。黄微等(2015)基于情感维度理论,从情感种类、情感转换、情感唤起三个角度构建关联模型,通过实证研究发现,不同情感维度之间的关系程度存在差异,情感级别、情感反应在情感组间关联上起主要作用,其次是情感焦点,说明通过对这些指标的监测能够更好地建立舆情预警机制。兰月新等人(2017)通过构建微分方程建立网民情绪的演化模型,通过平衡点稳定性条件进行仿真实验,预测极端场景、失衡场景和共存场景下网民的情绪演化趋势,在此基础上建立了大数据环境下网民情绪演化的趋势预测方法。余红等(2018)以山东辱母案为例,采用内容分析法,分析了微博中网民情绪的出现、波动和传播过程,发现道德震撼、原型叙事、网络情境在情感激活、情感共鸣和情感极化中起到了关键作用,而信息的释放和议程的转移对网民的情绪化解起到了关键作用。谭雪晗等(2017)关注到网络舆情中的关键信息发布者对网络舆情中情绪传播的作用,发现关键信息发布者的情绪与最终网络中的情绪演化成正比,说明关键信息发布者的消极情绪导致了整体的消极情绪。同时,关键事件关注者的情绪分布与最终整体的情绪分布高度相似,说明关键事件关注者的准确识别有助于预测网络舆情中的情绪走势。

(3) 传播学视角

在传播学视角下,以往的网络舆论研究大多关注的是信息流的传播,近年来,许多研究者发现并明确指出网络舆论研究的情绪转向,越来越强调情绪在网络舆论中的重要作用。喻国明(2017a)指出,情感传播是当前社会传播的新特征,网民在消费信息的同时更加关注信息带来的情感体验和情绪按摩需求,在情感传播中实现情感交流是当今信息消费的新内涵。同时,也有学者指出,网络舆情研究应突破传播学和信息科学的范畴,上升到新媒体与社会运动的层面,加大舆情研究的空间适用性(李彪、郑满宁,2014)。在探讨后真相时代网络舆论场的话语空间转向时,李彪(2018)认为,当下舆情本体正在从"个体对事实的争论"转向"群氓为情感的困斗",当出现矛盾事件时,许多网民并非就事实本身展开讨论,而是代入自己之前的生活感受进行情绪宣泄。焦德武(2013)同样强调了情绪在舆论生态中的重要作用,并指出微博舆论中情绪产生的原因包括微博舆论中公与私的双重特性、社会转型和技术进步等。张志安、晏齐宏(2016a,2017)认为,网络舆论中的情感要素分析关键在于情感如何从个体扩展到群体，个人情绪如何被启动、情感背后蕴藏的深层次的社会结构等问题。同时，在研究网络舆论时需明确情绪与情绪化的界限：情绪是人与环境相互作用的产物，不一定是非理性的，而情绪化则是带有情绪地认知特定事件的过程，具有非理性的特征。

在此基础上，一方面，有研究者对网络舆论中的情绪构成、影响因素、形成过程等方面进行了进一步的理论分析。例如，张志安、晏齐宏（2016b）分析了网络舆论中非理性因素的构成，认为非理性因素包含个体情绪、社会情感和集体意志三个层面，这些因素是通过感染启动、社会结构、民族主义机制形成网络舆论的。张静、赵玲（2013）通过对网络理性化和情绪化舆论的形成过程和影像因素的探讨，发现网络舆论的理性化和情绪化受到信息的发布量、沟通渠道和事件性质因素的影响。郭小安（2015）认为，以符号为载体的联想叠加在网络公共事件中主要存在敏感词衍生叠加和情感叠加两种模式。前者是由单个敏感词联想引申而成的序列化事件，如"二代""门"衍生出的一系列话题事件。后者则是指一个网络公共事件能够引起大规模传播，往往需要同时调动公众的悲痛、愤怒、同情等多种情绪，加上网络流行语、段子等方式的使用起到调侃、讽刺的作用，从而起到强大的情绪动员作用。祁涛（2016）运用公众同情理论分析网络舆论中非理性因素的形成过程，认为新闻媒体通过运用冲突框架和形象标签，以及煽情报道来感染受众，激活受众的社会记忆而引发共鸣，这种共鸣能量通过闲谈的方式得到释放，使激情话语占据主导地位，导致网络舆论中呈现出非理性色彩。蒋晓丽、何飞（2017）分析了情感传播的原型沉淀机制，情感在不同的原型沉淀机制下推动了网络舆论的产生和发展，这些机制包括通过二元对立模式下的情感激活、个体情感与原型情感共振、从情感压抑到情感宣泄的原型置换。另一方面，研究者通过内容分析等方法尝试对网络舆论中的情绪要素进行实证量化研究，结合框架分析等传播学理论探究情绪的传播机制。李黎丹、王培志（2014）通过对"校长开房"事件微博内容的分析，发现用户的情绪表达呈现结构化特征，当事件触动了网络中的"情绪结构"，释放大量负面情绪时，网络舆论会被迅速引爆，在这一过程中，意见领袖与网民产生的情绪共振能够强化网民的议题框架。并且，当对立议题出现以后，任何激怒或引发网民戏谑的因素都可能引发舆论的再次高涨。官建文、李黎丹、王培志（2016）以框架分析为理论视角，在分析突发公共事件网络舆论的议题结构时指出了情绪启动对网民认知突发公共事件的影响，认为网民的情绪启动激活了与之相关的记忆，通过移情的作用强化了信息加工过程中的负性偏向，并且群际情绪对舆论指向和强度能够产生显著影响。党明辉（2017）采用 LIWC 文本情感分析软件对网易新闻及其评论内容进行了计算机辅助内容分析，研究表明当前中国在线新闻评论中，愤怒是最主要的负面情绪，同时悲情也较为普遍，且负面情绪大多来自较少发表评论的用户。除此以外，研究验证了框架理论在负面情绪属性的设置中依然适用，情绪唤醒理论下高情绪性的信息更能引起用户关注。

（4）管理学视角

在舆情管理的视角下，许多研究者根据现实的经验总结，以网络舆情监管与情绪引导为目的，提出相应的策略性建议（余云疆、李琦，2011；郑宛莹，2013）。例如，孙德梅等（2014）从群体情绪出发，认为扭转群体情绪是政府管理的一个重要切入点，同时，也应注重社会心态和社会情绪的监控、识别和调节，尤其是社会情绪监测网络的建立，能够有效改善政府的管理行为。郝其宏（2014）以社会情绪表达为分析视角，认为相对剥夺感、社会不公感、尊重缺失感和道德焦虑感是促成网络事件的主要情绪，从而提出了缩小贫富差距、维护社会公正、强化政治参与、合理引导舆论的管理策略。刘博（2017）认为，新媒体催化了网络公共事件中社会情绪的扩散，由于阶层壁垒与流动失衡而产生的不满情绪随之宣泄。因此，网络公共事件的舆论引导需强化新技术在网络安全中的核心作用，引导网民在法制框架内进行合理表达，积极实践网络治理中的协商民主。

1.3.2.2 已有文献评述

通过对国内外已有文献的总结与分析，作者发现，网络舆情中的情绪要素在学术研究中由来已久，近年来也成为新闻传播学、社会学、管理学等领域的研究热点和焦点，但仍在以下几个方面存在可发展的空间。

第一，在研究案例选择上，已有研究大多是以个案研究为主，对单一个案进行深度描摹，从个案中透视情绪在网络舆情中的运行和传播，缺乏多案例分析。无论是在线下的现实社会还是在线上的网络社会，热点事件层出不穷、类型多样，比如：主要诉求于个人权利维护的维权型事件、与环境利益相关的环境类事件、与社会基本道德冲突的道德类事件等，不同类型的事件在情绪的触发、唤醒、传播与演变上可能存在不同的特点。而目前的研究大多只关注个案，缺乏多案例中观层面的分析和研究。

第二，在研究内容上，目前的研究大多关注的是舆情事件爆发期公众情绪的表达与传播，缺乏对舆情事件整个发展过程的系统性分析，尤其是对事件发酵期公众情绪的根源以及事件结束后公众情绪如何消解等问题关注不足。事实上，事件爆发期公众通过语言、图像等形式表达出来的情绪只是网络舆情中情绪的一小部分，可以说，它们是体现在"显舆论"中的情绪。而这种情绪的集中爆发并非空穴来风，其背后往往有着更深层的社会根源，是社会结构性矛盾的具体体现和映射。同时，随着事件的发展和矛盾的解决，公众的情绪又是如何平息和消解的，这些问题在目前的研究中相对比较缺乏。而对舆情事件发酵期与缓解期的研究才能从整体和系统上全面明确情绪的运行和传播机制。

第三，在研究视角上，目前已有的研究在视角上相对比较局限，大多是从情感动员与框架建构方面探究情绪的运行，而对情绪的传播网络和结构特点关注并不多。尤其对新闻传播学领域的研究者而言，情绪的传播在结构上呈现怎样的特点、传播过程中是否存在类似"意见领袖"这样的关键性节点等问题，是可以通过传播学相关理论进行验证和分析的。而从目前的研究现状来看，这方面的研究相对比较缺乏。从这一点上来讲，社会网络分析视角的引入能够为情绪传播机制的研究提供很好的切入视角与操作抓手。

第四，在对情绪类型的分析上，已有研究大多将情绪分为正面情绪、负面情绪与中性情绪，或仅关注某些特殊类型的负面情绪，比如：愤怒、悲情、恐惧等，缺乏对情绪整体进行更加详细和全面地分析。事实上，在人类社会中，情绪类型复杂多样，仅用正负性区分显得有些粗略和笼统，也不利于具体把握不同类型的情绪传播机制、有针对性地采取某些应对策略。同时，现有研究往往更关注某些负面情绪类型在舆情事件中的作用，这也是较为片面的。某些中性的情绪类型，如惊讶等，或正面的情绪类型，如愉悦、希望等，在舆情事件中同样存在一定的建立认同、加强团结的作用。而目前的研究在情绪的全类型分析上相对比较缺乏。

第五，在研究方法上，目前关于网络舆情事件的研究多采用内容分析法，大数据的系统量化分析相对较少。随着大数据技术和自然语言处理技术的发展，社交媒体中的海量文本已为情绪研究提供了丰富的素材和广阔的空间，使大规模的文本情感分析成为可能。大数据、全样本的使用能够突破抽样可能带来的误差，更加全面和准确地把握公众的情绪图景。另外，如前所述，体现在网络舆论中的情绪仅仅是公众情绪的一小部分，而更加深层和长期稳定存在的公众的情感比较容易通过深度访谈等方式获得，需要通过质化的文本分析和话语分析等方法进行研究。因此，在研究方法上，各种研究方法的融合能够更好地实现研究目标，大规模的量化分析与小规模的质化分析更能够做到"点面结合"，全面而深刻地把握情绪的运行和传播机制。

1.4 研究问题

基于以上对国内外相关研究的梳理与分析，作者发现，目前新闻传播学领域对网络舆情事件中的情绪研究大多关注的是事件爆发期内公众显性的情绪化表达和传播现象，而对于事件发生之初公众情绪爆发的来源和引爆过程，以及事件结束后公众情绪的变化和影响则关注不足，缺乏对情绪在网络舆情事件中运行过程的整体考察和把握。并且，已有研究大多是基于个案的现象描述，缺乏系统的大规模数据的量化分析。因此，作者希望通过实证研究，在社会运动理论与传播学理论的交汇视野下，探究情绪在网络舆情事件中的产生、传播与消退过程。具体来看，本研究拟在网络舆情事件不同发展阶段的框架下，解决如下三个研究问题。

问题1：在网络舆情事件的导入期，公众情绪从何而来以及为何能被引爆？

问题2：在网络舆情事件的爆发期，公众情绪如何传播？

进一步地，这一研究问题可分为以下三个子问题。

问题2.1：不同类型的情绪呈现出怎样的传播网络结构？

问题2.2：在这些情绪传播网络中，谁是情绪传播中的"关键节点"？

问题2.3：这些"关键节点"的个人特征如何影响其情绪传播能力？

问题3：在网络舆情事件的衰退期，公众情绪如何平息以及有何影响？

总的来说，本书研究的问题是：在网络舆情事件中，情绪从何而来？如何传播？怎样平息？

1.5 研究设计与创新之处

1.5.1 研究框架

本研究以网络舆情事件的不同发展阶段为框架，结合社会运动理论与传播学相关理论,探究网络舆情事件中情绪的产生、传播和消退。

具体来说,本书首先在社会运动的理论视角下,以"变迁—结构—话语"为分析框架,从网络舆情事件发生的宏观语境(变迁)、结构性要素(结构)与文本刺激(话语)三个角度,探究在事件导入期公众情绪的来源。其次,在传播流与意见领袖的理论视角下,通过社会网络分析法,探究在事件爆发期公众情绪如何传播:采用社会网络分析对不同情绪类型的传播结构特点进行分析,找出传播网络中的关键节点,进而通过多元回归分析探究用户的个人特质如何影响其情绪传播能力。最后,本书采用深度访谈法对舆情事件的见证者进行深度访谈,探究在舆情事件结束后,公众情绪如何得到缓解和平息及其产生的影响。

本书的研究框架如图1.3所示。

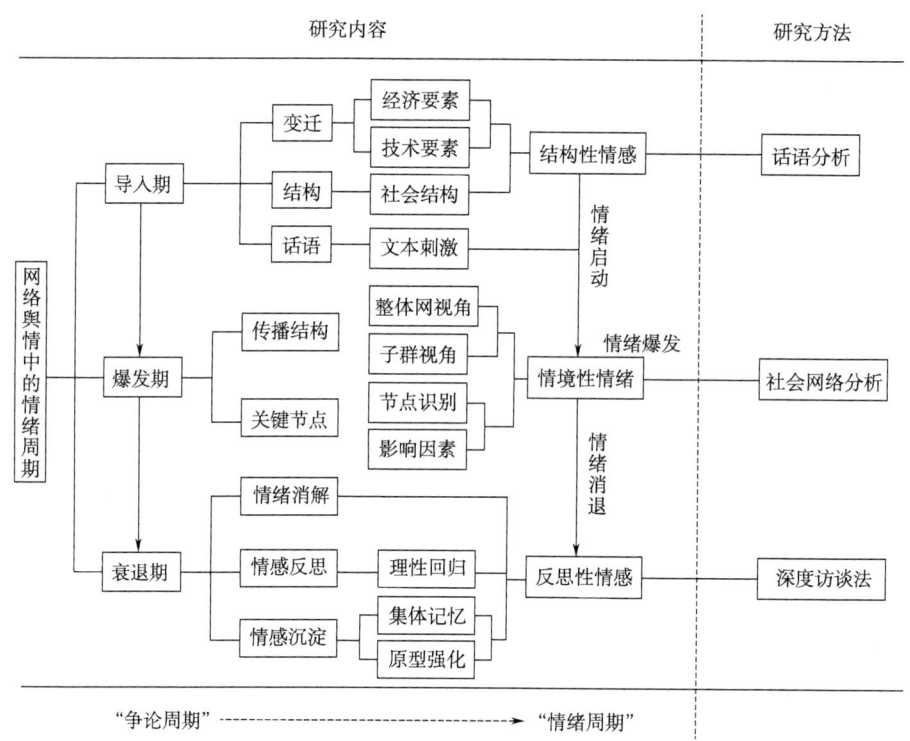

图1.3 研究框架

1.5.2 案例选择

本书研究参考《社会蓝皮书》系列2015—2019年中国互联网舆情或舆论

报告（祝华新等，2020；祝华新等，2018a；祝华新等，2018b；祝华新等，2016；祝华新等，2015）中历年的热点舆情事件，综合考虑研究的可操作性，选择了2015—2019年的16个网络舆情热点事件①。同时，为尽力保证案例选择的全面性和时效性，本书结合专家提名、共同讨论，加入6个典型案例，即江歌案、反性骚扰系列事件、福建泉港碳九泄漏事故、单身女性冻卵权引热议、西安奔驰女车主维权案、李文亮医生被评定为烈士，与上述16个案例共同构成由22个案例组成的案例库。各案例的基本信息见表1.1。

表1.1 本书22个案例列表

案例编号	时间	事件名称
01	2015年	南京宝马撞人案
02	2016年	山东"问题疫苗"事件
03	2016年	多地校园"毒跑道"事件
04	2016年	北京如家和颐酒店女子遇袭事件
05	2016年	罗一笑事件
06	2017年	榆林产妇坠亡事件
07	2017年	山东于欢案
08	2017年	杭州保姆纵火案
09	2017年	北京红黄蓝幼儿园虐童事件
10	2017年	江歌案
11	2018年	长生生物问题疫苗事件
12	2018年	滴滴顺风车乘客遇害系列事件
13	2018年	反性骚扰系列事件
14	2018年	高铁霸座等乘客霸凌行为频发
15	2018年	福建泉港碳九泄漏事故
16	2019年	"996"工作制引发舆论热议
17	2019年	单身女性冻卵权引热议

① 其中，《2018年中国互联网舆论分析报告》中所列出的热点舆情事件中含有"幼儿园虐童事件连续曝光"事件，本书为了数据抓取的可操作性和便利性，从中选取影响力较大、代表性较强的"红黄蓝幼儿园虐童事件"为案例样本。

续表

案例编号	时间	事件名称
18	2019年	西安奔驰女车主哭诉维权案
19	2019年	江苏响水"3·21"化工厂爆炸事故
20	2019年	无锡高架桥侧翻事故
21	2019年	"昆明恶霸"孙小果案
22	2020年	李文亮医生被评定为烈士

1.5.3 研究方法

1.5.3.1 话语分析

英国语言学教授诺曼·费尔克拉夫（2003）是当代著名的批判性话语分析学者，其在《话语与社会变迁》一书中提出的批判性话语分析方法为社会语言实践提供了独特的分析视角。费尔克拉夫认为，人类社会中的话语并非孤立的存在，而是与更加宏观的社会结构和语境相勾连。因此，他提出了批判性话语分析的三个层次：文本、话语实践和社会文化实践。其中，文本层面是指人类社会中口头表达或书面表达出的语言；话语实践主要指文本在社会中的生产、消费和流通过程；社会文化实践主要包含话语所在的宏观社会结构、文化环境等，是话语与意识形态、权力结构等要素的交互关系。

费尔克拉夫的这一分析框架为研究者分析网络舆情事件中的情绪文本提供了恰当的分析工具。在舆情事件中，公众在网络空间中发布的言论既是一种典型的话语实践，同时又与舆情事件发生的社会结构性因素有关。对这些文本进行批判的话语分析能够从宏观和微观两个层面解释网络舆情事件中公众的情绪从何而来、又为何会被引爆。具体来看，在文本层面上，本书主要通过对网络舆情事件中行动者发布的内容（如，微博帖子等）进行文本分析，以探究舆情事件中网民的情绪是如何被唤醒与激活的。在话语实践层面上，本书主要通过行动者所生产话语的来源及传播过程进行分析和解构。在社会文化实践层面上，本书主要从网络舆情事件发生的语境入手，将舆情事件中的情绪置于更大的社会和时代背景中，从社会变迁、社会结构的角度，探究舆情事件中公众情绪的社会根源。

1.5.3.2 社会网络分析

社会网络分析主要依赖于诸如中心度（centrality）和社群（community）一类的拓扑学度量，通过分析节点在网络中的位置识别网络中可能的领导者（Li et al., 2015）。社会网络分析法测量节点"中心"位置的参数主要依靠各种"中心度"（centrality）的测量。中心度反映的是行动者在社会网络结构中的位置或优势的差异（林聚任，2009），它包括度的中心度（degree centrality）、接近中心度（closeness centrality）、中介中心度（betweenness centrality）、特征向量中心度（eigenvector centrality）。这些不同的指标各有优劣，目前并没有一个通用的度量指标能精确地识别出网络中最具影响力的用户（Bamakan et al., 2019）。因此，需要在研究中根据具体需要选择合适的指标进行分析。

目前，社会网络分析法已被广泛应用于网络舆情研究中（成俊会等，2019；康伟，2012），其对于呈现信息的传播网络结构及识别不同类型意见领袖具有较强的分析能力。在网络舆情事件中，伴随着信息的流动和传播，公众的情绪同样也在不断地流动、汇聚和扩散，形成一张张形态各异的传播网络。本书通过对情绪传播网络的分析，能够更好地把握情绪传播现象背后的结构特点，并重点把握情绪传播过程中的关键节点，从而明确情绪传播的内在机理。

具体来看，本书主要运用社会网络分析从整体网络视角和子群分析视角研究不同类型情绪的传播网络结构特点，并通过节点中心度分析识别传播网络中的关键节点。在此基础上，本书将节点中心度与用户的个人特征等相关数据相结合，通过多元回归分析探讨个人特征如何影响节点的情绪传播力。

1.5.3.3 深度访谈法

在网络舆情事件中，网民通过语言文字、图像等形式表达出的情绪是存在于"显舆论"当中的情绪，可以通过话语分析等方法进行研究。换句话说，这种被公众表达出来的情绪是比较容易被研究者获取和识别的。然而，这并非情绪的全貌。社会情绪更多地会隐藏在公众的心中，虽然未被表达，但却依然存在，并且作为一种无形的力量影响着公众的认知、态度与行为。这种在公众心目中"隐而不发"的情绪很难通过内容分析来获得，因此，需要通过对网络舆情事件的见证者进行深度访谈，从他们的话语中感知和获取更深层的心理感受。

当舆情事件结束后，舆论虽然已经平息，但情绪并未结束。本书采用深度访谈法对16位网络舆情事件的见证者进行访谈，以了解舆情事件结束后，公众情绪是如何消解的这一研究问题。在访谈过程中，首先由研究者开启访问，介绍本次研究的目的，拉近与被访者之间的心理距离。强调本次访谈主要是请受访者谈谈心里的真实感受和想法，答案无关对错，避免受访者在访谈中刻意塑造自己客观理性的个人形象。然后，由研究者简单介绍案例情况，以便唤起被访者对事件的记忆，挑选被访者比较感兴趣的案例，进行较为详细地介绍。接着进入正式访谈环节，在这一环节中，选择被访者感触较为深刻、比较能引起共鸣的案例进行深入访谈。由事件爆发期中公众关于事件的探讨入手，此部分主要目的是帮助受访者回忆当时的心理感受和情感态度，以便受访者能够更好地进入案例情境中。同时，也为下一部分受访者谈事件结束后的情感态度做铺垫，以便能够看到整个过程中受访者的情感变化，详细询问受访者在事件结束后的情绪和感受。通过结合事件发展，了解受访者对不同对象持有哪些情感态度、发生了怎样的变化，以及为什么会产生这些变化。关于访谈大纲及被访者信息，详见附录1、附录2。

1.5.4 创新之处

情绪作为网络舆情事件中的一大重要元素正被越来越多的社会科学研究者们所关注。在新闻传播学领域中，以往的研究较多从传播主体、传播效果、传播渠道等方面分析网络空间中信息的扩散与传播，较少关注情感、情绪这些心理要素的传播。在社会学领域中，大部分研究关注的是社会运动中的情感动员，较少关注情绪的流动和传播机制。本书将目光聚焦于网络舆情中情绪的运行和传播周期，采用社会学中的社会运动理论与传播学中的传播流理论的融合视角，是传播学在网络舆情研究方面的创新性尝试。

第一，在研究内容方面，本书是对网络舆情研究中情绪转向的一次新探索。在新闻传播学领域，关于网络舆情已有研究大多数关注的是信息的传播机制，而对情绪的关照是近年来出现的一个新的研究转向。虽然有学者较早地指出了网络舆论的成分中包含了情绪元素，但大多只是简要地提及，并未对具体的情绪运行与传播过程和机理进行详细地分析和探究。目前，此领域相关的研究成果不多，仍然处于比较初级的探索性阶段，大多数研究是经验总结式的案例描述，缺乏对情绪传播内在机制的系统和科学的分析。本书的理论创新点之一在于将目光从网络舆情研究中的信息流转向情绪流,尝试开拓和挖掘网络舆论相关理论体系的新版图。

第二,在理论视角方面,本书将社会运动理论视角引入网络舆情研究中,结合传播学相关理论,采用社会运动理论与传播流理论的融合视角,尝试构建一个社会学导向的情绪传播理论框架。情绪的传播相对于传统的大众传播研究而言是一个新的研究话题,在目前的研究现状下,相对比较缺乏完善的理论指导。因此,目前大多数研究对情绪传播现象的探讨和分析往往容易流于表面、停留在现象的描述,难以进行深度的理论挖掘和进一步的理论创新。而社会学领域对情绪与情感要素的关注由来已久,尤其是近年来在社会运动理论出现的文化主义转向下,以往被理性主义取向所摒弃的情绪和情感等因素又开始重新回到研究者的视野当中。本书在网络舆情研究中引入社会学视角,借鉴社会运动研究中与情绪相关的理论体系,将情绪传播至于宏观社会语境下,探讨情绪在舆情事件中的产生、传播与消解路径。社会运动理论视角的引入,能够开拓网络舆情研究的理论视野,将网络舆情研究置于更大的社会运行的语境中,将网络舆情研究进一步推向纵深,补充和完善相关研究的理论体系。

第三,在研究的着眼点上,本书跳出以往研究大多仅关注事件爆发期内"显舆论"的局限,而是关注舆情事件整个过程中公众情绪的运行与传播机制,尝试构建一个较为系统和完整的情绪传播的理论体系。在以往的相关研究中,大多数学者更多关注信息在事件爆发期内的扩散和传播机理。而对于舆情事件中的情绪而言,爆发期内显示出来的汹涌的情绪流并非是一蹴而就,其背后往往有着深刻的社会根源,是现实中社会结构与社会变迁在公众心目中的投射。同时,现有的研究也较少探讨舆情事件为何结束,公众的情绪怎样平息、又产生了哪些影响。对于社会运动来说,其动员、发展、高潮阶段往往是人们关注的焦点,但对其衰退过程却甚少研究。目前关于情绪在舆情事件中的传播研究较少关注情绪的平息、消解与转化。而事实上,对于情绪消解过程的分析更有助于明确完整的情绪运行机理,也有助于为社会管理者提供更有针对性的操作性建议。鉴于此,本书不仅关注事件爆发期内公众情绪的相互感染与传播,而且关注事件发生之前公众情绪的来源、发生之初公众情绪的唤醒,以及结束之后公众情绪的消解、转化及其产生的影响,尝试建构一个较为系统的情绪传播理论框架。

第四，在研究方法上，本书采用混合的研究方法（mixed approach），将量化统计质化分析相结合，能够对情绪传播现象进行更加全面、深入和系统的分析。一方面，传统的网络舆情研究大多采用量化的内容分析法对文本进行统计分析。而对于情绪研究而言，仅关注舆论中的文本信息是不够的，更多的情绪虽未表现，但却隐藏在公众的心中，长期弥散在社会生活当中。因此，需结合质化的话语分析与深度访谈，探究公众情绪的社会根源及心理感受的变化。另一方面，在传统的社会运动研究中，大多研究是对情绪的描述性分析，缺乏大规模样本的量化研究。而在计算机科学领域中，随着大数据技术与自然语言处理技术的发展，海量文本的自动化情感计算已成为可能。因此，本书通过对社交媒体中的文本进行自动化机器学习与情绪识别，能够实现更加精确的情感分析，结合社会网络分析法，有助于把握网络舆情事件中情绪传播背后的网络结构特点，进一步明确情绪运行和传播的内在机理。

2 概念厘定与理论基础

2.1 情绪与情绪周期

2.1.1 情绪的定义与分类

作为本书研究的一个关键概念,本节将从心理学和社会学的角度对情绪的定义、构成成分和主要类型进行详细分析和界定,进而对情绪周期的概念进行界定。

2.1.1.1 情绪的定义

目前学界关于情绪的定义主要有心理学和社会学两大取向,心理学更关注情绪产生的个体过程,而社会学更关注社会文化和社会结构等背景要素对个体情绪的作用和影响。

(1) 心理学取向

美国心理学家斯托曼(1986)从心理感受、身体和行为三个角度论述了情绪的含义,认为情绪即情感,是与个体身体的各个部位变化相关的身体状态;是在一定情境中的或明显或隐晦的行为表达。

中国科学院心理研究所傅小兰(2016)梳理了目前心理学研究中关于情绪内涵界定的三大取向——身体知觉观、进化主义观和认知评价观。从身体知觉观的角度而言,情绪来源于某种刺激物对个体产生刺激后出现了身体上的生理变化,进而导致某种情绪体验的产生。进化主义的观点认为,情绪是生物体在自然环境的作用下适应与进化而来的,在某种诱发事件的作用下,启动了由基因编码的情绪系统,包括自主神经系统、外部表现和主观体验。从认知评价观的角度而言,情绪是个体对周围环境与事物的评价。认知评价观从外部环境、身体反应和心理感受三个角度概括了情绪产生的来源,较好地解释了不同个体对同一事件产生不同的心理感受的原因。据此，傅小兰（2016）在整合了心理学中对情绪研究的三大取向后，将情绪定义为"伴随着生理唤醒和外部表现的主观体验"。

另外，在日常生活中，"情绪"与"情感""感情"等概念也经常出现混用，因此，有必要在学术研究中予以一定的区分。心理学认为，"情绪"是个体由外部环境刺激而产生的、具有一定外部表现的（比如，表情、行为等变化）心理体验，具有一定的情境性、原始性、冲动性（彭聃龄，1988）。"情感"一般是人们心目中长期的、稳定的、深刻的态度评价与心理感受，具有一定的持久性和内隐性，比如，美感、道德感、理智感等（彭聃龄，1988）。而"感情"则是包含了情绪和情感的综合过程，是包含了个体的外部表现与内在感受，并与某种需要相联系的感性反应的统称（孟昭兰，2005）。

（2）社会学取向

心理学中的认知取向强调情绪是在个体对事物的评价后产生的，与心理学相关的认知神经科学关注情绪的神经生理学基础。与此相比，在情感社会学领域中，对情绪的理解增加了文化与社会建构的成分。

社会学认为，情绪是个体在与他人的互动中产生的，是社会文化和社会结构调节（conditioned）的结果。个体在社会化的过程中学会了情绪词汇、表达行为、自主反应及情感共享的意义，比如，愤怒代表着自己受到了来自外界的伤害，感激意味着个人在获得帮助后得到了心理的满足与放松等。社会文化向人们定义了什么是情绪，以及这些情绪应该如何被表达。具体来看，社会文化和社会结构对情绪的建构主要体现在以下两个方面。

首先，作为情绪的语言标签，个体在命名他们体会到的每一种情绪时所使用的情绪词汇是由社会文化所定义的。早在20世纪80年代，戈登（Gordon，1981）就提出，情绪是社会解释的结果，而情感词汇（sentiment vocabularies）就是社会建构的集中体现。社会成员在社会互动中习得了不同的情绪词汇，因而可以准确表达自己对周围世界的主观感受。

其次，符号化的特定情绪的外显行为也受到社会文化的制约，比如，人类在社会交往中逐渐形成了对尴尬这种情绪的一系列符号化行为表达，例如，用手遮住脸、转移视线焦点等，因此，当个体在与他人互动的过程中出现了这些行为时，对方就能够理解到相应的情绪（特纳、斯戴兹，2007）。另外，霍奇柴尔特（Hochschild，1979）提出的"情感规则"（feeling rules）的概念也体现了情绪的社会建构性。他认为，社会文化和社会结构下形成的情感规则向人们定义了哪种情绪在怎样的情境中是合适的。换言之，社会成员的情绪表达需要与一定的社会语境、社会习惯和常规习俗相一致，比如，人们通常会对弱势群体表示同情、在葬礼上表达悲伤等。

据此，从社会学角度而言，情绪是融合了生理基础、社会建构和认知三种要素的综合概念。本书主要采用社会学理论视角，因此，在对情绪的理解上亦与上述社会学取向一致，认为情绪是源于个体对自我、周围环境、社会文化等的评价，在身体系统的激活下被唤醒，受到个体认知加工与社会文化、社会环境制约的心理体验（特纳、斯戴兹，2007）。

在"情绪"与"情感"的区分上，情感社会学所强调的"情绪"（emotion）[①]是一个较为宽泛的概念，包含了情感体验、感情、情操等多种主观感受。同样，本书亦遵循这一研究路径，在对网络舆情事件中的情绪进行研究时，既包含了具体情境中体现出的情绪，也包含了社会中长期、持续存在的社会情感等。

2.1.1.2 情绪的分类

与情绪的定义在不同学科视角中的取向类似，在情绪的分类上，对情绪的分类同样亦存在心理学视角中的分类与社会学视角中的分类。

（1）心理学取向的分类

在心理学中，不同学者从不同角度对人类的情绪进行了各种分类，至今尚无统一的定论。比如，有的学者倾向于将情绪分为基本情绪和复合情绪两大类。基本情绪是指个体先天即拥有的、无须通过后天的社会化过程习得的，拥有某种共同而稳定的原型或模式，并具有独特的生理基础和外显表现的情绪类型。而复合情绪即是由多种基本情绪类型混合而成的情绪（傅小兰，2016）。

另外，在心理学中，也有根据情绪状态将情绪分为心境（mood）、激情（intense emotion）和应激（stress）（彭聃龄，2001）。其中，心境是人具有的某种持续性的情感状态，一般来说比较平静和持久，并没有特定的指向对象。激情往往是由某种外界事物的刺激而产生的一种强烈的、爆发性的、短暂的

[①] 《情感社会学》一书将 emotion 译为情感，为与本书研究保持一致，此处将 emotion 译为情绪，译法不同，但指代的内容与其一致。

情绪状态，一般伴随着一定的生理反应和外显的行为表现。而应激则是人们对外界环境所做出的适应性的反应，比如，在危险状态下的高度紧张状态等。

（2）社会学取向的分类

在社会学视角下，贾斯珀（Jasper，2011）基于持续时间和感受的不同建立了关于情感（feelings）的分类学，将人的感受分为欲望（urges）、反射性情绪（reflex emotions）、心情（moods）、情感忠诚或取向（affective loyalties or orientations）、道德情绪（moral emotions）。其中，除了欲望以外，其他四种感受均与情绪相关。相较而言，情感取向和道德情绪更加稳定、持续时间更长，它们通常是反射性情绪与心境的背景。具体来说：①欲望是人的身体产生的强烈的、难以忽视的冲动，比如，药物成瘾、性欲、睡眠需要等。它通常不被视为一种情绪，然而可以影响社会运动中行动者的参与，组织者可利用欲望来控制行动者。②反射性情绪是人们对周围物理环境和社会环境产生的即时反应，往往包含一系列的面部表情和身体动作，通常很快出现，也可以很快被替代。③心情的持续时间相对更长，它可以从一个环境移入另一个环境中，与其他类型不同的是，心境有时不需要直接的对象，并且，它能够与反射性情绪相互影响。④情感忠诚或情感取向指的是爱慕或厌恶的感受，比如，爱、喜欢、尊重、信任以及它们的对立面。它通常与人们对周围世界的短暂性评价关系不大，更多的是与他人的认知评价相关。⑤道德情绪包含人们基于道德制度和道德原则所产生的赞同或者不赞同的感受，也包含当人们做出正确的（或错误的）事情时所感受到的满足感，以及当人们感受到正确的（或错误的）事物时的感受，比如，对不幸者所产生的同情、对不公正产生的愤慨等。

与此相似的是，国内学者毛湛文（2015）将"社会情感"分为社会情绪、社会感情、社会心态和社会心理四个层次，它们所包含的范围依次扩大。社会情绪即在一定的具体情境中引发的具有短暂性、原始性的情绪类型，类似于上述Jasper的分类当中的反射性情绪。社会感情主要是社会中大多数人秉持的某些长期而稳定的情感态度。社会心态所包含的范围更大，除了社会情绪和社会感情外，还包括社会成员的价值观、社会认知、社会信任等。而社会心理更为宽泛，更强调社会情感的文化和思想基础。

由于人的情绪、情感、感受这些心理体验本身就是相互联系、密不可分的，在具体的分析过程中，上述几种类型之间也并非完全泾渭分明，许多时候是相互重叠、相互影响的。情绪的社会学分类取向的价值主要体现在两个方面：一是提示研究者情绪具有多种层次，避免研究者在研究中只关注容易被观察和测量到的短暂的反射性情绪；二是强调情绪具有持续性、稳定性的一面，与社会认知与评价相关，避免研究者片面地将社会运动中的情绪单纯地与非理性、冲动联系在一起。

本书对情绪的分类采用心理学与社会学取向的融合，在宏观层面，借鉴毛湛文（2015）的研究，将网络舆情事件中的情绪大致分为两个层面，一是"结构性情感"，主要是指在一定的社会结构和社会文化的影响下，公众所具有的某些长期而稳定的情感体验，比如，社会怨恨、社会幸福感等；二是"情境性情绪"，即反射性情绪，是指公众由某个偶发性事件或具体情境而引发的，具有短暂性、冲动性和原始性的心理感受。相较而言，情境性情绪容易通过网络舆论等形式体现，具有一定的外显性，而结构性情感更多地在公众心中"隐而不发"，具有一定的内隐性。

在微观层面，在探讨事件爆发阶段所表现出的具体的情境性情绪时，由于需要采用计算机机器学习的方法对网络文本进行情绪识别，需要对文本中所包含的具体情绪打上相应标签，以便进行统计分析，因此，从研究的可操作性角度而言，本书在内容分析上采用心理学视角中的基本情绪类型，根据目前较为公认的埃克曼（Ekman，1994）的"大六"情绪分类，将舆情事件中的情境性情绪分为愤怒、厌恶、恐惧、悲伤、惊讶、快乐六种类型。

2.1.2 情绪周期的概念

本书对情绪周期概念的界定源于社会运动理论中的争论周期概念。争论周期（cycles of contention）的概念是由美国社会学和政治学家西德尼·塔罗（Sidney Tarrow）提出的，用来解释抗争活动的起伏、反复的机制及其对集体行动与整个社会长期变化的影响（Tarrow，1993a，1993b）。根据塔罗（2005）的描述，争论周期是社会体制中出现对立、社会矛盾出现激化的阶段，在这一阶段中，集体动员大规模向外扩散，出现各种创新的斗争形式及行动框架，行动者的组织化参与及非组织化参与相互结合，信息的大规模流动迅速增加，行动者与当权者之间互动频繁。在对这一概念的论述中，塔罗以1848年欧洲大陆爆发的革命浪潮为例，揭示了集体行动中存在着这样一个抛物线：从制度上的冲突到满腔热情的斗争高峰，再到最终的崩溃，或者是——就成功的革命而言——新体制的巩固。在动员阶段,社会矛盾激化,社会冲突加剧,集体行动迅速从发起者向外扩散,同时伴随着各种剧目和被建构的集体行动框架,以吸引更多的旁观者参与到行动之中。而在行动的遣散阶段,大致存在三组力量影响了行动的结果:力量衰竭与分化、制度化与暴力,以及镇压或促进。

从这一概念我们可以看出,集体行动的发生、发展、高潮、衰退是一个周期性发展过程,每个阶段存在不同的特点和作用因素。集体行动的发生始于社会矛盾的激化;随后行动扩散,形成各种新的斗争手法,信息流动更快、政治关注加强;最后在行动内部力量衰竭与分化及外界反应的共同作用下走向衰退。

在此基础上,作者认为,情绪在舆情事件中的运行大致也经历了一个类似的周期性发展过程,在舆情事件的不同阶段,情绪的传播和演变也在各种因素的作用下呈现出不同的特点。因此,本书将情绪在舆情事件中的产生、发展、爆发到逐渐平息的动态过程称为"情绪周期"(cycles of emotion)。

2.2 研究的理论基础

本书所采用的理论视角主要是社会运动理论中的情绪视角,以探讨情绪在整个舆情事件中的酝酿、产生、爆发与消解路径。同时,在具体分析情绪爆发期的传播特点时,融合了传播学中的传播流和意见领袖的相关理论,以明确舆情事件中的情绪在社交媒体上的传播与扩散机制。

情绪在社会运动理论的发展过程中是研究者关注的重要元素之一,但目前关于情绪与社会运动并未形成一个完善的理论框架,而是随着时间的推移,研究者对于情绪在社会运动中的立场在不断地改变,关于情绪的论述散落在不同的理论当中。因此,本书试图以社会学中的社会运动理论为切入点,将情绪传播置于社会运动理论语境中,通过回顾社会运动理论的知识谱系,梳理情绪在整个社会运动理论发展过程中的脉络,将散落在不同时期中关于情绪的理论研究串联起来,着重探讨当下社会运动理论发展的情感转向。

在传播学领域中,情绪传播近年来也开始成为研究者关注的热点,并有学者提出"情绪传播"的概念(赵云泽、刘珍,2020)。作为社交媒体中伴随着信息流而产生的情绪流,传播学当中的传播流与意见领袖相关理论能够帮助研究者在对信息传播机制把握的基础上，明确情绪在传播过程中的流动层级和关键节点，以把握网络舆情事件中的情绪在社交媒体中的扩散机制。

本节将对社会运动理论中的情绪研究以及传播学中的传播流与意见领袖相关理论进行总结和梳理，并在此基础上明确本书的理论定位，尝试建立一个社会学导向的情绪传播理论框架，在社会学与传播学之间建立起理论对话。

2.2.1 情绪与社会运动理论

2.2.1.1 情绪在社会运动中的理论脉络

本书借鉴冯仕政（2013）对社会运动理论历史与发展的梳理，将社会运动理论的发展大致分为五个阶段（见图2.1）。

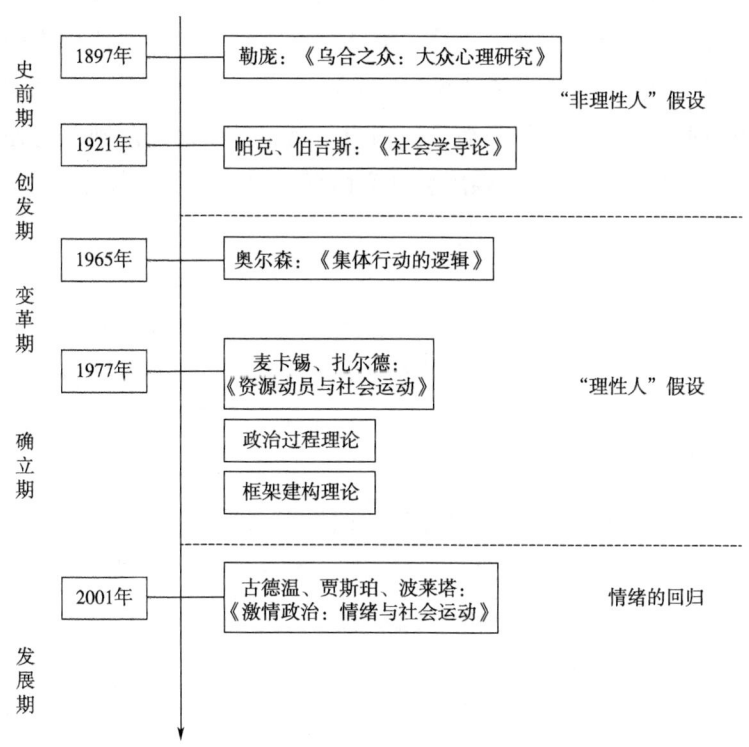

图 2.1 社会运动理论发展脉络

（1）史前期

1897年，法国社会心理学家勒庞出版了《乌合之众：大众心理研究》一书，认为当社会成员以个体存在时，具有鲜明的个性特征，而聚集成为群体后，则会变得盲目、冲动、情绪化，形成"群体无意识"。勒庞的这一理论传入美国后受到了大量关注，并成为后来美国社会运动研究中的重要思想源泉，但直到1921年帕克（Park）和伯吉斯（Burgess）出版《社会学导论》一书之前，并未出现有影响力的研究成果，因此称这段时间为社会运动理论的"史前期"。

（2）创发期

1921年帕克和伯吉斯所著的《社会学导论》一书具有一定的标志性意义，书中首次提出了"集体行为"的概念，并简要论述了集体行为的形成机制。虽然这一研究在今天来看相对较为浅显，但它从理论上开创了"集体行为"这一新的研究领域，具有一定的标志性意义。此后，许多关于社会运动的研究是在他们论述的基础之上发展而来的。1939年，布鲁默在帕克主编的《社会学原理纲要》一书中撰写了"集体行为"一章，对集体行为的形态进行了更细致的划分，并提出了"循环反应理论"。可以说，集体行为研究在帕克和伯吉斯那里只是一个较为初步的构想，而布鲁默把它落到了实处（冯仕政，2013）。因此，直到奥尔森出版《集体行动的逻辑》一书之前，这段时期被称为社会运动理论的"创发期"。

（3）变革期

集体行为理论在一定程度上汲取了勒庞乌合之众理论的思想，将社会成员看作是"非理性"的个体，极易受到情绪的影响而做出冲动行为。集体行为理论强调情绪在集体行为中的角色，尤其是不满（grievance）情绪对集体行为的决定性作用。

集体行为理论对于"非理性人"的假设不断受到研究者的质疑和批判，直到1965年美国经济学家奥尔森首次出版《集体行动的逻辑》一书。该书完全基于"理性人"的假设，颠覆了此前集体行为理论的大众心理取向。奥尔森认为，集体行动中的个人是理性的个体，在集体行动中也会遵循利益最大化和代价最小化的原则进行行为选择。由于社会运动的成果是非排他性的公共产品，社会成员不参与社会运动同样能够享受其成果，由此产生"搭便车"现象，因此不可能发生大规模的集体行动。这一结论可能未必与社会现实完全相符，但这一研究开创了一种新的理论视角，即社会成员是纯理性的个体，在选择行为策略时符合利益最大化的经济学原则。因此，在麦卡锡和扎尔德（McCarthy and Zald，1977）提出资源动员理论之前，这一时期被称为从集体行为研究到集体行动研究的"变革期"。

(4) 确立期

在奥尔森思想的影响下，1977年麦卡锡和扎尔德提出"资源动员理论"，后来研究者们又逐渐发展出了政治过程理论和框架建构理论。这三大理论形成如今美国社会运动研究的主流理论，因此，称这一时期为社会运动理论的"确立期"。

(5) 发展期

资源动员理论、政治过程理论和框架建构理论都是以纯理性人为基本前提的假设，完全否定了情绪、情感等因素在社会运动中的作用和影响。近年来，在西方社会运动研究出现"文化主义"转向的影响下，之前被研究者们所摒弃的情绪要素又重新回到了研究者的视野当中。其中，影响力较大的是美国社会学家古德 温、贾斯珀、波莱塔（Goodwin、Jasper and Polleta，2001）主编的《激情政治：情绪与社会运动》（*Passionate Politics：Emotions and Social Movement*）一书。他们在书中指出，他们不满于目前关于社会运动的主流范式，并试图通过回到文化和心理学等角度寻求突破，而探究社会运动中的情绪似乎是其中一个突破口。通过对情绪的分析能够帮助研究者更加全面地认识政治行动者，考察他们的目标和动机、品味和风格、痛苦和快乐（Goodwin et al.，2001）。因此，笔者以此为标志，将2001年至今的社会运动理论阶段称为"发展期"。

通过以上分析可以看出，从勒庞的乌合之众到帕克和布鲁默的集体行为论，从奥尔森的集体行动论到如今的资源动员理论、政治过程理论和框架建构理论，情绪要素在整个社会运动理论的发展脉络中经历了"核心—消失—逐渐回归"的过程。但是，当下情绪在社会运动理论中的回归与20世纪六七十年代以前集体行为论中的情绪视角不同。在当下社会运动研究的"文化主义"转向下，情绪不再是非理性的代名词，而是在社会文化和社会结构的共同制约下，社会成员形成的共同的心理感受。情绪与理性并非二元对立，而是矛盾的统一体。情绪中当然存在以生理系统激活为基础的原始性、冲动性的成分，但更有其文化性和社会性成分。因而，与20世纪六七十年代的研究相比，如今社会运动研究者对情绪的研究更加全面、更加理性。

接下来，本书将从早期的集体行为论出发，梳理勒庞的集体心智理论、布鲁默的循环反应理论、斯梅尔塞的值数累加理论和格尔的相对剥夺理论中关于情绪的论述,进而分析当今社会运动研究中情绪要素的回归。

2.2.1.2 集体行为论

集体行为论是美国社会运动研究的第一代理论体系,此后的资源动员理论、政治过程理论和框架建构理论都是在批判集体行为论的基础上发展起来的。与其他理论流派相比,集体行为论在本体论和认识论上具有两个共同特征:在本体论上,集体行为论将集体行为视为由社会结构的崩溃和社会失范导致的非理性的破坏行为。在认识论上,集体行为论认为集体行为是社会大众负面情绪(如愤怒、焦虑、孤独、不满、挫败感等)的大规模释放与宣泄。其中,与情绪密切相关的是勒庞的集体心智理论、布鲁默的循环反应理论、斯梅尔塞的值数累加理论和格尔的相对剥夺理论。下面,详细阐述这四种理论。

(1) 勒庞的集体心智理论

勒庞出版的《乌合之众:大众心理研究》一书较早地从群体心理而非社会结构的角度解释集体行为或社会运动。他认为,当社会成员作为个体存在时是具有独立意识、理智和个性的,而一旦聚集起来形成群体,便会通过个体间的传染、暗示等形成统一的心理状态——"集体心智"(collective mind)。而这种集体心智一旦形成,便会超越个体的理智和个性,使群体成员变得冲动、狂躁、幼稚、偏执等,容易趋于狂热和残暴,从而做出不可思议的行动。因而在中文翻译中,不少学者将这种群体称为"乌合之众"。

勒庞在这里强调的是集体无意识的力量会在无形中操纵个体意识,它关注的情绪大多是愤怒、仇恨、偏执等负面情绪。虽然在理论的建构上,这一理论还不太完善,许多论述甚至是研究者的断言,但它对研究自发性的社会骚乱和群体性事件具有一定的启发意义。本书所研究的中国网络舆情事件在一定程度上也呈现出勒庞所述的这种群体无意识的状态。在中国的不少网络舆情事件中,由于特定事件的刺激、网络的匿名性等特点,行动者往往并非就事论事地发表自己的观点和意见,而是容易受到情绪的感染和影响,在网络中进行情绪的宣泄,有时甚至伴随网络语言暴力。从这个意义上讲,勒庞的集体心智理论能够在一定程度上解释网络舆情事件中的非理性的情绪传播现象。但这一理论并未进一步分析这种"集体心智"的形成过程,换言之,它并未告诉我们个体意识是如何被集体心智所操纵的,愤怒、仇恨等负面情绪的传播机制是怎样的。这也是本书在这一理论基础上试图进一步探究的内容。

(2) 布鲁默的循环反应理论

在芝加哥学派创始人帕克的影响下,作为其学生的布鲁默所提出的循环反应理论影响甚广。这一理论向我们揭示了作为个体心理的恐慌、愤恨等负面情绪是如何通过社会互动而感染和传播给群体中的其他成员,从而引发集体行为的。布鲁默(Blumer, 1969)认为,个体的不安(restlessness)是集体行为产生的源头。当社会成员的欲望和需求无法通过正常渠道得以满足时,便会产生个体的烦躁、沮丧、不安等。个体的不安经过一定的循环过程从而形成社会骚乱(social unrest)。

具体来看,这一循环反应过程主要包含三个阶段。第一个阶段是磨动(milling),主要是指个体通过在人群中漫无目的的交流和互动而相互影响的过程。在磨动的过程中个体的注意力逐渐被周围的人所吸引,社会的规则和规范则逐渐被个体所忽视。第二阶段是集体兴奋(collective excitement),是磨动的加速和强化。在这一过程中,个体受到周围人的影响而更加容易变得冲动和情绪化,心理状态更加的不稳定。当集体兴奋扩散到一定程度时,就进入第三阶段——社会感染(social contagion)。社会感染是处于兴奋状态的群体快速、非理性、无意识地迅速扩散某种情绪或行为。这一过程也会吸引其他的旁观者加入集体行动之中,从而扩大集体行动的规模,将集体行动进一步推向高潮。布鲁默认为,通过上述三个阶段的循环反应,个人的不安会逐渐引发社会骚动,进而发展为集体行为。

布鲁默的循环反应理论向我们展示了个体情绪如何通过群体传播扩散进而导致集体行为的发生。虽然布鲁默在具体的理论阐释上还比较粗糙和模糊,但这一理论的价值在于其是第一个关于集体行为的社会学理论,并从个体情绪向群体情绪的发展过程角度对集体行为的发生逻辑进行了研究。从这一角度而言,这一理论对本书从传播过程角度探究情绪的传播机制具有一定的启发意义。

(3) 斯梅尔塞的值数累加理论

与集体行为理论的符号互动取向关注社会情绪的扩散过程不同,斯梅尔塞所提出的值数累加理论(value-added theory)采用结构功能主义取向,更倾向于从社会结构中寻找社会情绪产生的根源。

斯梅尔塞(Smelser, 1962)认为,集体行为的发生主要受到六个因素的影响。第一个因素是结构性有利条件，指的是在某些社会结构条件下更容易产生集体行为；第二个因素是结构性紧张，是指某种形式结构上的不和谐、不安定；第三个因素是概化信念，其功能是通过直接、简单而粗糙的信念提炼告诉人们当前形势如何、为何要行动、谁应该为现状负责等，从而为人们建构集体行为的意义；第四个因素是诱发因素，即社会中出现的某个偶然事件作为导火索，有了这一因素，才可能引发集体行为；第五个因素是参与者的行动动员，即把社会中的潜在行动者动员起来，激发其不满情绪从而参与到集体行动中来。斯梅尔塞认为，以上这五个因素环环相扣，后一个因素发生作用的前提是前一个因素的产生，就像做数学加法一样，每一个因素加在一起，才有可能导致集体行为的发生，因此称之为"值数累加理论"（见图2.2）。

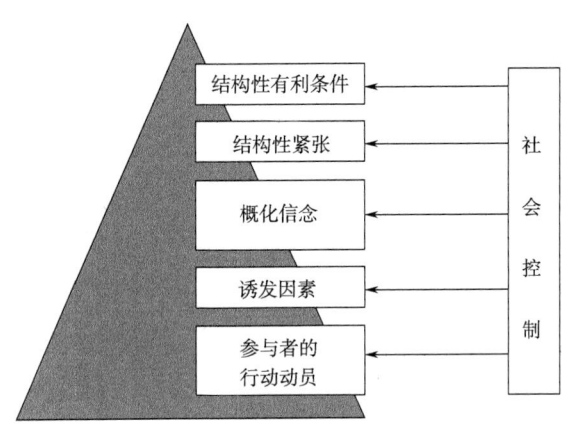

图 2.2　值数累加理论模型①

除上述五个因素外，斯梅尔塞认为的第六个因素是社会控制。与前五个促使集体行为发生的因素不同，这一因素对集体行为产生的是阻碍作用。它可以通过对以上五个因素中的任何一个产生影响，从而阻止集体行为的发生。在斯梅尔塞看来，只有同时具备前五个因素，并且这五个促进因素强于第六个阻碍因素，集体行为才能够发生。

在以上六个因素中，第二个因素结构性紧张与第三个因素概化信念是与情绪有关的因素。结构性紧张极易催化一些社会中累积已久的公众情绪，比

---

① 冯仕政．西方社会运动理论研究［M］．北京：中国人民大学出版社，2013：66.

如，怨恨、相对剥夺感等。而概化信念在斯梅尔塞的理论模型中居于核心地位。斯梅尔塞认为，概化信念具有扩大化和简单化两大特点。一方面，概化信念往往扩大当前形势的严峻程度、存在问题的危害和行动的适用性；另一方面，概化信念不注重逻辑，通过直接、简单而粗糙的方式进行动员，从而促使人们加入行动。

斯梅尔塞的值数累加理论从结构功能主义出发，认为情绪作为集体行为产生的影响因素之一，与其他的外部结构与条件因素一起影响着集体行为的产生。虽然这一理论在后续的研究中受到许多质疑和批判，但这一理论提示研究者们从社会结构的宏观视野下审视公众情绪的产生和发展，对本书的研究具有一定的借鉴意义。

(4) 格尔的相对剥夺理论

格尔（Gurr, 1970）的相对剥夺理论从社会心理和社会情绪的角度探寻社会运动发生的原因。这一理论的基本假设是：当社会公众的价值期望（value expectations）与价值能力（value capabilities）之间的差距扩大时，则会产生相对剥夺感，由此导致社会运动的发生。其中，价值期望是公众心中认为自己应该获得的生活条件和需求满足，价值能力是公众认为自己能够获得的生活条件和需求满足。同时，格尔提出了一系列与相对剥夺和集体行为相关的命题，分为激发性变量和调节性变量。其中，激发性变量决定着公众愤怒的程度，比如，公众希望得到的利益与实际能够得到的利益相差越大，则愤怒程度越高；而调节性变量决定着公众对愤怒的反应，即是否开展或加入社会运动，比如，社会中允许表达反对意见的制度性机制越完善，则发生暴力的可能性越低。

并且，格尔从公众价值期望与价值能力的落差形成上进一步对相对剥夺感进行了区分：第一类是递减型剥夺（decremental deprivation），即公众的价值期望没有发生变化，但公众认为社会满足其需求的能力突然发生下降；第二种是追求型剥夺（aspirational deprivation），即公众认为社会为其提供价值和利益的能力没有发生变化，但公众自身的价值期望提高了；第三种是进步型剥夺（progressive deprivation），即公众的价值期望和价值能力都在提高，但相对来说公众认为社会满足其需求能力的增长速度不及公众价值期待的增长速度，价值能力的提升出现了相对滞后，故而产生了相对剥夺感。

格尔对相对剥夺感的形成机制进行了详细地分析与刻画。虽然这一理论因其对相对剥夺感的过分强调而具有一定的片面性，也受到后来研究者的批判，但其对中国社会转型期的公众情绪具有一定的启发意义。虽然中国的经济不断发展，人民生活水平不断提高，但生活条件的改善速度与人民对美好生活的期待之间产生落差，则会出现相对剥夺感，引发社会的不稳定因素。

2.2.1.3 社会运动理论中情绪的回归

集体行为论曾在20世纪五六十年代一度十分兴盛，但由于其片面强调集体行为的破坏性，仅将社会大众视为冲动的、非理性的个体，并且在集体行为的归因上也解释得不够充分，因而，自20世纪60年代末便开始受到研究者的批评和质疑。

自20世纪70年代以后，随着资源动员理论、政治过程理论和框架建构理论的先后提出并逐渐发展为社会运动研究中的三大主流理论，将社会公众视为经济学意义上的"理性人"的假设也占据了社会运动研究的主流。这些理论强调社会运动是基于人经过权衡利弊、为了追求利益和价值最大化而做出的理性决定。但是，这又使得社会运动研究从一个极端走向了另一个极端，情绪、情感等主观因素被完全排除在外了。

因而，大约自20世纪末开始，社会运动研究的纯"理性人"假设也开始受到部分学者的质疑和挑战。在社会运动理论"文化主义"的转向下，情绪要素又开始逐渐回归到研究者的理论视野中。正如贾斯珀（Jasper，2011）所言：

> 20年前，情绪在政治、抗争和社会运动的研究中几乎完全不存在，任何人想要搜索一些有关情绪的论述都是徒劳的。但在此后的几年中，各种各样的情绪又再次越来越多地出现在关于社会运动的研究当中……事实上，所有我们现在使用的文化主义的模型和概念（比如，框架、认同、叙事等等）如果不囊括明确的情绪机制都将是错误的。

但是，这种情绪的回归并非回到20世纪五六十年代那样，将社会运动参与者视为充满了情绪化、非理性、冲动性的"乌合之众"，或是将社会运动仅仅视为社会结构崩溃的产物。近年来情绪要素的回归是一种"否定之否定"，是在承认社会情绪的生理基础、非理性和冲动性的同时，更强调社会情绪的文化性和社会性，强调情绪是在社会结构和社会文化共同建构下形成的，具有一定的理性成分，尽管它不是经济学意义上的工具理性，但至少含有价值理性或传统理性的成分（冯仕政，2013）。

（1）社会运动理论关键概念中的情绪要素

2001年，古德温、贾斯珀、波莱塔（Goodwin、Jasper and Polletta）出版了 Passionate Politics: Emotions and Social Movements（《激情政治：情绪与社会运动》）一书，该书集合了当时关于情绪与社会运动的相关研究，将情绪要素再次拉回社会运动研究当中。书中指出："尽管没有被研究者们明确地认识到或将其理论化，但情绪仍然已经存在于许多社会运动相关概念之中。动员结构、框架、集体认同、政治机会这些概念的大部分因果力量都来自它们所包含的情感"（Goodwin et al., 2001）。

比如，"不公正框架"（injustice frames）在解释社会运动发生时起到了显著的作用。杰森（Gamson, 1992）将其描述为人们看待某种情况的方式，显示出人们对所感知到的不公正的愤慨（indignation）或震怒（outrage），并且明确指出了对此负有责任、应该受到责备的对象。在所有情绪中，不公正与出于正义的愤怒情绪联系最为紧密。事实上，怀疑、敌意、愤怒和其他情绪在通过认知过程来进行责任归因之前就可能出现了。杰森（1992）后来详细阐述了不公正框架的来源，其中包括"目标的具体性，即使这个目标没有指向问题的真正根源而被错误地定位了"。换句话说，对强烈情绪的需要可能会导致社会运动的组织者扭曲他们的认知。他们可能"夸大了行动者的作用，而未能理解更广泛的结构性约束，并将他们的目标错误地指向了不适当的对象"。

再如，认同（identity）在近几年中也成为社会运动研究中一个研究热点（Polletta and Jasper, 2001）。"认同"通常与"利益"相对，它表明与社会运动目标联系更紧密的是亲密感而非物质利益。在大多数情况下，认同是基于人们所赋予的某种特征，如性取向、国籍、种族、阶级等，也可以是基于共同的信仰或原则，如宗教等。集体认同也被用来描述社会运动成员之间的某种团结感，它暗示着信任、忠诚以及感情的纽带。然而，以往的大多数研究都将集体认同描述为一种认知边界的绘制，而不是对群体成员的感情和非群体成员的反感。对集体的强烈感情使得行动者从参与社会运动本身中获得愉悦，这种愉悦与社会运动的最终目标和结果无关。社会运动也可以是一种表达自己和自身道德感的一种方式，一种从中寻找快乐和自豪的方式。当然，个体也可能对自己的身份抱有负面情绪，比如，羞耻感或内疚感；而许多社会运动的组织正是为了对抗被污名化的身份而展开的。仅仅包含纯粹的认知成分却又被行动者牢牢坚守的认同几乎是不存在的。即使是在认知上模糊的认同，其力量也来自其情绪和情感方面（Goodwin et al., 2001）。

（2）社会运动不同阶段中情绪的作用

情绪不仅体现在社会运动研究的关键概念之中，而且在社会运动的不同阶段中都扮演了重要角色。

首先，在社会运动开始之初，情绪与社会运动的动员和组织密切相关，比如"道德震撼"（moral shock）在动员中就发挥了重要的作用。道德震撼发生于因某个意外事件或某条信息引起了人们的愤怒，从而使人们倾向于参与到社会运动中（Jasper and Poulsen, 1995）。社会运动中的激进分子总是尽力制造道德上的愤怒，并为人们提供一个可以宣泄愤怒的目标和对象，以将人们开始时的焦虑和恐惧转化为道德上对某项具体政策和决策制定者的愤怒（Goodwin et al., 2001）。

其次，情绪在社会运动发展过程中的作用也同样显著，即情绪维持了社会运动发展过程中行动者的持续参与。社会运动的文化越丰富，比如，有更多的仪式、歌曲、民间故事、英雄人物等，人们能够从运动中获得的愉悦就越大。已有大多数关于社会运动文化中的集体团结（solidarity）建设功能的讨论都集中在共同的修辞和信仰上，而不是集中在伴随它们的情感和情绪上。事实上，社会运动文化中的任何部分都包含着情绪性的一面，比如，快乐、希望、热情、骄傲、对集体的感情等，而这些是维持社会运动发展的关键。古德温和帕夫（Goodwin and Pfaff, 2001）的研究考察了美国和民主德国的民权运动是如何通过"激励机制"（encouragement mechanisms）做到这一点的。研究表明，社会运动的分析人员通常出于其他解释目的而调用的因素和过程，包括网络、群众集会、仪式、新的集体身份等，也有助于参与者应对他们的恐惧情绪，从而有助于保持对这些运动的参与。

再次，情绪不仅能够解释社会运动的产生与开展，也能够解释其衰落过程。正如古德温（1997）所言，爱和性的吸引能够导致个人退出社会运动而进入私人生活，而挫败感会导致群体改变策略或完全解散，嫉妒、厌恶和仇恨会使群体分裂，个人也可能会因感到精疲力竭而退出集体行动。

最后，在社会运动中表现出的情绪重塑了更广泛意义上的情绪文化和后续行动中的情绪剧目（repertoires）。例如，20世纪60年代的黑人民族主义运动促使了后来的女权运动和同性恋运动成为一种"愤怒的政治"（Frye，1983）。社会运动对法律、政策和制度化实践的影响也同样可以由与行动参与者相关的情绪所决定。斯特恩斯和斯特恩斯（Stearns and Stearns，1986；转引自 Goodwin et al.，2001）提出，20世纪初工人运动中表达的愤怒引发了雇主对工人情绪的担忧，因而，防止愤怒情绪成为劳资关系的一个重要目标。

（3）反思社会运动中的情绪研究

在社会运动研究者逐渐开始重拾情绪分析的同时，对情绪的研究也存在一些问题，这引起了部分学者的关注，他们开始对情绪要素的回归进行反思。贾斯珀（2011）在对近二十年的情绪与社会运动相关研究进行回顾时指出，当下关于情绪与社会运动的研究主要存在三方面问题。

第一，传统中将情绪与理性二元对立的思维方式仍然存在。事实上，情感（feeling）与思维（thinking）是平行的，是人们与世界进行互动和评价的相互作用过程，是由相似的神经模块构成的。由于社会运动中情绪的研究者通常将情绪与非理性等同，在这种二元对立的思维下，研究者通常只关注那些能够促进行动的情绪，考察哪些情绪能够促进动员，而没有把情绪放置于一个完整的框架下去探讨情绪可能对社会运动的促进、阻碍或者其他作用。

第二，研究者所使用的情绪标签通常完全来自日常生活中的自然语言，但其实生活语言的表达通常比较笼统，某一标签下可能涵盖了许多不同的情感。比如，愤怒是研究者们最常研究的一种情绪，它既可能来源于对某个事物出于本能的惊吓和恐慌，也可能是出于道德和社会正义感的愤慨。在社会科学研究中确实需要以这些来自生活语言的标签为基础，但也需要对它们之间的差别做更详细的分析。

第三，目前的研究中对情绪层次和类型的划分度不够，常常将不同类型的情绪混为一谈。"情绪"一词虽然简单，但实则包含了许多表达、互动、感受和标签。因此，应对情绪建立更完整、详细的类型学，以区分不同层次、不同种类情绪的特点。

在中国的社会背景下，大多数研究者和管理者在看待网络舆情中的情绪时，往往将其简单地等同于非理性，着重关注情绪在网络事件中的负面作用，强调其对社会稳定的破坏性，缺乏全面、客观、中立地考察和认识情绪在社会中所扮演的角色。这也是本书希望突破的一点。本书试图在当今社会运动研究重拾情感分析的转向下，秉持情感社会学的基本观点，在承认情绪的生物性、认知性的基础上，更加注重其文化性和社会性，从社会背景和社会文化的角度审视公众的情绪来源，用情感与理性的对立统一理念考察网络舆情事件中的情绪逻辑。

在情绪类别的讨论上，本书作为一项探索性研究，可能无法一蹴而就地建立起一个完整的类型学框架，但作者尝试在强调情绪的文化性和社会性基础上，对情绪的层次、类型进行更加详细的探讨，以区分那些长期存在于公众心目中"隐而未发"的、具有稳定性和深刻性的社会情感，以及那些由偶然性事件为导火索而被引爆的短暂性、冲动性的情境性情绪。

2.2.2 传播流与意见领袖相关理论

在网络舆情事件的爆发期内，网民长期存在的结构性情感通过舆情事件的导火索被引爆，网民通过社交媒体等网络平台进行着信息传播、意见表达和情绪宣泄，因而在网络空间中同时存在着信息流、意见流和情绪流。传统的大众传播学理论着重考察的是信息和意见的传播，而本书的研究对象是依托于信息和意见而体现出的情绪。因此，在考察网络文本中包含的情绪的传播机制时，回溯传播学研究中传播流与意见领袖相关理论能够为本研究提供一定的线索。

2.2.2.1 大众传播时代的传播流与意见领袖

作为传播学奠基人之一的拉扎斯菲尔德（Lazarsfeld et al., 1948；转引自刘海龙，2008）基于1940年在美国俄亥俄州伊里县开展的"人民的选择研究"而提出的传播流与意见领袖理论一直是传播学研究中的经典理论，对本书研究网络舆情事件爆发期的情绪传播现象具有重要的启发意义。

1940年，美国传播学家拉扎斯菲尔德等人在俄亥俄州伊里县调查当地居民在总统选举投票时是如何做出选择的。通过系统的量化分析，研究者发现，由于既有政治倾向和选择性接触的影响，大众传播媒介对受众的影响十分有限，最明显的影响是强化原有的政治倾向，而非改变。同时，研究者还从调查数据中获得了一个预料之外的发现，他们根据所获得的数据推测，大众媒介并非是人们做出投票选择的直接信息来源，选举的相关信息是通过人际圈子当中比较活跃的一部分人传播到民众的。研究者推断，由于人际传播具有灵活性和亲密性，因而日常生活中活跃分子的人际传播效果要强于普通的大众媒介。因此，拉扎斯菲尔德等人将人际网络中积极向他人传播信息、产生影响的人称为"意见领袖"（opinion-leader）。而信息从大众传播媒体经由意见领袖等中介，最后到达个人的这一流动过程则被形象地称为"传播流"（communication flow）。

虽然这一理论在当时的研究中并未充分论证和说明，但其深刻影响了传播学的研究方向。此后，不少研究者探究了信息是如何通过意见领袖到达个体受众的、意见领袖有何特征、意见领袖如何对受众产生影响等。这其中，意见领袖的识别方法和意见领袖的特征对于本书探究情绪传播机制具有较强的借鉴意义。

在意见领袖的识别方法上，罗杰斯在阐述创新扩散理论时，总结出意见领袖的四种识别方法（Rogers, 1995）：一是社会人际学方法，主要是通过询问被访者在采纳新观念时会向谁咨询这一问题来识别传播网络中的意见领袖。这种方法易于设计和操作，效度较高，但数据分析过程则较为复杂，需要的被访者数量巨大。二是被调查者的评估，即主观地选择网络中处于关键位置的被访者，询问谁是这个系统中的意见领袖。这种方法相对较为节省时间和精力，但对被访者要求较高，需要被访者对整个网络都比较熟悉。三是自我指定，即通过询问一系列问题来判断受访者在多大程度上认为自己的这个网络中的意见领袖。这一方法需要被访者准确地知晓并描述其在传播网络中的位置。四是观察法，即通过记录和确定传播网络中的联系和沟通方式识别意见领袖。这一方法效度较高，但相对比较武断，取决于研究者自身的判断。

在意见领袖的特征方面，一般认为，意见领袖通常具有以下几个特征：①意见领袖与被影响者大多同属一个社会阶层。人们通常认为，与自己阶层相似的意见领袖的观点更具说服力，因而，不同社会阶层的受众可能拥有不同的意见领袖。②意见领袖通常只在某个特定的领域中具有影响力和权威性，不同的领域有不同的意见领袖。这种影响力和权威性并非是客观意义上的"专家"，而是受众心目中认可并愿意接受的人。③意见领袖能够通过适当的媒介将本群体与群体环境的对应部分联系起来。这就意味着，意见领袖可能并不是接触大众媒介最多的人，意见领袖也可能受到其他人的影响，信息从大众媒介流向普通受众的传播链条中可能存在着多个层级的意见领袖和中间环节。④一般情况下，意见领袖的传播和说服效果比大众媒介强，这可能是由于意见领袖通常不会刻意地施加影响，受众的防御和抵触心理较弱，更容易受到影响。⑤意见领袖通常具有易接近性。在一个传播网络中，通常意见领袖的社会交往比较活跃，会在人际交往中积极向他人提供信息和建议（刘海龙，2008）。

传播流和意见领袖理论从社会群体和人际网络的视角考察信息的传播和扩散机制，这对此后的传播学研究影响深远。在以社交媒体为代表的互联网时代，不少研究者考察了社交媒体中的信息传播与意见领袖，使得这一理论再次焕发出新的活力。

2.2.2.2 社交媒体中的传播流与关键节点

（1）从"意见领袖"到"关键节点"

随着互联网的发展，不少研究者开始将传播流和意见领袖等理论应用于网络传播的语境当中。

在意见领袖的特征方面，温特和纽鲍姆（Winter and Neubaum，2016）研究发现，政治兴趣和人格力量是脸书中意见领袖的重要预测变量，而外向性的影响并不显著。王秀丽（2014）将知乎社区中的意见领袖分为两类：一是线下的名人、学者、CEO、技术精英等，这类人群在知乎初始阶段具有一定的名人效应，但知乎开放注册后活跃度则逐渐下降；二是拥有专业知识并乐于分享高质量内容的草根用户，他们是社区中意见领袖的主体。

在意见领袖的影响力方面，张等（Zhang et al.，2015）探究了微博环境中意见领袖与草根用户在网络流行语传播过程中的不同作用。研究发现，网络流行语在传播过程中存在"双峰"现象，在传播的早期阶段草根用户的广泛参与造成了流行语的广泛传播，而早期阶段的意见领袖参与只会引起小范围普及。特科特（Turcotte et al.，2015）通过控制脸书中一篇新闻报道是否被用户的真实好友发布研究意见领袖对用户的媒介信任和信息搜寻的作用，研究发现当发布者的真实好友被视为意见领袖时，信息的信任度和吸引力得到了显著提升。努涅斯等（Nunes et al.，2018）调查了社交媒体中的意见领袖能否影响网民的购买意愿，结果表明社交媒体中的意见领袖通过发布有说服力的信息，可以改变追随者的购买意愿，使其接受所发布的信息，从而影响网民对产品的评估和购买意愿。熊涛、何跃（2013）通过微博中的转发关系构建邻接矩阵识别微博中的意见领袖，发现意见领袖依然占据微博传播中的关键地位，其中心度与粉丝数存在高度正相关，意见领袖的影响力并未因微博中信息源的增多而削弱。

除了意见领袖之外，社交媒体领域的研究者也越来越多地使用"关键节点"的概念表示社会网络中在信息传播上具有重要影响力的特殊用户。与意见领袖相比,"关键节点"的概念更加宽泛,更强调信息传播中的居间者的位置和角色(宫贺,2016)。例如,吉林(Gillin,2008)认为,评估一个人在在线社区和社交网络中的影响力的最高标准是参与水平、活动频率以及在社区中的突出性(prominence)。弗雷伯格等(Freberg et al.,2011)认为,社交媒体影响者(social media influencer,SMI)是一种新的独立第三方代言人(endorser),通过使用博客、推文和其他社交媒体来塑造用户的态度。乌祖诺奥卢和基普(Uzunoğlu、Kip,2014)认为,与传统的人际传播中的意见领袖相比,数字影响者(digital influencer)能够通过在线社交联系在脸书、推特和博客中获得更广泛的触及,在网络社区中能够通过共享体验而成为读者或粉丝的参考节点(reference point)。"关键节点"的概念之所以受到社交媒体研究者的欢迎,或许是由于其对群体、互动和关系等概念的融合,强调从整体的关系网络出发考察影响者的结构位置与角色(宫贺,2016)。从这一角度而言,社会网络分析方法为探究社交媒体中的"关键节点"提供了极大的便利。

(2)社会网络分析与关键节点识别

社会网络分析主要依赖于诸如中心性(centrality)和社群(community)一类的拓扑学度量,通过分析节点在网络中的位置识别网络中可能的领导者(Li et al.,2015)。其中,"中心性"测量的是节点在多大程度上处于社会网络中的核心或重要位置,能够反映不同节点在位置优势上的差异(林聚任,2009)。社会网络分析中存在着多种中心性的测量指标,比如中介中心度、接近中心度、特征向量中心度等,不同的指标在节点的重要程度的测量中的侧重点不同。例如,宫贺(2016)将"关键节点"界定为"在信息传播的人际关系网络中,那些同时具有较高的威望和较高居间影响力的人。即在'内向中心度'和'中介中心度'两个参数上得分均较高的用户"。

在此基础上,本书将情绪传播的"关键节点"分为两类:一类是外向中心度较高的用户,这些用户在网民的情绪传播中获得了相对其他用户更多地被转发次数,具有更强的吸引关注的能力,本书称之为"情绪吸引力"较高的用户。另一类是中介中心度较高的用户,这部分用户在情绪传播中起到了不同群体之间的桥梁作用。如果没有高中介中心度的用户,整个网络将被分裂成相互离散的子网络,本书称之为"情绪凝聚力"较高的用户。

2.2.3 本研究的理论定位

通过以上对本书的相关概念与理论基础的分析可以发现，网络舆情中的情绪研究具有跨学科融合的性质，涉及社会学、传播学、心理学、计算机科学等多个学科领域，在研究中处于情绪、互联网与社会运动研究三者的交叉点上（见图2.3）。作为一个多学科综合的研究交叉点，目前学界还没有一个完整的理论框架能够统摄这一研究问题。本书作为一项探索性研究，在此也可能无法构建出一套完善的理论体系，但作者尝试以社会运动理论为基础，在社会运动研究重拾情感分析的理论转向下，结合传播学中关于传播流与意见领袖等相关理论，以网络舆情事件的发展过程为框架，探讨情绪在网络舆情事件中的产生、传播和消解路径，力图建立一个社会学导向的情绪传播理论框架。具体来看，本书将按照以下四方面取向分析和解构网络舆情事件中的情绪周期。

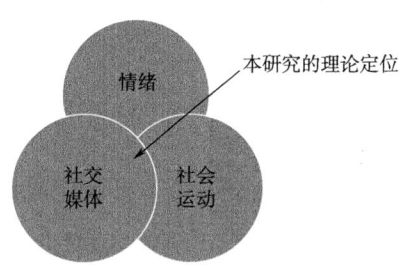

图2.3 本研究的理论定位

2.2.3.1 从舆情的发展过程角度探讨情绪的运行

网络舆情事件本身有一定的生命发展周期，大致经历了从导入、发展、高潮、逐渐衰退、最后结束的发展过程。而情绪作为伴随着舆情事件发展的一个重要因素，也经历了从唤醒、启动、爆发到逐渐平息的过程。情绪在舆情事件的发酵、发展、维持、结束的各个阶段也都扮演着重要角色。过程分解的视角一方面能够将原本模糊的情绪传播现象拆解为一个个小的发展阶段，从而明确在不同阶段情绪的运行和传播逻辑；另一方面也能够在一定程度上弥补目前研究中大多只关注情绪的爆发阶段而忽视情绪的启动和消解过程的研究短板，从而构建一个相对完善的情绪传播机制的理论框架。

2.2.3.2 从社会结构角度探讨情绪的来源

在如今社会学研究中"文化主义"的转向下,社会运动研究又重拾了对情绪的关注。本书延续这一理论转向,在承认情绪的生物性、认知性的基础上,强调情绪的文化性和社会性,认为情绪是在一定的社会结构和社会文化的共同塑造下形成的。网络舆情事件作为社会矛盾和冲突的集中爆发点,其中的情绪在一定程度上也可视为社会现实结构和矛盾的集中映射。因此,本书在探讨网络舆情事件中的情绪来源时,从社会结构和变迁的视角研究情绪的社会根源。

2.2.3.3 从网络结构角度探讨情绪的传播

在探究情绪爆发期的传播机制时,本书着重把握社交媒体中由情绪的流动和扩散而构成的情绪传播网络及其中的关键节点。社交媒体为情绪研究者提供了很好的"实验田",能够将公众情绪以网络文本的形式记录下来。本书通过识别网络文本中包含的网民情绪,从社会网络分析视角探究情绪传播的网络结构和关键节点,既是对传播学中传播流与意见领袖相关理论的延伸和发展,也是对情绪和社会运动理论中相关理论体系的补充。

2.2.3.4 从公众心理变化角度探讨情绪的衰退

相比于情绪的启动和爆发,情绪的衰退阶段往往被研究者所忽视。本书从公众的心理变化探讨情绪在网络舆情事件中的衰退路径。一方面,这种变化包含着感性与理性的转化。经过了情绪爆发期的宣泄和释放,衰退阶段的情绪可能更加深沉而理性。本书将情感与理性视为矛盾的统一体,以更加客观全面的眼光审视情绪的传播和消解。另一方面,这种变化意味着将情感放置于更加宏观的舆情事件体系中,考察情感在具体事件之外的作用和影响。当一次舆情事件结束后,公众的情绪也会对后续可能发展的类似事件产生影响,塑造着更宏观意义上的社会情绪和行动图景。

3 情绪启动：变迁、结构与话语

本章主要解决网络舆情事件中网民的情绪从何而来（问题1）这一研究问题，即网民情绪的启动过程，主要探讨从网络舆情事件发生之初到引起网民广泛参与之前的这一阶段中的情绪传播机制。本书将这一阶段称为网络舆情事件的导入期。在导入期，网民从得知舆情事件的发生到大规模的情绪宣泄经历了一个过程，作者将这一过程称为情绪启动，即网民情绪"从无到有"的一个发酵过程。

借鉴社会运动理论中社会运动产生和发展的宏观结构视角（赵鼎新，2012），本书从变迁、结构、话语角度分析网络舆情事件中的情绪来源。作者认为，社会变迁构成了网络舆情事件中情绪来源的宏观语境，社会结构塑造了社会中的"结构性情感"，在网络舆情事件的话语刺激下，社会"结构性情感"被唤醒和点燃，从而转化为"情境性情绪"，并通过网络舆论等形式体现出来。

具体来看，社会变迁视角主要分析经济力量和技术力量的变革带来的社会利益结构分化、阶层结构分化、社会交往模式变化等，由此形成社会结构性情感的时代底色。结构视角主要分析当下社会结构及其所形塑的多元化社会结构性情感构成。话语视角主要分析具体舆情事件中包含的网络文本对情绪的刺激与唤醒，主要包括"道德震撼"、文本互文性、网络谣言和视觉修辞。

3.1 变迁：经济与技术的双重逻辑

所谓"变迁"指的是由于现代化、人口增长与流动、外来思想的进入、自然灾害等原因引起的各种各样的社会变化（赵鼎新，2012）。法国社会学家涂尔干（Durkheim, 1951）最早从社会变迁的视角研究社会现象（主要是自杀现象），在他看来，19世纪的法国之所以出现自杀率大幅度增加的一个重要原因是整个欧洲的现代化进程。他认为，当一个社会的变迁速度过快时，原有的社会平衡会被打破，人的欲望突然膨胀，对既得利益阶层也会产生嫉妒心理。而此时，原有的社会规范已失效，社会对人的约束力大大下降，但新的社会规范还未形成，新的社会平衡还未建立，因此，产生了社会失范（anomy）。虽然涂尔干研究的是自杀现象，但其从社会变迁的视角研究社会现象的这一思想对后来的社会学研究产生了深远的影响。此后的许多学者在分析社会运动的产生时都会从社会变迁的角度进行研究，比如，格尔的相对剥夺理论等。

在涂尔干这一论述的基础之上，学者将社会变迁导致社会运动的具体机制和过程进行了更为详细的分析，包括社会变迁导致新的社会意识形态的产生、社会变迁为社会运动的产生提供了可利用的物质条件和时间资源（比如，后来发展出的资源动员理论和政治机会理论等）、社会变迁影响了公众的社会心态（比如，怨恨和不满足）、社会变迁导致了社会结构变化等（赵鼎新，2012）。

在中国社会的语境下，社会变迁的动力主要来自经济发展和技术变革。经济的高速发展带来社会利益格局的分化，产生了多元的利益主体以及社会分化和认同分歧。而技术变革，主要是互联网技术的发展，颠覆了原有的社会交往模式，由此带来网络社会崛起；同时，随着社交媒体的发展，原子化社会开始转向部落化社会，"后真相"特点愈加明显。在经济与技术的双重逻辑下，中国社会的运行方式、交往模式和社会心态发生了巨大变迁，共同构成了网络舆情中情绪来源的时代底色。

3.1.1 经济发展、社会分化与认同分歧

3.1.1.1 贫富差距扩大导致社会分化

改革开放以来，中国经济开始快速发展并一直保持着高速增长。2009年，中国国内生产总值超越日本成为世界第二大经济体。2010年，中国出口量超越德国，成为世界第一大出口国。2013年，中国进出口贸易总量超越美国，成为世界第一大货物贸易国。2017年，中国城镇居民人均可支配收入达到36 396元，是1978年的近106倍；农村居民人均可支配收入达到13 432元，是1978年的100倍（林毅夫，2018）。世界上还未有哪个新兴发展中国家像中

国这样实现如此长时期的经济高速发展，中国无疑是取得了经济发展成就的奇迹（卢现祥、朱迪，2018）。

然而，在经济高速发展的同时也产生了利益分化，多元化的利益主体在各自的利益诉求上产生竞争，从而导致社会分化。这种社会分化从不断拉大的居民收入差距中可见一斑。例如，从中国近年来的基尼系数中可以窥见中国社会不断拉大的收入差距。虽然目前世界上并没有一种教科书式的统一标准来定义基尼系数的高低，但一般认为，基尼系数在 0.2 以下时表示居民收入过于平均，0.2~0.3 时较为平均，0.3~0.4 比较合理，而 0.4~0.5 意味着贫富差距过大，0.5 以上则是差距悬殊（国家统计局，2020）。根据《中国住户调查年鉴2018》（国家统计局住户调查办公室，2018）显示，2003—2017 年，全国居民人均可支配收入基尼系数最高为 2008 年，达到 0.491；2015 年最低，为 0.462；2017 年有所回升，为 0.467。这表明，中国居民收入基尼系数始终处于偏高的水平，已接近 0.5 的国际警戒线，说明中国居民的贫富差距较大。并且，如果考虑到中国居民的实际收入状况，这种差距可能比官方统计的更大。在中国社会的现实环境下，部分居民还可能存在许多隐性收入和灰色收入。相关研究表明，城镇居民中职业层级越高的人，获得隐性收入的渠道就越多、数额越大，并且，近年来隐性收入的增长速度在加快。这就造成了收入分配差距的"马太效应"，贫富差距被进一步拉大（李文，2015）。

同时，伴随着贫富差距的扩大，社会的阶层固化也越来越严重，个人向上流动的阻碍加大。个人向上流动受阻，将会对社会秩序造成挑战，普通大众可能会对社会的既得利益阶层产生嫉妒、怨恨等负面情绪。相比于过去，改革开放之后中国社会的流动性大幅提升。2018 年中国的城市化率接近60%，与 1978 年相比，增加了近42 个百分点。这意味着，有 6 亿多的农村人口转变为城市人口（龚维斌，2019）。从这一意义上讲，中国社会的流动性确已增加。但是，我们应该看到，这部分流动人口主要是以新生代农民工和农民工二代为主。近年来，一些普通农民和普通工人的子女上升空间开始变得狭窄，阶层的向上流动变得越来越难。相较而言，对社会经济地位较高的家庭来说，其后代在社会中相对更容易获得较多的上升通道。社会阶层的流动性减弱，社会阶层之间的矛盾和冲突的风险则会加大（龚维斌，2019）。由此产生了"仇官""仇富"心理，一旦某个偶然性事件涉及"官二代""富二代"这样的标签时，便很容易触发网民的敏感神经，引发强烈的负面情绪。

3.1.1.2 凝聚、分异与重建的社会认同

随着社会主义市场经济的发展和体制改革，中国社会出现分化的同时也带来了认同的分歧。从社会学的角度看，社会认同是一个社会中社会成员共享的某种信念、价值观和行动取向（李友梅，2007）。社会认同理论为解释社会变迁和社会运动提供了一个良好的理论视角。吉登斯认为，认同是行动者的意义来源（Giddens，1991）。不同的个体因为有着共同的社会认同，因而形成集体团结，从而使得整个社会凝聚为一个有机整体。反之，不同的社会个体也会因社会认同的分歧而采取不同的行动，使得整个社会的离心力加大，为公共秩序的建构和社会治理带来挑战。一方面，社会认同为社会成员提供了共享的思想基础和情感共识，是社会形成有机团结的黏合剂（张虎祥，2019）；另一方面，社会认同的分歧和冲突也构成了集体行动发生的重要力量。

从新中国成立之初到如今的互联网时代，中国的社会认同经历了凝聚—分异—重建的历史过程。在社会主义计划经济时代，中国的社会认同是以国家、集体、价值为基础的政治认同，社会整体认同度较高；在社会主义市场经济时代，中国的社会认同转向了以市场、个人、利益为基础的经济认同，社会认同出现分化；如今，随着互联网技术的发展，共同的网络空间为重建认同提供了可能（张荣，2016），多元利益主体在网络中表达各自的利益诉求，构成网络舆情的一个组成部分，同时也是重构社会认同的互动过程。

从新中国成立到20世纪70年代末的改革开放之前，中国建立起以生产资料公有制为基础的社会主义计划经济体制。在社会主义计划经济时代，社会成员通过高度集中化的组织凝聚为一个个共同体。在农村主要以人民公社的形式组织和管理居民，在城市则主要以单位的形式组织和管理居民。作为个体的社会成员依赖这种高度集中化的组织模式才能获得相应的社会地位和身份，才有了社会生存的基础和条件。在价值观上，人们以集体主义价值观为主，提倡集体利益高于个体利益，通过集体获得身份确立、资源分配和意识形态的共享，使得公众达成某种思想上的统一和观念上的一致。在这一时期，国家力量主导政治、经济和社会发展，无论是农村还是城市，社会成员通过单位和组织紧密地围绕在国家周围，因而社会认同建立在国家主导的政治认同的基础上，形成了强有力的社会团结，社会的整合程度和稳定程度较高。

1978年，中国开始步入改革开放时期，原有的计划经济体制被打破，开始实行中国特色的社会主义市场经济体制。在社会主义市场经济体制下，原来由国家主导的经济发展模式逐渐被市场所取代，市场在社会身份赋予、资源分配过程中起着基础性作用，因此，社会认同建立在以市场力量为基础的经济认同上。在这一时期，集体价值在社会认同中的核心地位被削弱，组织和单位对社会成员的约束力大大下降。在农村，农民从组织化的人民公社中分离，成为独立的农业从业者。在城市，单位制的解体使个人从单位的束缚中摆脱出来，成为独立的城市居民，个人拥有了更多的自由空间和可支配资源，个人逐渐取代集体成为建构社会认同中的关键力量。同时，伴随着市场竞争机制的引入和多元化的利益格局，经济利益逐渐成为社会认同的核心要素，社会不同阶层由经济地位的差异从而在社会身份中有所区分。因此，在这一时期，社会认同主要建立在市场、经济和个人基础上形成的经济认同，多元利益格局形成了不同的认同格局，由此产生了社会认同的分化。

如今，随着信息技术的发展，互联网重构了社会生活的时空维度，从而为社会认同的重建提供了可能。在网络空间中，社会认同建立在以公众、信息和社会生活的基础之上。互联网打破了传统社会中的时空界限，社会成员的交往范围得到了前所未有的扩展，社会认同超越了个体和集体的界限而建立在全体社会公众的基础上。网络中传播的信息成为认同建立的最重要介质，信息的存储、搜索、传播和整合成为人们建立社会认同的重要环节。同时，互联网为社会成员提供了一个共享的数字生活空间，在这一空间当中，每个成员都与他人通过各种各样的方式产生联系，展开社会交往，进行着丰富多样的社会生活。数字社会生活成为不同于国家和市场的主导型力量，在社会认同的建构中发挥着重要作用。例如，发生于2019年由"996"工作制引发的网络热议中，大部分网民作为普通打工者与少数的老板、雇主有着各自不同的利益诉求，形成某种对立和冲突。互联网为其提供了一个共享的公共生活空间，多元主体在同一空间中各自发声，相互交流和碰撞，这一过程既是普通网民作为劳方与资方的抗争过程，也是劳资双方认同重构的过程。因而，在互联网时代，在社会利益格局继续分化割据的环境下，网络渗透到社会生活之中，通过信息的传播和公众的参与，促进着社会认同的重构。

3.1.2 网络社会的崛起与"后真相"时代的到来

由于网络舆情事件主要发生、发酵、发展于在线的虚拟空间，因此行动者的情绪表达与情感演化会受到网络环境的深刻影响。互联网因其信息传播的便捷性、高效性与虚拟性，对信息传播方式、人的社会交往模式和政治参与行为等产生了颠覆性的影响，从而塑造了网络舆情的全新面貌。

具体来看，网络舆情事件中的网民情绪主要与互联网技术的以下三个特点及其带来的影响密切相关：一是互联网扁平化的交往模式与平等的技术赋权使得普通民众有了更多的话语权，政治参与主体由传统的精英阶层下沉至普通民众，情绪的多元化表达成为可能；二是互联网改变了传统社会的联结方式，促使社会从以个体为基础的原子化社会转向以网络社群为基础的部落化社会，为情绪的相互感染创造了环境条件；三是在"后真相"时代的语境下，情绪的传播往往比事实与意见的传播更有力，网络舆论逐渐由意见与观点的交融转向情绪与情感的宣泄，也有学者将这种转向形象地描述为从"个体对事实的争论"到"群氓为情感的困斗"（李彪，2018）。本书将从以上三个方面论述技术逻辑下的社会变迁与情感表达。

3.1.2.1 扁平化网络社会与多元情绪表达

正如卡斯特在《网络社会的崛起》一书中所指出的那样，我们说网络社会的崛起，其意涵绝不仅仅是将互联网视为一种技术和工具来考察其在全球范围内的扩散，而是将互联网视为一种新的形塑社会的力量，实质性地改变着生产、经验、权力与文化的运行与结果（卡斯特，2003）。而互联网为社会带来的一大影响即是平等的技术赋权造就了扁平化的网络社会结构，从而使得政治参与主体从精英阶层下沉至普通公众，意见和情绪的多元化表达成为可能。

互联网技术的发展带来了权力与资源的流动与再分配，随之产生了技术赋权（empowerment）运动。互联网赋予每个个体平等的话语权，每个人都获得了平等的言论空间和自由，网络舆论场不再被官方媒体所垄断，弱势群体和草根阶层拥有了进入主流话语空间的权利和可能，人与人之间的交流壁垒被打破，带来的是扁平化的交往模式。在传统的社会结构中，大众媒体垄断着社会的媒介系统。专业化的媒介机构借助其所具备的强大的资源优势、技术优势，掌握着社会的绝大部分话语权，是信息生产、传播、阐释与意义建构的主导，而普通受众则处于被动接受的地位，无法参与社会议程的设置与社会意义的建构。而在网络社会的扁平化结构中，普通草根民众也可通过互联网集结声音，从而影响和参与媒体议程。

这种扁平化的网络社会结构使得社会的政治参与主体在权利开放的条件下实现从精英阶层下沉至普通公众。普通公众通过互联网获得了政治参与的机会，可以在网络空间中对社会公共事务发表意见、展开讨论，也能够在利益受损时通过互联网及时发声、表达利益诉求，从而获得关注，寻求矛盾的解决。在这一过程中，权威和精英阶层的话语权实际上被大众稀释，普通民众在网络场域中赢得了一席之地，实现了权利在网络空间中的流动。互联网带来的技术赋权与扁平化的交往模式使得网络舆论场域不再只被传统媒体的信息与权威阶层的意见所占领，普通大众的意见、态度与情感表达获得了传播与生存空间，甚至可以影响媒介与整个社会的议程设置。

进一步来看，互联网带来的扁平化的交往模式不仅为多元意见表达创造了可能性，也在一定程度上促进了网络空间中公众的情绪化表达。首先，当某一舆情事件发生后，被精英阶层掌控的传统主流媒体与普通草根民众的各种自媒体处于同一舆论场域中，争夺有限的公众注意力资源。公众在鱼龙混杂的信息世界中寻求事实真相的难度越来越大。而随着公众注意力的碎片化，深度阅读与独立思考、评判也变得越来越稀缺，这使得大量的普通公众很难迅速从海量信息中对事件做出理性评判和意见表达。其次，由于人们在获取信息时存在"选择性接触"，更倾向于获取与自己意见和情感态度相一致的信息，因此，有些自媒体在点击量和阅读量的压力下去迎合用户的阅读兴趣。如此一来，造成网络空间中充斥着大量与公众情感态度一致、容易引发公众情感共鸣的信息，从而引发公众进行情感表达。

3.1.2.2 从"原子化社会"到"部落化社会"

从长期社会历史发展的角度来看，在传统农业时代，社会建立在以地缘为基础的结构上，村落构成了人与人之间的社会联结。在乡土社会，次级群体中的成员之间相互联系较为紧密，但限于地理距离等因素，不同的次级群体之间的联系则较为疏离。伴随着工业化和城市化进程，社会从整体性社会向原子化社会转向。尤其是改革开放以来，城市的单位体制解体，大量国有企业职工在减员增效和下岗转制中从以往的"单位人"成为独立的城市居民，人与人之间的联系更加疏离，个体与国家之间原来通过单位而构成的社会联结也出现断裂，原子化社会的特征日益凸显。进入互联网时代后，原本疏离的原子化社会又重新在线上得以聚合，形成以部落化为特征的网络社会。社会个体与个体之间通过网络得以联结，每位用户都是一个节点，每个节点都与其他节点形成联系，无数个节点和无数条边构成一张庞杂的网络。在网络空间当中，传统的基于地缘和业缘而形成的次级群体被扩大，一种基于趣缘而建立的网络社群成为联系个体与社会的中间群体。互联网成为构建社会联结的基础性力量，使得原子化的社会重回部落化。"群"生活开始成为人们在数字生活空间当中的真实写照，基于趣缘关系而构建的网络社群使得原子化个体重新得以联结，从而实现网络社会中的有机团结（姬广绪、周大鸣，2017）。

网络空间中的这种部落化特征使得社会公众越来越依赖于所在的圈子来获取信息和表达观点。由于网络社群大多建立在相似的兴趣爱好或价值观的基础上，因此群体内成员有着较强的集体认同和集体团结程度，而对群体外成员则显示出一定的排斥。因此，互联网看似实现了无数个节点的联结，但实际上在这种联结的背后是一个个相对"封闭"的小圈子。在这一个个小圈子中，人们看似接收到了来自不同个体的各种声音，但信息的内容、观点和立场都是与自己已有的态度类似的，容易给人造成一种"我的观点即是社会中大多数人的观点"的错觉，从而造成认知上的偏见甚至对事实的误解。如此一来，相似的声音在一个相对封闭的小圈子得到不断的加强，这就是网络空间中的"回音室效应"（胡泳，2015）。在社交媒体当中，这种回音室效应导致的一个结果就是"过滤气泡"的产生。由于用户只关注与自己价值观相似的用户，在一个相对封闭的圈子中获取相似的信息，这种同质化的信息构成了一个个"过滤气泡"，将其他观点和意见排斥在外。久而久之，那些容易引起用户情感认同和情绪共鸣的内容便充斥于网络空间当中。

这种网络圈群式的交往所构成的"回声室效应"与网络舆情事件中的情绪感染现象密不可分。相关研究已证明，在社交媒体中，用户的信息接触会导致情绪感染现象的发生，正面信息的推送会导致更多积极情绪的表达，反之亦然（Kramer et al., 2014）。由于在社交媒体当中，用户倾向于关注那些与自己意见态度一致的用户，以避免认知不协调，而信息的接触又会产生情绪的感染，因此，在社交媒体中的一个个小圈子当中，用户的情绪更容易被调动，从而在相互感染中得到加强。

3.1.2.3 "后真相"时代的到来

网络技术的发展带来了扁平化的社会交往方式,使得多元意见的表达成为可能,以关系为纽带的社会联结将原子化的个体重组为部落化的社群。伴随着社交媒体的渗透与发展,"后真相"时代已然到来。2016年11月,牛津词典将"后真相"(post-truth)评为年度词汇,意为"在形塑舆论方面,诉诸情感和个人信仰比客观事实所产生的影响更大"(Oxford Languages,2016)。"后真相"最初缘起于西方政治话语中诉诸个人情感,甚至为了获得情感认同而隐瞒或篡改事实真相的一种策略。特别是随着推特等社会化媒体的兴起和发展,"后真相"作为一种政治活动中的话术策略而被广泛应用,传统的以事实为核心的话语权被情感所替代,"后真相"的特点在网络空间中日益凸显。

2016年的美国大选中,特朗普的政治竞选活动便是"后真相"策略成功运用的例子。特朗普在竞选活动中尤其擅长运用社交媒体为自己赢得关注,也因此拥有了大量的"激情粉丝"。他发现,在社交媒体时代,最有效地获得关注和认同的方式并非是在科学严谨的话语逻辑下进行精美的事实说明和观点阐释,而是制造热点、煽动情绪。他敏锐地利用大众对社会现状的不满和对传统政客形象的厌倦,利用谣言为幌子打出"温情牌"、诋毁竞争对手,甚至对媒体"口出狂言"。《华盛顿邮报》的事实查验博客曾经对特朗普在竞选期间的言论进行过核查统计,发现至少有70%的言论都是不真实的或具有一定误导性的(Freedland,2016)。虽然如此,但这并不影响他依然获得了大选的胜利。也正因这一标志性事件,"后真相"成为当年一大热点词汇。

与西方社会中"后真相"作为一种话语策略以实现某些政治目的的逻辑不同,中国网络舆论中的"后真相"特点往往呈现为公众借由某一具体事件而引发的情绪化表达。在这种情况下,公众参与讨论的目的并不是获得事实性信息,也并非完全就事论事,而是将自己日常生活中的相似体验"代入"进来,进行简单的情绪宣泄(李彪,2018)。这种情绪宣泄除了由于社交媒体的"回音室效应"对情绪感染的加强之外,也与社会现实环境密不可分。

中国网络舆论中的"后真相"逻辑是网民借由热点事件,将自己在现实社会中积累的某些情绪宣泄在互联网上。此时,事实性信息已不是公众关注的重点,群体内的认同感成为公众表达的情感动力,情感成为一种可被动员的社会资源和力量(郭小安,2019a)。其中,愤怒、悲情、戏谑成为网络空间中引发公众情绪共振的最佳催化剂,有学者就此提出了"情感抗争"和

"社会泄愤"等概念框架来解释中国语境下网络事件的情感动员（杨国斌，2009）。在"后真相"时代，个体情感在网络空间的互动狂欢"仪式"中被逐渐公共化，人们更关注彼此的思想意识、共同行动和情感态度，并沉浸于这种共享的情感体验当中，如同这种体验已主导了他们的意识（柯林斯，2009）。从这一角度而言，情绪在网络空间中的传播和扩散的过程也是形塑和建构公共舆论的过程（张贝，2019）。

3.2 结构：社会结构与结构性情感

本节将从结构视角探讨网络舆情事件的兴起，从而挖掘网络舆情事件中情绪的社会根源。不同的社会结构对社会运动的兴起和发展产生不同的影响（赵鼎新，2012）。社会结构影响着舆情事件的发酵，也形塑了舆情事件中的情绪来源。在社会结构的作用下，中国社会形成了一些特殊的社会结构性情感，它们长期存在，但"隐而未发"，构成了网络舆论场域中的"情绪框架"，待到某一偶然性事件发生时，便通过文本刺激与情绪唤醒转化为情境性情绪，并通过网络舆论等显性方式释放出来。接下来，本书将分别探讨社会结构及在此基础上形成的社会结构性情感。

3.2.1 "土字形"的社会结构

伴随着社会主义市场经济的发展和中国社会的现代化进程，中国的社会结构逐渐由"倒丁字形"向"土字形"过渡，其中，最显著的变化就是中等收入群体的明显扩大。中等收入群体的崛起加之社会转型期存在的发展不平衡、不充分的社会矛盾，重塑了情感与网络舆论新生态。

3.2.1.1 从"倒丁字形"社会到"土字形"社会

2005年，清华大学社会学系教授李强根据中国第五次人口普查数据分析发现，中国总体的社会结构呈现一种"倒丁字形"结构，即中国社会有64.7%的人处在一个相似的社会经济地位非常低的水平上，在形状上类似于"丁"字的一横，而其他处在不同社会经济地位上的群体则类似于"丁"字形的一竖，由此形成了中国社会总体上呈现"倒丁字形"结构（李强，2005）。在这种结构下，社会群体之间的利益诉求差距巨大，造成持续的"社会结构性紧张"，从而形成众多社会问题和社会矛盾的根源。

十年后，李强教授（2015）采用ISEI测量方法分析全国第六次人口普查数据后指出，当下中国的社会结构正在由"倒丁字形"向"土字形"转变，也就是说，农民层明显减少了，但基数还是很大，社会中下层群体较大，不同社会经济地位的群体差异大。由"倒丁字形"向"土字形"的转变过程主要由于农民群体的减少和中下层群体的扩大。首先，传统的农业劳动者减少了。农民群体一部分进入城市务工成为"农民工"，也有通过"农转非"和"就地城镇化"等方式从农民转为市民，因此，处于社会底层的农民群体在绝对数量上减少了。其次，中国的中间阶层在十年中增长了10个百分点，构成了"土字形"结构中的一个短横线。中间阶层中变化最大的群体即是人们通常所说的"白领"群体，包括购销人员、营业人员、普通办事员等白领群体的中下层（李强，2016）。

中国社会从"倒丁字形"向"土字形"的转变至少说明以下两点：首先，从整体上看，虽然底层群体有所减少，但整体的社会结构没有从根本上改观，中国社会依然呈现出底层民众最多，中间阶层仍然相对比较弱小的结构状态。由于缺乏中层组织对社会的稳定功能，因此中国社会仍然存在较大的不稳定因素，呈现出结构性紧张，容易引发社会矛盾和冲突。

美国社会学家康豪瑟（Kornhauser，1959）的"大众社会理论"认为，正常的社会结构应该由政治精英、中层组织和民众构成。其中，中层组织对社会功能起到了重要作用，中层组织能够对精英政治进行组织化、民主化控制；能够为普通民众提供一个更真切地感受社会现实的平台，促进社会交往和良性沟通；中层组织的多样性能够提供更多元化的利益和认同，在一定程度上避免普通民众被轻易地动员到某个社会运动当中。换句话说，在一个中层组织相对发达的社会中，发生大规模的社会运动和社会革命的可能性相对较低。康豪瑟认为，当一个社会的中层组织较弱时，民众则有可能被政治精英操纵，或者通过民粹主义而操纵精英，构成"大众社会"（mass society），而大众社会则很容易出现动荡甚至极权主义运动。卡尔·马克思在其《剩余价值理论》与《共产党宣言》中也提及了中产阶级将会逐渐扩大的观点与中产阶级解体现象，其分析逻辑是：如果一个社会的中产阶级缺失、分化或者落入社会下层，则会导致社会动荡（李强，2016）。

在中国的现实环境下，庞大的底层群众的需求与社会中上层群体的需求产生巨大的差异，许多看来是中上层群体维持正常体面的生活的基本需求，在下层群体来看却是奢侈、甚至是可被用来谋生的手段，由此产生了许多社会问题和社会矛盾，比如，食品安全问题、治安问题等。这些社会现实问题又导致公众具有普遍的焦虑情绪，比如，对食品安全的恐慌、对社会安全的担忧等。

其次，"土字形"的转变中的另一大变化——新的一短横的出现也说明，中国社会的底层群体明显开始向上流动，中国社会的中间阶层开始扩大。随着改革开放后经济的发展和工业化进程的推进，中等收入群体成为中国社会的一大新兴阶层，他们在经济领域、政治领域、网络舆论场域中的社会影响力不容小觑。目前学界界定中产阶层的指标较多，包含收入、财富、职业、社会声望、受教育程度等，其中，最核心的指标是收入（李春玲，2013）。李培林、朱迪（2015）将中国的中等收入者界定为收入水平处于城镇居民第29至95百分位之间的人群。根据世界银行的划分标准，2015年中国有超过5亿人口迈入中等收入群体，占比44%；根据中国划分的标准，2016年有24.3%的家庭、超过3亿人口属于中等收入群体（卢梦君，2017）。复旦大学国际关系与公共事务学院熊易寒（2019）认为，中国的中产阶层虽然在相对比例上不高，但是在绝对数量上较大，并且，因为这类人群拥有着高学历、高收入、高消费、高焦虑的特征，故而在整个社会领域中都起着中流砥柱的作用。并且，在未来较长时间里，中产阶层将替代"三低人群"（低年龄、低学历、低收入人群）成为中国网络舆论场的主力军。

3.2.1.2 中等收入群体扩大重构情感与网络舆论新生态

在中等收入群体崛起的同时，其脆弱性与不稳定因素也对整个网络舆论环境产生着重要影响。在现实生活中，中等收入群体的焦虑亦成为社会发展中的一大突出问题，这种焦虑主要来源于一是想"往上爬"的焦虑，二是怕"掉下去"的焦虑（谭红朝，2017）。当他们的利益受到损害时，这种"焦虑"逐渐演化为"不满"，将生活压力转化为有组织的群体诉求，借助其较强的组织动员能力，在社会发展的某些时刻则会成为社会的不稳定因素（王儒西、柯贵福，2018）。并且，由于这一群体具有一定的经济基础和受教育水平，他们能对社会公共议题做出更加积极的反思、批判，这也是他们区别于一般大众的特殊之处。因此，这些因素也容易使得这一群体在网络舆论场域中成为不稳定因素。

具体来看，在网络舆论场域中，中等收入群体对形塑情感与网络舆论生态方面的影响主要体现在对特定议题的情绪敏感性，以及感性与理性并存的动员方式。

首先，中等收入群体出于对自身利益的关切，在涉及安全议题和民生议题上表现得更加敏感，更容易触发其激烈的情绪表达。在安全议题方面，自2015年以来，众多与安全相关的事件在网络中发酵、传播，形成舆情热点，例如，2016年北京等地的校园"毒跑道"事件、如家和颐酒店女子遇袭事件，2017年的北京红黄蓝幼儿园虐童事件，2018年的长生生物问题疫苗事件、滴滴顺风车乘客遇害系列事件等。"安全感"成为人们最基础的情感诉求及行动底线。在民生议题方面，涉及个人权利和生活品质的"996"工作制、单身女性冻卵权、西安奔驰女车主维权案等事件也同样牵动着亿万网民的敏感神经。表面上看，这些事件可能只与某些地区、某个个人的利益相关，但它们很容易调动起广大网民的场景代入感，使网民将自己假设到事件当中的情境中来，从而引发情感共鸣，造成大规模的情绪感染。毒跑道、毒疫苗、虐童等类似事件牵动了每个有孩子的家庭的心，"996"工作制更是引发了城市中广大白领群体的情感共鸣。作为社会的中间阶层，这些事件使他们看到了自身的脆弱性，人身安全和基本的生活品质无法得到令人满意的保障，自身的财富地位和生活水平很容易受到外界因素影响而出现下降，因而产生了巨大的不安全感，哪怕一个偶然性事件的发生刺激到他们，也会导致巨大的焦虑情绪的蔓延。再加之相关利益方在事件的回应和处理过程中如果出现不够积极主动、不够公开透明等情况，焦虑情绪便会迅速转化为群体性愤怒，网民凝聚成某种"情感共同体"，通过网络围观、舆论表达等参与形式表达自己的诉求。

其次，在情感的动员方式上，中间阶层更擅长通过"情理结合"的方式进行有理有节的表达。在以往以"三低群体"为主导的网络空间中，很容易出现盲目而冲动的负面情绪宣泄，出现为了反对而反对、否定一切的怨恨式批评。而中等收入群体的崛起更擅长通过温和而节制的方式进行感性与理性并存的情感动员。比如，近年来不断有女性受害者举报曾受到性骚扰的经历通过微博等社交媒体曝光，引发大众关注。其中，高校作为年轻女性学生的聚集地，并且其中的女性受害者普遍有着较高的受教育水平，因而有不少高校教师性侵事件被曝光。2019年12月6日，名为"莫愁江湖"的微信公众号发表了一篇文章（空调WiFi豆沙，2019），揭露了上海财经大学会计学院一名女硕士研究生被该院教师钱某性骚扰的经历，一时间在网络中引起轩然大波。该文章完整记录了女学生被钱某骚扰的全部过程，配有相关的聊天记录截图、录音、照片及医院的诊断证明，附上教育部及学校有关违反师风师德建设的相关规定，请求校方予以彻底调查、严肃处理，并在最后呼吁公众一起对校园性骚扰说"不"。整篇文章条理清晰、信息丰富、诉求明确，在表达受害者的悲伤、痛苦等心理感受的同时，有理有据地释放了事实信息，引发了网民的大量关注、转发和评论。与草根为主的乌合之众式的群体性情绪宣泄不同，中间阶层的情感动员更加的理性克制、有理有力，他们有一定的逻辑思考能力和判断力，有较强的权利保护意识和参与意识，能够在理性与感性的融合中达到平衡，通过恰当的情感动员获得关注，以获得诉求的满足。

3.2.2 多元的社会结构性情感

正如前文所述，本书采用社会学视角考察网络舆情中的情绪，强调情绪的文化性和社会性，认为情绪是在社会结构和社会文化的共同作用下形成的。类似地，余红、王庆（2015）借鉴戈夫曼的框架理论，将其称之为"情绪框架"，认为情绪框架长期存在于社会现实和拟态环境中，当社会中发生了某个能引起情感共鸣的偶然性事件时，便与公众已有的情绪框架产生共振，公众情绪被迅速点燃，从而扩散到整个网络空间。贾斯珀（Jasper，2018）在其书中也强调了情绪的多种层次，其中，情感承诺（affective commitments）便强调了对某种事物持续、稳定、内隐的情感倾向，比如，信任、爱、尊重等。综合上述分析，作者认为，在社会结构的塑造下，中国社会的公众形成了一些长期的、普遍存在的、较为稳定的情绪和心态，即"结构性情感"（毛湛文，2015），这些情绪构成了网络舆情事件爆发的情感底色。一旦社会中发生的某些事件触动了公众的结构性情感，公众情绪便被激活，从而迅速转化为情境性情绪，并通过网络舆论等形式释放出来。

根据《中国社会心态研究报告（2018）》（人民论坛问卷调查中心，2018）对人民论坛杂志社人民智库的"2018上半年社会心态调查数据库"的分析发现，当前中国社会中最普遍的四种负面社会情绪分别是社会焦虑、社会浮躁、社会愤恨和社会失落。刘璐和谢耘耕（2018）认为，当前中国网络社会心态主要体现为弱势心态与底层意识较强、"中国式焦虑"情绪弥散、信任缺失衍生信任异化、过度娱乐恶搞心态日益突出、仇官仇富心态继续蔓延等。根据已有研究总结，作者认为，网络社会中公众心态多种多样、纷繁复杂、表现各异，从总体上来看，能够激发网络舆情事件中网民情绪的基本结构性情感主要有以下三种：信任缺失与信任异化、社会焦虑与不安、社会怨恨。

3.2.2.1 信任缺失与信任异化

在当前中国的社会环境下，经济单向发展导致社会处于时空脱域状态，不可否认的是，中国社会出现了较为明显的信任危机（杨宜音、王俊秀，2013）。杜军峰等（2011）通过对北京、上海、广州三个城市居民的调查发现，中国社会整体信任度处于"低度信任"水平。朱虹（2011）的研究发现，超过70%的城市受访者认为目前中国社会处于信任缺失状态，还有70%的受访者认为目前中国社会存在严重的信任危机。孟晓旭、王宛（2010）认为，中国社会的信任危机主要表现为大众对公权力的不信任以及人与人之间的不信任。从老人摔倒到底"扶不扶"等话题的讨论，到水滴筹平台存在的虚假募捐，社会中人与人之间的信任感下降可见一斑。除此以外，个别政府官员在工作中存在不负责任、滥用职权等行为，损害公权力在公众心中的信任感。比如，在2020年初发生的新冠肺炎疫情期间，湖北省黄冈市卫健委主任在面对中央指导组派出的督查组询问时，一问三不知，对定点医院的收治病人数量、具体的床位数量、检测能力数量等关键信息含糊其词，存在严重的失职失责问题（黄冈发布，2020）。相关新闻报道报出后，引起网络中大量网民的声讨和谴责。再如，在2019年的"孙小果案"中，孙小果多年来被多次判刑却仍逍遥法外，令公众对基层执法者权力滥用、执法不严、践踏司法尊严等不当行为感到震惊。类似地，在"江苏响水'3·21'化工厂爆炸事故"中，公众也对当地安监部门在监督管理过程中存在的漏洞提出了质疑。

与此同时，在如今"情感胜于事实"的"后真相"时代，网络中充斥着越来越多的真假难辨、甚至是扭曲事实的信息与观点，在持续的信任危机下衍生出信任异化现象。网民的信任不再基于对真相的澄清和事实的判断，而是倾向于选择相信自己愿意相信的，从而使得信任变得越来越非理性、甚至极端化。与主流媒体的观点相比，网民更愿意基于自己当下的情感诉求和直觉判断选择是否信任，更倾向于选择信任与自己观点一致、立场相同的"圈子"中的用户，无视或排斥与自己立场相悖的信息。久而久之，社会现实中存在的种种问题导致信任缺失，而长期的信任缺失加之社交媒体中的"后真相"特点衍生出信任异化,公众更愿意相信自己愿意相信的而排斥与自己相悖的,如此形成社会信任的恶性循环。

3.2.2.2 社会焦虑与不安

《中国青年报》通过对2 134位普通民众进行调查发现,有34%的受访者表示他们时常会感到焦虑,有62.9%的被访者表示他们会偶尔感到焦虑,而表示从未感到焦虑的人只有0.8%(王小章,2015)。可以说,当下的中国已悄然进入了"全民焦虑"的时代。焦虑已不再仅存于社会中的某些个体或者底层民众,而成为社会各阶层民众长期以来的、持续的一种情感体验,弥散在整个社会氛围当中。《中国社会心态研究报告(2018)》(人民论坛问卷调查中心,2018)显示,目前中国社会中普遍存在的焦虑情绪主要表现为三个方面:一是社会生存与发展焦虑,主要是指人们对于过高的房价、医疗资源紧张、就业压力过大、教育资源分配不均等方面的困扰;二是人际交往焦虑,主要表现为在社交媒体重塑人类交往模式的同时,也带来了群体性孤独、人际关系疏离、个人空间被大大压缩而产生的焦虑;三是身份认同焦虑,主要是指社会底层群体因面临较差的生存条件和工作环境、社会污名化等而产生的身份认同焦虑。

在网络空间中,普遍性的焦虑情绪也无处不在。从"相亲鄙视链"到"彩礼价目表",从"家长月薪三万撑不起孩子的一个暑假"到"陪孩子写作业家长急到心梗",都市青年人的焦虑在戏谑和调侃中可见一斑。当2019年各地平均工资水平发布后,各种"拖后腿"式自嘲遍布网络,从"鸭梨山大"到"我太南了",从"秃头少女"到"佛系养生",网络热词的流行体现着年轻人的无奈与焦虑。有房有车的"标配生活"对当下的年轻人来说成了长期奋斗的目标,"上有老下有小"的日常生活成了中年人的生活重担。房价、就业、医疗、教育成了公众普遍性的焦虑来源。空气质量问题之所以受到网民的关注,是因为它关系着每个都市人的生存健康,山东"问题疫苗"、校园"毒跑道"等事件之所以触动众怒是因为它联系着每个有孩子家庭的敏感神经。在普遍性的社会焦虑下,任何触动到公众利益或焦虑来源的事件都可能演化升级为舆情热点,反之,各种舆情热点的传播和发展也加剧了社会焦虑。

与焦虑相伴的是公众对周围世界的强烈不安,食品安全、药品安全、人身安全等问题频频发生,强烈地触动了公众的不安与焦虑。从"北京如家和颐酒店女子遇袭"到"滴滴顺风车乘客遇害系列事件",人们对公共安全问题,尤其是女性群体的人身安全感到担忧,人们在质问涉事企业、声讨肇事者的同时,也不得不寻求个人的自我保护方案。2016年,山东的非法疫苗案使得公众对药品安全产生极大的担忧;2018年,长生生物问题疫苗事件再次触动众怒,最基本的生命健康无法保障,不安全感持续蔓延。人们对安全问题的关注不断聚焦,普通公众既焦虑不安又无可奈何。这种持续性的不安全感使得公众变得越来越敏感和焦虑,一旦出现类似事件,便会产生强烈的情感共鸣,甚至在社交媒体基于圈子的群体传播中演变为群体愤怒。

3.2.2.3 社会怨恨

怨恨通常来源于社会成员在与他人的比较中而产生的落差感。一方面,随着改革开放和市场经济的快速发展,利益格局分化,多元化的利益主体之间产生激烈的竞争,贫富差距不断拉大,社会阶层的划分越来越倾向于以收入和财富这类经济指标为标准,不同社会阶层之间在经济利益和生活水平上的差距越来越大。再加上社会阶层固化,底层群体越来越难向上流动,社会成员在与他人的比较过程中容易出现较大的心理落差。另一方面,公众的心理预期又在现代平权观念的作用下被普遍拔高,"不患寡而患不均"的社会心态在当代社会中体现得淋漓尽致。公众对平等、公平的渴望与社会现实之间形成了强烈反差,使他们对生存比较中产生的落差更加敏感。因此,在现代性的社会变迁过程中,在比较而产生的落差感与无力感的共同作用下,怨恨情绪越来越容易产生群体性积累。最后,一旦累积到一定程度,借助某一具体事件为导火索,经由社交媒体等互联网平台迅速引爆并相互感染,最终演化为大面积的社会怨恨(朱志玲、朱力,2014)。

怨恨情绪常见的释放方式往往是部分网民在网络中不分青红皂白地指责、甚至谩骂,这种指责和谩骂并非是人们根据事实进行理性的分析和判断后做出的行为选择,而很多时候是一种单纯的情绪宣泄,只是为了享受否定一切而带来的快感,也有学者将其称为"社会泄愤"或"怨恨式批评"(向良云、祝建兵,2012;成伯清,2011)。在网络空间中,舆情事件的发酵与传播可以在一定程度上成为社会怨恨情绪的"解压阀",但若不能及时、有效地予以回应和引导,则会引发新一轮的愤怒情绪的升级,甚至衍生出舆论"次生危机"。

当前中国社会怨恨的对象主要是个别政府官员、富人等被标签化的人群,以及社会的体制机制（人民论坛问卷调查中心，2018）。具体来看，仇官心态主要是源于官商勾结、以权谋私、贪污腐败等问题，使得公众对这一群体产生了一定的刻板印象，造成信任感下降，从而引发对贪官污吏的仇视。而仇富心态则主要源于社会贫富差距拉大后，社会成员在与他人，尤其是在经济地位上优于自己的人的比较过程中而产生的心理失调，这种心理失调使得社会成员在面对"富人"群体时怀有一定的抵触和反感心理，加剧了社会怨恨情绪。另一种是将中国社会的体制机制视为一切社会问题的根源，认为体制机制的改善才能从根本上解决社会矛盾和问题，这种心理更容易被"激进左派"所利用，激化社会矛盾，强化社会怨恨（人民论坛问卷调查中心，2018）。在网络空间中，只要一些事件涉官、涉警、涉富，总是很容易激起网民的怨恨等负面情绪。南京宝马撞人案中的肇事司机曾被谣言贴上了"富人"的标签，于欢案中警方在案件现场的做法曾受到公众质疑，孙小果案中作为国家公务人员的当事人的生母、生父和继父对其恶行屡屡包庇，这些当事人的特殊身份使得网民格外关注事件本身，也容易引发网民的仇视。

3.3 话语：文本刺激与情绪唤醒

以上两节分别从变迁和结构视角分析了网络舆情事件中情绪产生的社会根源。作者认为，经济与技术逻辑下的社会变迁构成了网络舆情事件中情绪来源的时代底色，在社会结构的作用下形成了长期而稳定的结构性情感。但这些结构性情感具有一定的内隐性，在通常情况下只作为一种社会心态、社会氛围弥漫在公众之中，并没有显著地爆发。而网络舆情事件之所以能够引发大规模网民的强烈情绪表达，除了在一定的社会变迁与结构共同形成的社会结构性情感底色的铺垫作用外，还有舆情事件中的文本刺激与社会中已经存在的结构性情感产生共振，进而唤醒和激活了公众的情绪能量，从而通过网络舆论等形式体现出来。

社会运动理论认为，影响和决定社会运动兴起和发展的话语视角主要包含参与者的认同、口号和话语策略，以及塑造社会运动话语的社会文化等（赵鼎新，2012）。因此，本节从话语视角分析网络舆情事件中的话语策略如何对公众进行文本刺激与情绪唤醒，从而将内隐性的结构性情感转化为外显性的情境性情绪。通过对已有文献的梳理和现实案例的分析，本书将网络舆情事件中情绪启动的话语策略分为以下四方面内容:"道德震撼"蓄能"道德电池",文本"互文性"唤醒情绪记忆,网络谣言进行情感动员,视觉修辞强化情绪渲染。

3.3.1 "道德震撼"蓄能"道德电池"

在社会运动理论研究中,贾斯珀(Jasper, 2011)将"道德震撼"定义为"人在某个事件或信息显示世界不是人们所期望的那样时而产生的眩晕感,这种感受有时会导致人们对道德原则的重新思考或阐述"。当人们意识到世界并不是他们原来所认为的那样时,这种发自内心的不安会导致人们采取某些行动作为补偿(Jasper, 1997)。已有不少研究表明,道德震撼作为一种动员策略已成功地被用于动物维权运动(Jasper and Poulsen, 1995)、中美洲和平运动(Nepstad and Smiths, 2001; Nepstad and Erickson, 2004)、废奴运动(Young, 2001)、反种族主义运动(Warren, 2010)等多个社会运动中。

在此基础上,贾斯珀(Jasper, 2011)提出了"道德电池"(moral batteries)的概念,认为"道德电池"是由一种积极情绪和一种消极情绪构成的,这两种情绪之间的反差与张力能够吸引关注、动员行动参与。正如电池是在正负极的作用下产生能量一样,一种情绪能够在与之相反情绪对比中而得到加强,从而释放能量。比如,在动物维权运动中,愉快(joy)和遗憾(pity)是道德电池情绪两极的对比组合。动物维权运动的杂志或宣传手册中经常将处在痛苦中的、被虐待的动物与已经被拯救了的或者正生活在野外的一群快乐的动物家庭放在一起对比。这很容易使人产生想要拯救被虐待或杀害动物的行动意愿,令人想去改变社会的现状以使之达到人们心目中的满意场景。再如,另一种常见的道德电池中的情绪对比是把人们对未来的憧憬和希望与当下正在承受的恐惧、焦虑或其他痛苦组合在一起。大部分成功的社会运动组织者会夸大他们对未来的承诺及现在承受的痛苦,这种对比能够帮助动员集体行动的参与。

与"道德电池"概念相联系的是科林斯(Collins, 1975)曾提出的"情绪能量"概念。"情绪能量"即在互动仪式与成功的策略性参与中产生的一种兴奋(excitement)和热情(enthusiasm)的心情(mood),这种心情鼓励着人们采取进一步的行动。在科林斯的冲突理论中,情绪和注意是社会运动中人们争夺的价值,兴奋和团结能够鼓励人们参与集体行动。由此可以看出,"道德电池"与"情绪能量"都强调了情绪在集体行动中强大的动员作用,当现实社会发生的热点事件与公众心中的道德原则和期待之间存在着矛盾与对立的两种情绪时,强烈的情绪能量便蓄于道德电池之中,随时可能释放与爆发。

在"于欢案"中,在法院公布终审结果之前,网民的第一大关注点是"孝子与母亲"的话题(图3.1)。这表明,在事件发酵的初始阶段,儿子目睹母亲受辱而刺死辱母者的情节对公众造成的道德冲击是促进事件不断得到关注、发酵和传播的一大情感动力。在这一事件中,于欢目睹母亲被欺辱的过程与中华民族"百善孝为先""孝敬父母"的孝文化之道形成了强烈的道德反差。在"道德电池"中,一端是崇尚孝道的传统美德,一端是儿子目睹母亲受辱的残酷现实,这两种一正一负的情绪两极使得公众的道德电池迅速通电、蓄能,带来了巨大的"情绪能量",从而成功地动员了越来越多的行动者共同参与到该事件的关注与讨论中来。

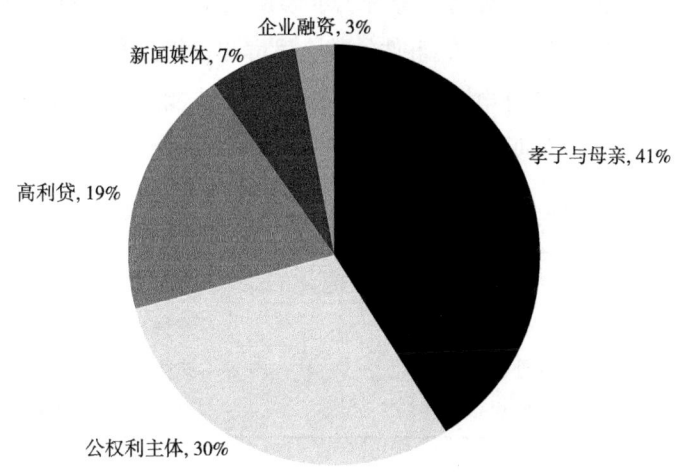

图 3.1 "于欢案"终审公布前的网民关注点分布①

类似地,2016年发生的"罗一笑事件"也是在不断的道德冲突的刺激下,伴随着网民一轮又一轮的情绪能量释放而被推向高潮。有研究者通过对微博用户转发《罗一笑,你给我站住》一文所使用的高频词的分析(表3.1)

---

① 房立俊."于欢案"舆论背后的社会心态及媒体引导研究[EB/OL].(2018-02-05)[2020-01-20].http://media.people.com.cn/n1/2018/0205/c416774-29806543-2.html.

发现,用户参与事件传播的动力是源于强烈的道德力量的感召下而产生的宗教般的使命感(欧阳果华、王琴,2017)。这种使命感促使行动者感到通过参与文章的转发和捐款能够满足内心对于善良和美好的道德诉求,而不参与则会被贴上"冷血"的标签。通过对此事件的回顾我们可以发现,此事件之所以引起网民的广泛参与和激烈的情感表达,正是由于其中包裹着种种的道德冲突。起初,《罗一笑,你给我站住》(罗尔,2016)一文开始在网络中发酵和传播,文中描述的一个善良可爱的小女孩忍受着病痛的折磨,这给网民造成第一重道德冲突,使网民迅速对事件中的小主人翁产生同情和怜悯。而文中描写的一位父亲对女儿深沉的爱,与父亲面对生病的女儿却没钱治病的无力感形成第二重道德冲突,使网民对这位绝望的父亲也产生同情,并希望能够通过参与转发和捐款来改变现状。但是,当最后这一事件被网友揭发,罗一笑的实际自负医疗费并非那般高额,且其父亲罗尔并非"两手空空",而是名下有公司和多处房产,网民们感到自己的善良被玩弄和消费,这是此事件造成的第三重道德冲突。网民们纷纷表示惨遭道德绑架,并称此事件为"带血的营销"。由此可见,罗一笑事件的整个发酵与传播过程,也是网民在"道德震撼"下不断为"道德电池"积蓄和释放"情绪能量"的过程,情绪成为舆情事件发展中的一条明显的逻辑线。

表 3.1 "罗一笑"事件中微博用户转发评论的高频词分布[①]

积极情绪	消极情绪
希望、捐赠、帮助	悲伤、伤心、病患
慈善、可爱、健康	病魔、绝望、失望
祝福、平安、赞赏	错误、绑架、遭罪

除此之外,在许多其他的网络舆情事件中都可以看到道德震撼所引发的情绪能量。网络中被曝光的多起反性骚扰事件中,公众对教师优良师风和高尚师德的道德期待与现实中的教师性侵行为之间的反差;"杭州保姆纵火案"中公众对一个普通的五口之家幸福生活的美好愿望与一位保姆的故意纵火致使家毁人亡的残酷现实之间形成的巨大反差;高铁霸座事件中公众对遵守公

[①] 欧阳果华,王琴. 情感动员、集体演出和意义构建:一个网络慈善事件的分析框架:以"罗一笑"刷屏事件为例[J]. 情报杂志,2017,36(8):68-75.

共秩序和社会公德的道德期待与现实中道德缺失行为之间形成的强烈对比……诸如此类，无不使网民心中的道德电池经历着蓄电与释放的循环过程，也将舆情事件一步步推向高潮。这一系列事件均表明，"道德震撼"作为一种有效的动员策略，很容易借由某一偶然性事件为导火索，而迅速激发行动者的"情绪能量"，促使人们参与到舆论行动中。正如杨国斌（2013）所指出的，在中国社会中，虽然各种网络事件中所体现出的情绪各有差异，但这些事件背后所包含的情感逻辑是大致相通的，都源于人们某种被伤害的情感和"道德语法"。

3.3.2 文本"互文性"唤醒情绪记忆

互文性（intertextuality）是文本的一种属性，是费尔克拉夫的话语分析方法中最突出的一点。它是指社会中人们所生产的文本总是充满着过去其他文本的某些片段，同样，也可能成为此后社会中所生产文本中的一部分，文本之间总是可以相互吸收、融合，也可以形成矛盾和反差，从而回应之前的文本。互文性强调了文本的历史性，即文本表达具有一定的回溯性和预期性，都可以回溯至过去的某一文本，并且预料未来某一文本的建构。在这一过程中，"每个语词表达都是言语传播链条中的一个环节"（费尔克拉夫，2003）。一方面，互文性的概念将历史穿插到了文本之中，因为人们当下所生产的所有文本皆是在吸收过往文本的基础上形成的；另一方面，互文性也将文本穿插到历史之中，因为当下人们在生产文本时通过对以往文本的对话、回应、再加工也在创造历史，从而构成未来文本的一个组成部分。借助互文性链条，行动者在吸收过去和创造未来中不断进行文本生产和意义阐释。

在网络舆情中，网民们所生产的文本也不是孤立存在的，其中也包含着以往相似事件中的文本片段。行动者通过对以往文本的吸收和再加工，唤起公众心中留存的情绪记忆，从而将过去与现在联系起来，以实现情绪的唤醒和启动。

刘立刚（2012）将网络新闻文本中的互文性总结为引用互文性、派生互文性和暗示互文性。辛斌和李文艳（2019）将社交媒体中的新闻话语互文性手段总结为参考、转述、回应、提及和预设。以"红黄蓝幼儿园虐童事件"为例，作者发现在该事件中，行动者主要通过提及过往事件来唤醒公众的情绪记忆。在此事件中，不少网民提及过往弱势群体受伤害的相似事件，以强化公众对受害幼童的同情与悲伤。

在"红黄蓝幼儿园虐童事件"之前,已发生过不少与此类似的、挑战社会基本价值观和道德底线的抗争事件,例如,江歌案、携程亲子园虐童事件、杭州保姆纵火案等。这些事件超出了公众原有的道德底线,甚至引发公众对人性之恶的探讨,在公众心目中曾经留下了深刻的烙印。"红黄蓝幼儿园虐童事件"发生后,不少网民将此事件与以往发生的类似事件联系在一起,使公众很容易将以往事件中的悲伤、恐惧等负面情绪移植到此事件当中,从而促使公众的情绪爆发。例如,新浪微博某用户发布评论称:"没想到会有人看着自己的朋友被捅十几刀事后一年不见闺蜜妈妈并恶语相向,没想到会有个书院把人锁里面进行非人的虐待,没想到会有人撞了人耍赖自己买车买房不赔偿,没想到我国高等学府性侵大学生,没想到携程亲子园对幼儿园孩子施暴,没想到首都三色幼儿园对三四岁孩子性侵……"再如,有用户评论道:"如果说携程的事让我对人性的恶有了新的认知,那么红黄蓝幼儿园罪行的曝光简直是令人崩溃!虽然不是发生在我孩子的身上,但是作为妈妈能感受到很强烈的痛苦,来自心底的悲愤!父母视作生命的孩子被这群来自地狱的渣滓们作恶[泪][泪][泪][泪],稚子何其无辜!"

3.3.3 网络谣言进行情感动员

谣言作为一种常见的社会舆论现象,一直以来受到传播学领域,尤其是网络舆情研究者的关注。随着社交媒体带来的人类社会重回"部落化"与"信息茧房"的形成,人们所能接触到的信息经过机器算法的筛选与过滤,越来越趋向窄化和局限,那些与用户观念相左或不在其兴趣范围内的信息在还未进入用户视野之前已经被过滤掉,事实变得更加珍贵与稀缺(李彪、喻国明,2018)。加之"后真相"时代所带来的"真相让位于情感"的特点,公众更倾向于相信他们愿意相信的,而非基于客观事实和理性思考而做出判断。如此一来,社交媒体带来的部落化与后真相的特点便为网络谣言的产生和传播创造了肥沃的土壤。

在社会运动理论研究中,郭小安(2013a)将谣言视为一种非制度化的政治参与形式;陈新汉(2004)也认为,谣言是一种特殊的政治表达方式;胡泳(2009)认为,谣言是一种"社会抗议";卡普费雷(2008)也指出,谣言具有一定的反权力特性;而张雷(2007)则强调了谣言在社会中的巨大动员作用；孔飞力（1999）指出，当社会赋予公众的政治参与渠道出现阻滞或者社会能够提供给公众的可利用的政治资源相对短缺的时候，社会中的底层群众很容易将谣言作为政治权利补充的一种非常规手段。由此可见，谣言不仅是被捏造出的违背事实的言论，也是一种舆论参与的手段。

在网络舆情事件中，谣言也被用作一种剧目（repertoires）来实现对公众的情感动员。"剧目"即集体行动中的行动者们为了达成共同的目标、实现诉求所采取的策略和方法（蒂利、塔罗，2010）。在中国社会中，随着互联网的出现和发展，因其具有一定的匿名性、隐蔽性，以及信息传播的便捷性和广泛性，从而为公众提供了较好的动员和参与的平台。博尔迪亚和迪丰佐（Bordia and Difonzo，2004）认为，谣言具有建构、表达、动员、参与等功能。在此基础上，结合中国网络社会现实，郭小安（2013b）将谣言的剧目分为情境与身份再造、悲情与愤怒的营造和舆论审判三类。借鉴此分类方法，本书对网络舆情事件中谣言的情感动员策略进行详细分析。

3.3.3.1 情境与身份的话语建构

正如前文所分析的，当下中国社会中普遍存在着社会怨恨、社会焦虑、社会信任缺失等结构性情感，这些要素构成舆情事件发生的情绪底色。一旦某一事件与这些结构性情感产生共鸣，便极容易成为导火索，从而引发全民的情绪唤醒和舆论参与。在这场话语叙事中，情境与身份的建构至关重要。因为舆情事件一旦涉及某些特殊情境（例如，非正常死亡、强奸、虐待、贪污等）和身份标签（例如，警察、官员、富人、明星、城管、医生等），最容易激活网民的情绪兴奋点，得到网民的情感认同，从而引导网民参与到网络论战中。其中，那些与公众日常生活息息相关、能够引起公众道德价值判断、具有具体的责任归因的情境，往往具有较强的动员能力。而谣言的传播也正是利用这一点，往往在内容的编造上强调这些特殊的情境，从而引发公众的情感共鸣。身份的建构则为行动者提供了建立群体认同的直接动力，它往往包含了某种阶层对立，通过这种阶层的对立向行动者描述了集体认同的边界，明确了"我们"和"他们"之间的界限。

在情境建构方面，在2017年发生的"杭州保姆纵火案"中，新浪微博某博主发布微博称，案件中的保姆与男主人长期保持不正当关系，因要求"扶正"不成而采取报复行为，保姆杀害女主人与三个孩子后焚烧了现场。后经警方调查，该博主承认其虚构事实、扰乱公共秩序的行为。在这则谣言中，造谣者通过虚构了事件中保姆与男主人的不正当关系而将一个故意纵火致使家破人亡的悲情事件置于一种"第三者报复原配"的情境之中。而这种情境正是网民们较为敏感和关注的点，能够迅速将网民原本对男主人的同情和悲悯转化为对第三者和出轨男的愤怒，从而获得大量网民的转发和关注。

类似的，在2019年的"西安奔驰女车主维权案"中，有文章称案件中的女性维权者曾涉价值千万的餐饮业诈骗案。随后，家属向媒体澄清了这则谣言。这则谣言将一个勇于维权的女车主置于"诈骗案"的情境之中，这种特殊的情境建构试图将网民原本对女车主的支持和赞许转化为对一个诈骗嫌疑人的厌恶与鄙视。虽然，在家属辟谣后有网友认为可能是别有用心之人故意泼脏水的报复行为，但谣言的情境建构的确在情感的动员和转化中起到了至关重要的作用。

在身份建构方面，造谣者往往将涉事主体编造为具有一定身份标签的人，利用社会中对这些特殊人群的刻板印象，从而使得公众将这一群体的某种固化的情感倾向移植于舆情事件的主体之中。例如，在2015年的"南京宝马撞人案"中，有谣传称肇事者是一名"富二代"，而被抓的王某只是个"顶包"的，使网民联想到案件背后可能存在的黑幕，从而对"富二代"找人顶包的行为产生反感甚至愤怒。在2018年的"长生生物问题疫苗事件"中，有网络传言称，长生生物的董事长高俊芳是原吉林省委书记、原人民日报社社长高狄的女儿，将企业负责人贴上了"官二代"的标签，从而令网民联想到官商勾结等不良社会现实，进而引发网民对涉事主体的愤怒与谴责。在2019年的"无锡高架桥侧翻事故"中，有网友对事故救援现场的一张照片造谣称照片中的人物是"一个地级市的公安局局长，带四百万的手表""手表是理查德米勒"，试图将救援现场的工作人员贴上"腐败官员"的标签，利用网民对贪官的厌恶与谴责实现情感动员，博得网民的关注。从上述案例中可以看出，造谣者最常用的身份标签往往也是社会认知中较为敏感的人群，比如，"官二代""富二代""贪官"等，将其描绘为"有身份""有后台""有背景"的特殊人群，从而明确了行动者的集体认同的边界，使公众将一定的身份标签联系到社会现实中，引发网民对其相应的情感体验，以实现情感动员的目的。

3.3.3.2 愤怒与悲情的情感造势

如果说情境与身份建构成功激起了社会公众的亢奋情绪，那么"造势"

则进一步强化和维持了公众的激愤。其中,愤怒与悲情是最容易被激活的两种情绪。一方面,谣言通过强调强势一方的种种不良行径而强化公众强烈的愤怒和谴责;另一方面,谣言通过极力渲染受害者或弱势一方的可怜与悲惨,从而使得公众为弱势一方感到悲伤与怜悯。尤其涉及身份的二元对立时,为了更好地突出事件的冲突性、戏剧性和残忍性,造谣者通常会通过刻意的修辞和表达策略夸大这种"强"与"弱"的对比,营造出"弱势"一方更加悲惨、而"强权"一方更加嚣张的矛盾对立氛围,从而为维持和强化公众的愤怒与悲情造势。在2018年的"8·24乐清女孩滴滴顺风车遇害案"中,微信中有传闻称被害女孩是去参加同学生日会途中遇害的,其同学听到死讯后无法接受,已跳楼自杀。这则谣言通过将肇事者所酿成的恶果进行夸大,认为肇事者一人造成了两条年轻生命的陨落,从而强化公众对肇事者的愤怒及对受害者的同情。

3.3.3.3 网络舆论审判

舆论审判是网民基于自己的认知和情感立场而对某一事件的自发性评价,虽然并不具有实际意义上的法律约束力,但其对舆情事件的进程及整个社会舆论风向的影响不容小觑。舆论审判的核心逻辑是"打击强者、安抚弱者",因而在网络谣言的捏造和夸大事实的过程中,经常出现弱者无辜、强者罪加一等的说辞。

在2016年的"北京如家和颐酒店女子遇袭事件"中,在受害女子与酒店方进行交涉和处理的过程中,有传言称和颐酒店已经"用钱摆平",该名女子已与酒店"达成一致"。谣言一出,一时间使得网民对此事件的进展大失所望,认为此事件中酒店方非但没有对受害女生进行诚恳道歉和妥善的善后处理,反而用金钱代替道歉,试图用金钱平息事件,以维护企业的品牌形象。一方面,网民对酒店作为强势一方的态度产生了强烈的反感;另一方面,也对谣言中受害女生作为弱势一方接受金钱的诱惑而感到失望和无奈。舆论审判作为谣言的一种剧目,虽然是从虚假的事实出发,但以其强大的情感动员效果而激起网民的集体亢奋情绪,从这一意义上说,谣言既是对事实的捏造,也是舆论行动参与的一种延续。

3.3.4 视觉修辞强化情绪渲染

随着互联网等新媒体形式的发展,多种传播方式融于一体,视觉修辞深刻地影响着信息与情感的传播。与语言文字相比，一方面，视觉图像具有更加明显的标记性，更容易跨越不同的社会身份和文化环境，在不同的受众中形成相似的理解意涵；另一方面，它更容易通过形象化的符号唤起人们在现实世界中的视觉经历，从而将现实生活中相似的情感体验代入视觉图像构建的场景当中。因此，视觉图像在传播过程中更容易借由图像再现或意义凸显而引发公众相似的情绪体验（陈红玉，2017）。借鉴王雪晔（2019）对情绪动员中的视觉修辞分析框架，本书从场景、行为、道具三个方面具体分析网络舆情事件中的视觉修辞对公众情绪的动员。

3.3.4.1 场景——情绪的语境

场景即是舆情事件中客观存在的自然环境或社会情境。日常生活中的所谓"触景伤情"即说明了场景要素在情绪唤醒和启动方面的作用。场景作为视觉图像中的宏观环境，为情感和情绪的表达创造了语境。语境并非是一个无关紧要的陪衬，而是作为一种话语要素参与意义的生产与建构（刘涛，2018）。在一定的社会文化环境下，一些特殊场景的建构也传达着相应的情感和情绪意涵。

在"南京宝马撞人案"中，媒体和网民们大量转发的图片为一张事故发生现场的照片（图3.2）。这张照片完整展现了事故发生时的场景，从图中可以明显看到一辆几乎被撞碎的轿车，一半的车体还留在大巴车外，车头及车身已严重变形，地面上还有许多事故残骸。这样的场景给人以强烈的视觉冲击，不免使人联想到肇事的宝马车在怎样的高速行驶状态下才会酿成如此严重的车祸，从而为事故中的受害者感到悲凉与同情，同时也对事故中的肇事者产生了更多的质疑和不满。

类似的，在"江苏响水'3·21'化工厂爆炸案"中，《新京报》发布的一张事故现场照较为完整地展现了爆炸发生时的场景（图3.3）。这张照片从俯拍的视角表现了化工厂爆炸时该地区浓烟滚滚的情境，表达了事故的严重性和破坏性。这样的场景表现除了给网民提供一定的视觉冲击、吸引注意以外，也引发网民对事故中遇难和受伤者的悲悯。不少网民在转发这张图片时对事故的发生及其酿成的后果表示震惊，并呼吁公众和媒体的关注，也表达了对受害者的祈祷与同情。

图 3.2 "南京宝马撞人案"事故现场①

图 3.3 "江苏响水'3·21'化工厂爆炸案"事故现场②

---

① 澎湃新闻. 事发近一年,南京宝马撞人案肇事者重查作案时是否患精神疾病 [EB/OL]. (2016-05-10)[2020-01-20]. https://weibo.com/5044281310/DuSfuF9gv? refer_flag=1001030103_&type=comment#_rnd1581918278926.

② 彭子洋. 响水化工厂爆炸已致 62 人遇难 [N/OL]. 新京报,2019-03-23(6)[2020-01-20]. http://epaper.bjnews.com.cn/html/2019-03/23/content_750000.htm? div=1.

3.3.4.2 行为——情绪的表达

行为受到情绪的影响,也是人类表达情感的重要方式。在情感动员的过程中,视觉图像所呈现的不同行为既表达着行动者特定的情感态度,也影响着公众的认知过程和情绪体验。关于行为与情绪之间的隐喻关系,莱考夫和约翰逊(2015)曾指出,低垂的姿势和体态通常与悲伤、抑郁等负面情绪相关,而挺拔、笔直的姿势和体态通常与积极向上的正面情绪相关。在网络舆情事件中,行动者通过突出表现不同主体的种种行为来喻示背后所隐含的情感倾向,从而强化公众对应的情感体验。

在2017年的"榆林产妇坠亡事件"中,一张产妇向家属及医护人员下跪的照片在网络疯传(图3.4)。并且,图片中配有文字说明:此为产妇第二次下跪。下跪这一行为往往表示着作为弱势一方的祈求,对获得外界帮助的一种强烈的渴望。图片中对这一动作的强调很容易使人有一种感同身受的强烈的代入感,从而引发网民对产妇的同情和怜悯。出于对产妇的同理心,更多的网民参与到事件的围观和评论当中,表达对产妇的同情、对家属及院方的质疑。从这一角度来看,这张现场监控的照片所表达的下跪动作起到了明显的情绪动员效果,也强化了网民对"强弱"双方的情感态度。

图3.4 "榆林产妇坠亡事件"中的下跪场景①

---

① @头条新闻. 榆林产妇坠亡[EB/OL]. (2017-09-07)[2020-01-20]. https://weibo.com/1618051664/FkFZ3jfEc?refer_flag=1001030103_&type=comment#_rnd1581918490746.

在2019年的"西安奔驰女维权事件"中,女当事人坐在奔驰车引擎盖上哭诉的照片获得大量的关注和转发。该图片着重表现了女当事人的哭诉动作,而哭诉这一动作往往意味着委屈、弱小与无奈。图片渲染了女当事人在面对一家汽车大品牌4S店时的"强弱"对比,使网民在这种强与弱的对比当中产生对当事人的同情和对4S店的谴责,从而产生了较强的情感动员效果。网民们也纷纷对此图片表示了对维权者的支持与理解,以及在社会上许多问题中存在的"按闹分配"现实的无奈。

3.3.4.3 道具——情绪的符号

道具是指舆情事件中行动者所使用的有关工具,其运用和表现通常与社会文化中的某些意象和内涵相关,例如,挽联、遗像、花圈等道具通常表达的是与死亡相关的悲伤之情,而圣诞老人的戏服、春联等道具通常与年节时分的喜庆氛围相关。这种道具与特定情绪体验的对应关系主要来源于人们普遍的生活体验、认知方式与共同的文化内涵。视觉图像通过建立起特定意象与某种抽象情感体验之间的关联,从而具有了强大的感召力和说服力。而某种具体意象与特定的情感体验在人们心目中建立起普遍、一致的联系之后,这种意象就成为一种特殊的象征符号,能够激发公众相似的情绪体验(Hill,2004)。

在"红黄蓝幼儿园虐童事件"发生后,微博某用户发布的一则带图微博具有强烈的情绪色彩,引发网民强烈的情感共鸣,获得了超过100万次的转发、28.6万次评论与217.2万次点赞。在这张图片中,只有一只模糊的手拿着一根细细的针管,视觉图像明确而单一,这使得网民很容易联想到"红黄蓝事件"中网传虐待儿童接受不明液体注射的情景。这样的道具符号一方面能够使网民产生角色代入,从而引发对受害幼童的同情与悲悯,例如,有用户在微博中评论道:"孩子啊 但愿你的眼睛 只看得到笑容 但愿你流下每一滴泪都让人感动 但愿你以后每一个梦不会一场空 [泪][泪][泪][泪][泪][泪][泪][泪][泪]";另一方面也煽动和加剧了网民对施暴者的愤怒与厌恶,引发网民对幼儿园机构的愤怒与谴责。

在"杭州保姆纵火案"发生后,一张祭奠亡者的现场照片得到了大量网民的转发和评论(图3.5)。图片突出表现了花圈、鲜花与遗像的道具,渲染了对亡者的悲悯之感。在一簇簇白色菊花与一个个花圈的围绕中,放置着事故中死亡的三个幼童的照片,照片中的孩子依然有着可爱的笑脸,灿烂的笑容与白色的菊花形成鲜明的对比,使人感到如此幼小的生命却因人性之恶而陨落的悲凉与遗憾。从情绪动员的角度来看,这样的视觉意象有着强烈的情绪意味,使人很容易对事故中死亡的幼童产生强烈的同情,也由此更强化了对事故中故意纵火的肇事者的愤恨。

图 3.5 "杭州保姆纵火案"祭奠亡者①

---

① 法治福州.杭州保姆纵火案开庭40分钟后中止审理!被害人:唯一的诉讼请求就是严惩嫌疑人[EB/OL].(2017-12-21)[2020-01-20].http://www.sohu.com/a/211904144_99973266.

4 情绪爆发：传播结构与关键节点

本章主要关注在网络舆情事件的爆发期，公众的情绪如何传播（问题2）这一问题。在情绪启动阶段中，在社会变迁所构成的宏观语境下，社会结构塑造了"结构性情感"，随着网络舆情事件的发生，在各种文本刺激下，一直处于"休眠"状态的"结构性情感"被迅速"点燃"，从而释放出巨大的情绪能量，进入公众情绪的爆发期。可以说，爆发期是网络舆情事件中行动者的情绪表达和传播最为明显和激烈的阶段。在此阶段中，各种类型的情绪伴随着行动者的意见与观点表达，在网络空间中流动、交换、扩散、蔓延，个体的情绪表达经由社交媒体的传播而相互感染、催化，并得到不断加强。在情绪爆发的过程中，用户与用户之间通过相互转发、评论等形式进行着情绪的传播，从而形成一张张浓淡交织的情绪传播网络。

为了深入观察网络舆情事件爆发期中情绪传播的网络结构特点，精确识别情绪传播网络中的关键节点及其特质，本章将视角聚焦于微观的个案分析，选择具有较强代表性的案例，以便能够"放大"和透视网络舆情事件爆发期内情绪传播的内在机理。

具体来看，本章将通过对以下三个子问题的探究回答情绪爆发期的传播机制问题：①在网络舆情事件中，不同类型的情绪呈现怎样的传播网络结构（问题2.1）？②在这些情绪传播网络中，谁是情绪传播中的"关键节点"（问题2.2）？③这些"关键节点"的个人特征如何影响其情绪传播能力（问题2.3）？

接下来，本章以2017年11月发生的"北京红黄蓝幼儿园虐童事件"为例，对网络舆情事件中情绪爆发期的传播机制进行实证研究。

2017年11月22日晚，多张孩子身上出现针眼的照片在网络中流传，据悉是有多位家长反映，自己的孩子在北京市朝阳区管庄红黄蓝幼儿园（新天地分园）被老师扎针、喂食不明白色药片等。随后，该事件迅速在网络中发酵、传播，引发了大量媒体关注和网民讨论，迅速登上微博热搜，一时间引起了轩然大波。11月23日，朝阳区政府发布情况通报显示，警方已成立专案组介入该事件的调查，朝阳区教委也成立工作组进驻幼儿园展开调查。11月25日，朝阳警方通报最新调查结果。通报称，红黄蓝幼儿园的一位刘姓教师因涉嫌虐待被看护人罪已被依法刑事拘留，调查显示，网络中传言"老虎团"人员参与集体猥亵幼儿的言论为谣言，造谣者已被公安机关依法行政拘留。当天，朝阳区政府发布情况通报，责成举办者按程序立刻免除幼儿园园长职务，并将对此事件严肃追责。11月28日晚，朝阳警方公布最新调查结果显示，幼儿园教师刘某某存在用缝衣针扎的方式进行"管教"之行为，该名教师已被刑事拘留；相关涉事女童经身体检查后未见异常；并且在已恢复的监控视频中未发现有人对儿童实施侵害；"群体猥亵幼童"等内容系编造。11月29日，红黄蓝教育机构向社会发布道歉信。2018年12月26日，北京市朝阳区人民法院公开宣判，以虐待被看护人罪一审判处被告人有期徒刑一年零六个月，并被责令5年内禁止从事未成年人看护教育工作。2019年6月11日，北京市第三中级人民法院做出二审宣判，裁定驳回刘某上诉，维持原判。

本章之所以选择这一案例，主要出于以下三点考虑：第一，该事件涉及虐待甚至性侵儿童，具有较强的道德冲突，触动了公众最基本的道德底线和价值观，牵动着每个有孩子的家庭的敏感神经，容易引发公众的愤怒、同情、震惊等情绪，网民对此事件的讨论具有较强的情绪性色彩，比较适合分析网络中的情绪传播特点。第二，该事件的关注度较高，影响力较大，具有一定的典型性。事件发生后，《人民日报》《法制日报》等多家大型媒体参与报道此事件，并且在微博中经过大量娱乐明星转发，关注热度持续高涨，影响力迅速扩大，具有较强的研究价值。第三，该事件在微博平台中的讨论量最多，在总讨论量中占比98%以上（鹰眼舆情观察室，2017）。作为公开的社交媒体平台，微博平台中的相关数据较易获得，研究的可操作性较强。综合以上考虑，本章以"红黄蓝幼儿园虐童事件"为例，通过对新浪微博平台中相关话题的讨论，分析这一事件中公众情绪爆发的传播机制和特点。

4.1 研究假设

为解决问题2.1：不同类型的情绪呈现怎样的传播网络结构，本书对网络空间中的情绪传播网络相关研究进行了回顾。已有大量研究表明，情绪不仅可以通过面对面的人际传播实现传递，而且可以在大规模的社交网络中得到传播（Kramer，2012；Kim et al.，2021；Kramer et al.，2014；Coviello et al.，2014）。但关于不同类型情绪的传播网络结构研究相对比较缺乏。比如，戴杏云等（2016）通过对社交网络成员关系、群体情感指数和用户影响力的计算，重点阐述了社交网络情感图谱的计算分析方法，但并未具体分析用户情绪的传播结构和特征。有学者（Fan、Xu and Zhao，2018）通过计算机仿真模拟建立了新浪微博中的情绪感染模型，研究发现，与快乐情绪相比，愤怒情绪的微博内容具有更小的转发间隔，并且可以在弱关系中广泛传播；在负面的社会事件中，由于愤怒情绪的高影响力以及弱关系偏好，愤怒情绪将大规模地影响用户，甚至主导整个网络。这一研究虽然涉及了情绪传播的空间特点，但未对各情绪类型在网络结构特点方面进行详细的探究。据此，本书将采用社会网络分析法，从整体网络视角和子群分析视角探究不同情绪类型的传播网络规模和密度如何，呈现怎样的可视化分布。

为解决问题2.2：谁是情绪传播中的"关键节点"，本书对情绪传播中关键节点的相关研究进行了回顾。在已有的研究中，绝大多数研究是关于"关键节点"的识别方法（张连峰等，2019；Li、Du，2011；Jain、Katarya，2019），较少关注关键节点的个人特征。比如，有学者将社交媒体用户划分为非常易受情绪感染的用户与不易受情绪感染的用户，发现两组用户都有可能受到积极情绪的影响，但相较而言，易受情绪感染的用户会更难受到消极情绪的影响，也就是说，在社交媒体中用户接受积极情绪的可能性比消极情绪的可能性大得多（Ferrara and Yang，2015）。彭丽徽、李贺、张艳丰（2017）将网络舆情传播中的关键节点分为五种类型，分别是意见领袖节点、潜在意见领袖节点、重要地位节点、潜在重要地位节点及关键活跃人物。但是，关于不同类型关键节点的身份特点或个人特质该研究则没有提及。据此，结合前文对社会网络分析中关键节点的识别相关研究的梳理，本书采用社会网络分析法，从个体行动者视角出发，分析处于网络中心位置的节点在用户身份上的分布特征。具体来看，本书将此事件中情绪传播的"关键节点"分为两类：一类是外向中心度（out-degree）较高的用户，这些用户在网民的情绪传播中获得了相对其他用户更多地被转发次数，具有更强的吸引关注的能力，本书称之为"情绪吸引力"较高的用户。另一类是中介中心度（betweenness centrality）

较高的用户，这部分用户在情绪传播中起到了不同群体之间的桥梁作用。如果没有高中介中心度的用户，整个网络将被分裂成相互离散的子网络，本书将这类用户称之为"情绪凝聚力"较高的用户。

为解决问题 2.3：这些"关键节点"的个人特征如何影响其情绪传播能力，本书借鉴传播学中"意见领袖"等相关研究，结合新浪微博平台上用户个人信息的可获得性与全面性，分别从性别、社交媒体使用、用户身份三个方面对情绪传播网络中关键节点的影响因素进行研究。

在性别方面，现有研究表明，微博中的意见领袖大多为男性（李彪，2012）。例如，曹洵、张志安（2016）通过对微博中活跃的意见领袖进行大数据分析发现，微博中影响力较大的意见领袖有 79.36% 为男性用户，考虑到微博注册用户的性别比例约为 1∶1，可见在微博意见领袖中男性占比远高于女性。马尼卡瓦萨甘和达拉姆（Manickavasagam and Sundaram, 2015）通过社会网络分析中的聚类系数、点度数分析等指标识别出社交网络中的关键影响者，也发现男性用户是社交网络中的强势影响者。由此说明，男性用户在社交媒体中形塑舆论方面的影响力更大。因此，作者推测，在情绪传播中，男性用户也比女性用户拥有更强的情绪吸引力（即更高的外向中心度）和情绪凝聚力（即更高的中介中心度）。据此，本书提出假设 1。

假设 1a：男性用户比女性用户拥有更强的情绪吸引力。

假设 1b：男性用户比女性用户拥有更强的情绪凝聚力。

在社交媒体的使用方面，有学者研究表明，社会化媒体的使用程度是用户社会资本的重要预测变量（Zúñiga et al., 2012）。这表明，在社会化媒体的行动场域中，积极参与传播实践的活跃用户更有可能在传播网络中占据优势地位。韦路、丁方舟（2015）将推特用户的社会化媒体使用程度操作化为关注数、粉丝数、发表推特总量，研究发现，社会化媒体的使用程度越高，用户在社交媒体中的社会资本也越多。刘志明、刘鲁（2011）在研究中指出，由于粉丝数决定了用户发布的内容能够被多少人看到，因而粉丝数对于能否成为意见领袖至关重要。廖海涵、王曰芬（2016）的研究表明，微博用户的关注数越多，促进信息传播的可能性就越大，该用户就拥有较高的传播能量。由此可以看出，在社交媒体中，使用程度越高的用户（即拥有更多的关注数、粉丝数和发博量）更有可能在社交网络中占据优势地位，取得更好的传播效果，拥有更大的传播能量。因此，本书推测这些用户在情绪传播方面也拥有更强的影响力。结合新浪微博的实际情况，本书将社会化媒体的使用程度操作化为新浪微博中用户的关注数、粉丝数和微博数。据此，本书提出假设 2～假设 4。

假设 2a：微博用户的关注数能够正向预测其情绪吸引力。
假设 2b：微博用户的关注数能够正向预测其情绪凝聚力。
假设 3a：微博用户的粉丝数能够正向预测其情绪吸引力。
假设 3b：微博用户的粉丝数能够正向预测其情绪凝聚力。
假设 4a：微博用户的微博数能够正向预测其情绪吸引力。
假设 4b：微博用户的微博数能够正向预测其情绪凝聚力。

在用户身份方面，已有研究表明，在网络舆情事件中关键信息发布者主要为媒体机构或政务机构，它们在信息传播的过程中具有一定的权威性，其发布的信息能够迅速在网络中得到扩散，甚至改变舆情走向（Chmiel et al.，2011）。赵金楼、成俊会（2015）的研究也发现，在突发事件中媒体机构的微博用户在信息传播网络中占据关键位置，与其他节点联系密切，传播能力较强。这意味着，机构类用户更容易成为舆情事件中网民的信息源，并由此引发出网民不同类型的情绪，拥有较高的情绪吸引力（即更高的外向中心度）。因此，本书提出假设 5a：

假设 5a：与普通用户相比，微博机构认证用户有可能拥有更高的情绪吸引力。

另一方面，曹洵、张志安（2016）的研究表明，微博空间中的话语权分配呈现结构性不均，在微博公共话题的意见领袖中，名人认证用户占比 86.37%，在现实社会中拥有较高社会资本的名人依然在微博中掌握了绝大部分话语权。这说明，名人认证类用户在微博空间中更可能掌握着关键资源，具有更高的情绪凝聚力。据此，本书提出假设 5b：

假设 5b：与普通用户相比，微博个人认证用户有可能拥有更高的情绪凝聚力。

4.2 研究步骤

本书采用社会网络分析法对"红黄蓝幼儿园虐童事件"中的网民情绪传播网络结构及其中的关键节点进行分析，具体分为数据抓取、数据预处理及变量设定三个部分。

4.2.1 数据抓取

本章所分析的样本数据主要分为两部分：一是微博文本数据，二是微博用户数据[①]。

微博文本数据的获取主要通过拓尔思大数据舆情分析平台，以"红黄蓝幼儿园""三原色""性侵""爷爷医生""叔叔医生"等为关键词，从拓尔思微博舆情数据库中提取2017年11月22日（事件发生）至2017年12月2日（公安机关公布调查结果后4天）的所有微博内容。鉴于数据平台的数据处理能力上限约为10万条，因此，本书从总数据库约460万条微博中随机抽取约2.2%作为样本，剔除已失效的微博链接后，最终得到有效微博数据集为63 863条。

微博用户数据的抓取分为两步完成。首先，在对所有微博进行情绪识别后，从每类情绪的微博中抽取10%作为社会网络分析的样本数据，从拓尔思微博舆情数据库中提取这部分内容的博主信息，构成微博发布者数据集。其次，从上述样本数据中提取所有转发环节的微博用户昵称，根据用户昵称利用Python语言编写微博爬虫程序进行爬取，构成微博转发环节的用户数据集。最终分别得到6张不同情绪类型的用户转发关系数据表，共包含13 232条用户数据。需要说明的是，由于一条微博可能同时包含多种类型情绪，因此，不同情绪类型中的用户存在部分重复。爬虫获取的用户信息字段包含微博昵称、性别、关注数、粉丝数、发博量和用户身份。

4.2.2 数据预处理

为了对微博中的情绪进行分析计算，需要对爬取到的微博数据进行预处理。首先，需要从微博文本中识别出用户要表达的情绪，这部分主要采用机器学习的方法，通过拓尔思自然语言处理引擎完成情绪识别。其次，为了对情绪的传播结构进行社会网络分析，需要根据微博内容中的转发关系将原始文本数据转化为可分析的关系数据，具体步骤如下。

[①] 本章原始数据来源于中国人民大学新闻与社会发展研究中心的教育部十三五重大课题"网络舆情传播的'情绪感染—演变'机制与社会影响的临界点研究"（16JJD860006）。

4.2.2.1 机器学习情绪识别

按照大数据研究的一般思路，首先，本书从总数据集中随机抽取10%（约为6 386条微博）作为训练数据集，招募40名编码员对其进行人工打标，以此训练分类器模型、进行机器学习，然后再用训练好的分类器对其余90%的测试数据进行机器打标。

在人工标注方面，本书借鉴目前心理学中较为公认的埃克曼的"大六"（Big Six）情绪分类（Ekman，1994；Ekman and Friesen，1971），将微博情绪分为愤怒、厌恶、恐惧、悲伤、惊讶、快乐六种类型。为尽量减少人工情绪标注的误差，首先从训练数据集中随机抽取100条，分别请40名编码员进行试评，取40名编码员对每条微博评分的平均数作为标准示例，待编码员达成共识后，每位编码员再对训练数据集中的所有微博在六种情绪上分别进行0~5分的标注。由于大多数微博文本内容丰富，尤其是当微博取消了140字的限制以后，单条微博内容可能包含有多种情绪。因此，当某条微博包含了多种情绪时，则进行多次标注。最终，每条微博都会在6种情绪上分别有一个得分。

在机器学习方面，本书借助拓尔思自然语言处理引擎，对剩余的90%测试数据集进行自动化情绪标注。囿于算法局限，部分低于20字左右的微博因有效信息不足未能识别出所含情绪，最终有效打标的微博样本为63 607条。

4.2.2.2 关系数据建立

由于样本数量较大，为保证关系数据处理的流畅度，本书采用网络分析中适用于较大规模总体的随机抽样方法（林聚任，2009），从每种情绪类型的微博中随机抽取10%作为社会网络分析的样本数据。以微博的转发关系为边（edge），以转发微博的条数为权重（weight）构建有向的边数据表；以转发环节中的微博用户为节点（node），构建节点数据表。最后，将边数据表和节点数据表共同导入Gephi 0.9.2软件进行统计计算及数据可视化呈现。

4.2.3 变量设定

在对关键节点影响因素的假设验证过程中，需对自变量与因变量进行操作化定义，具体如下。

在因变量方面，承接上文分析，将关键节点的情绪传播力分为两类，一是用户的情绪吸引力，即用户引发其他网民进行情绪表达的能力，在操作中以外向中心度表示；二是用户的情绪凝聚力，即用户在情绪传播网络中把控关键资源、起到桥梁连接作用的能力，在操作中以中介中心度表示。这两项指标均通过社会网络分析统计获得。

在自变量方面，综合已有文献与微博用户数据的全面可获得性，主要探究用户性别、社交媒体使用程度和用户身份三种因素如何影响节点的情绪传播能力。上述几项指标通过拓尔思大数据舆情分析数据库及网页爬虫获取。

综合来看，本部分建构了表4.1所示的变量。

表4.1 关键节点影响因素的变量设定

	变量名	操作化定义	文献来源	获取途径
因变量	情绪吸引力	外向中心度	宫贺，2016	社会网络分析统计获得
	情绪凝聚力	中介中心度	郭凤林等，2015	
自变量	性别	男=1，女=0	Manickavasagam and Sundaram, 2014	新浪微博爬虫抓取
	社交媒体使用程度	关注数	韦路、丁方舟，2015	
		粉丝数		
		微博数		
	用户身份	个人认证（是=1，否=0）	Chmiel et al., 2011	
		机构认证（是=1，否=0）		

需要说明的是，因"性别"和"用户身份"为定类（nominal）变量，在多元回归分析中需转换为哑变量。按照自变量分为 k 个类别则需设定 $k-1$ 个哑变量的原则，在性别变量中，本书设定1个哑变量，即以女性用户为参照系，设定男性为"1"，女性为"0"。在用户身份变量中，以普通用户为参照系，设定2个哑变量：即设定个人认证用户为1，否则为0；设定机构认证类用户为1，否则为0。关键节点影响因素的多元回归分析采用SPSS20.0软件进行统计计算。

4.3 数据分析

4.3.1 描述性统计分析

本节对"北京红黄蓝幼儿园虐童事件"的整体舆情状况及情绪态势进行简要分析。首先,介绍该事件的舆情热度趋势、舆情热词分布及网民的主要观点分布。然后,对该事件中网民的各类型情绪强度及情绪—时间走势进行说明,以明确该事件中公众情绪的整体态势。

4.3.1.1 整体舆情状况

从整体的舆情热度趋势看,该事件从 11 月 22 日发生后,迅速引爆舆情热点,并于 11 月 24 日达到舆论高峰,随后伴随着事件的调查与处理结果的公布,舆情热度逐渐下降直至平息(图 4.1)。具体来看,自 11 月 22 日有网友曝光红黄蓝幼儿园存在虐童行为后,该事件迅速引发舆论关注。11 月 23 日,事件进一步扩散和传播,网传的各种谣言成为网民关注的焦点,激发了大量网民的愤怒与不满。同时,多位娱乐明星微博转发表示对此事件的关注,进一步将该事件推向了舆论高潮。11 月 24 日,有媒体报道红黄蓝教育机构因该事件在美国被起诉,导致股价大跌,公众对该事件的讨论热度达到顶峰。

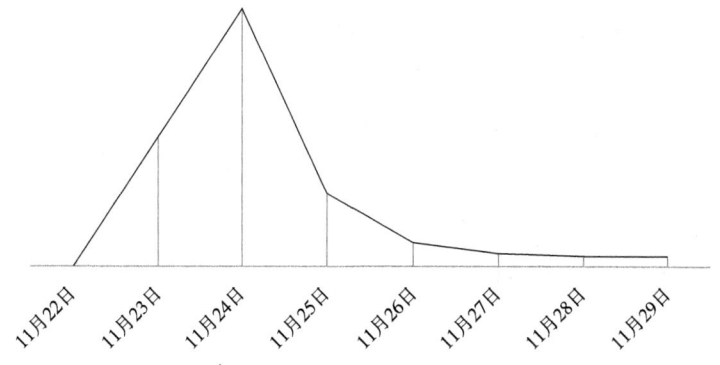

图 4.1 "北京红黄蓝幼儿园虐童事件"舆情趋势①

---

① 鹰眼舆情观察室. 2017 年 11 月社会舆情热点分析[EB/OL].(2017-12-01)[2020-01-10]. https://www.eefung.com/hot-report/20171201104342.

11月25日，朝阳警方公布最新调查结果，已将造谣者依法处理，并且幼儿园涉事教师已被刑拘，随后舆情热度逐渐下降。此后几天内，伴随着警方进一步调查结果的公布和红黄蓝教育机构的公开道歉，舆情逐渐平息。

4.3.1.2 整体情绪状况

从整体公众情绪的强度来看，在此事件中，愤怒（均值 $M=1.48$，标准差 $SD=1.007$）是行动者所表达的最主要的情绪类型，其次是厌恶（$M=1.24$，$SD=0.911$）。这两种情绪包含的内容主要是网民对红黄蓝幼儿园及涉事教师虐待、"猥亵"甚至"性侵"幼儿行为的强烈谴责与声讨。愤怒情绪和厌恶情绪在指向的内容上存在较大的相似性，它们的区别主要在于其激烈性和对抗程度，愤怒更多的是指网民所表达的对抗的、激烈的负面情绪，比如，谩骂、强烈的指责等，微博某用户发帖称："猥亵儿童的人渣请原地爆炸！！！"这类微博采用"人渣""原地爆炸"等较为明显的情绪化语汇，加之句末感叹号的反复使用，从中可以看出博主强烈的愤怒情绪。而厌恶则更多的是指网民的不满、反感、质疑等负面情绪，比如，某用户在转发@中国经营报关于事件进展的报道后评论道："人性到底在哪里？"与直接的谩骂与指责相比，从这种相对温和的质问方式中可以看出博主对此事件的反感。另一用户则发布微博道："三种颜色幼儿园这件事真的恶心到极致了！！！！……"用更加直接的方式表达了博主的厌恶与反感。

恐惧（$M=0.32$，$SD=0.739$）情绪主要来源于网民对虐待、"性侵"儿童这一行为的害怕与担忧，比如，某用户转发一条该事件的新闻消息，并评论道："比电影里面的都可怕……"另有用户发布微博称："太恐怖了，我的两个小宝贝还敢上幼儿园吗？请严惩！"从中可以看出，网民对幼儿园虐待甚至性侵、猥亵儿童这一行为的恐惧，并且将之"移情"于自己的现实生活中，从而加深了对现实生活的不安与担忧。

悲伤（$M=0.31$，$SD=0.634$）情绪则主要指向网民对受害儿童所经受遭遇的悲痛、伤心与同情，比如，某用户发布微博表示："痛心"，另一用户发布微博称："听到这事时很心痛，我们的社会不该容忍这种事，请保护这些孩子们"，直接表达了对涉事儿童的悲伤与同情。

快乐（$M=0.03$，$SD=0.330$）情绪是六种情绪类型中唯一的一种正面情绪，在此事件中，快乐情绪并非是指网民的愉悦、高兴情绪，而是主要来源于网民对某些娱乐明星、大V所发布的言论表示支持、赞同与认可。比如，当某明星发布微博表示对此事件的关注后,粉丝们纷纷表示"一团支持!!!!",也有用户表示:"支持正义,支持正能量,严惩人渣,给受害者交代……"

惊讶($M=0.03$,$SD=0.247$)情绪主要是由于此事件涉及幼儿园教师虐待儿童,甚至有谣言称园方存在对儿童施行集体猥亵和性侵等行为,这突破了公众的基本价值观和道德底线,因而在事件发生之初,有些网民表达了惊讶情绪。比如,某用户在转发@人民日报关于事件进展时评论道:"不敢相信,我的天",也有用户表示"太震惊了!""真的不知道人得畜生到什么地步才能对小孩子下手。是真的怎么都想象不到"。

从时间维度上的情绪演变来看,本书以24小时为单位,以每天"所有微博在该情绪类型上的得分总和/总微博数"来表示每天的情绪强度,绘制该事件中不同类型的情绪在时间维度上的走势图(图4.2)。从图4.2中可以看出,在11月22日晚有家长反映孩子遭受幼儿园教师扎针等虐待后,此事件迅速在网络中发酵、引爆,11月23日,网民的愤怒和厌恶情绪迅速达到高潮。随着事件的发展,政府相关部门进驻幼儿园、警方对该案进行了立案调查,在11月28日警方公布事件调查结果之后,愤怒情绪有所缓解,厌恶情绪有所上升,并于11月30日达到顶点,随后逐渐平息。与此相比,悲伤情绪在事件发生之初较为强烈,随后逐渐减弱并保持平稳,恐惧情绪则贯穿于整个事件过程之中,而快乐和惊讶的情绪始终保持较弱的水平。

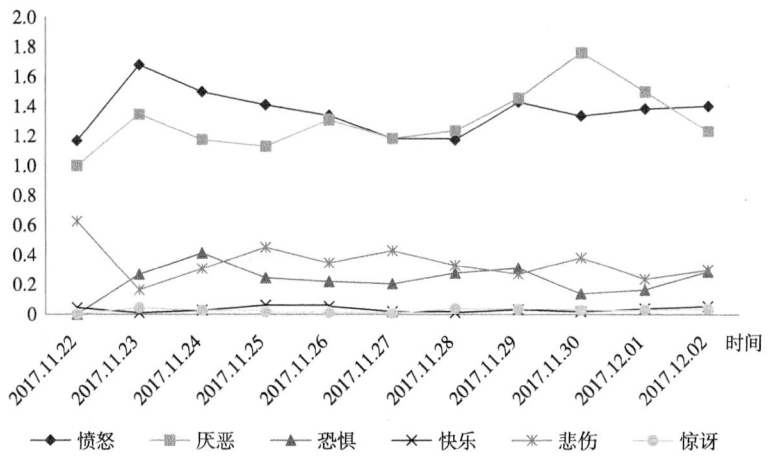

图 4.2　不同类型情绪的时间走势

4.3.2 传播结构：放射状与星点状的网络结构

本部分采用社会网络分析法，分别从整体网视角和子群分析视角探究各情绪类型的传播结构特点。整体网视角主要从情绪传播网络的密度、直径等指标来看各情绪传播网络的结构特点，子群分析视角主要采用 k-核分析透视各情绪类型网络中团聚度最高的小团体结构。

4.3.2.1 情绪传播的整体网络分析

为呈现不同类型情绪在该事件中的传播网络形态，本书采用社会网络分析法，利用 Gephi0.9.2 软件对这一事件中六种情绪类型进行数据分析及可视化（表4.2），网络量度包含节点数、关系数、网络密度（density）、网络直径（diameter）、平均路径长度（average path length）。

表 4.2 各类型情绪的传播网络图

情绪类型	节点数	关系数	网络密度	网络直径	平均路径长度	传播网络图
愤怒	7 266	6 965	0.000 13	26	5.039	
厌恶	6 899	6 604	0.000 14	25	6.405	

续表

情绪类型	节点数	关系数	网络密度	网络直径	平均路径长度	传播网络图
悲伤	2 033	1 902	0.000 46	10	1.907	
恐惧	2 189	1 987	0.000 41	15	2.343	
快乐	121	97	0.006 68	9	2.114	
惊讶	249	206	0.003 34	14	3.524	

从表 4.2 中可以看出，愤怒是该事件中最为强烈的情绪，通过对愤怒情绪的可视化分析，本书得到一个包含 7 266 个节点和 6 965 条边的有向网络图，说明在愤怒情绪的传播中有 7 266 个用户之间产生了 6 965 条微博转发关系。虽然从视觉观察感受看，这一网络较为密集，但因节点众多，按照有向网络的图密度计算公式，该网络的图密度极小，仅为 0.000 13，整体上呈现规模较大、较为离散的结构。这说明愤怒情绪的传播者之间的联系程度很小，关系非常疏远。已有研究也表明，在真实的社会网络图中能够发现的最大密度只有 0.5，密度较大的社会网络在现实社会中比较少见（刘军，2004）。在该网络中可以明显看出存在 1 个点度非常大的节点及 2 个点度较大的节点与其他节点呈放射状联系，说明该网络中节点的度数分布不平均，个别节点在情绪传播网络中占据了优势地位。该网络直径为 26，说明该网络中任意两节点之间的最大短程线距离为 26。网络平均路径长度为 5.039，即说明所有点对之间的最短路径平均相隔 5.039 步，符合六度分隔理论。

厌恶也是该事件中的一种重要情绪，其强度仅次于愤怒。通过可视化分析，本书得到一个由 6 899 个节点和 6 604 条边组成的传播网络，说明在厌恶情绪的传播网络中存在 6 899 个用户产生了 6 604 条转发关系。与愤怒情绪类似，厌恶情绪的传播网络虽然视觉感受比较密集，但由于节点众多，其实际密度仅为 0.000 14，也是一个规模较大、但行动者之间的联系非常稀疏的网络。在该网络中也可以明显看出存在 1 个点度非常大的节点及 2 个点度较大的节点与其他节点呈放射状联系，说明该网络中节点的度数分布不平均，个别节点在情绪传播网络中占据了相对优势地位。该网络直径为 25，说明该网络中任意两个节点之间的最短路径为 25。平均路径长度为 6.405，说明所有存在转发关系的用户之间的最短距离平均为 6.405 步。

悲伤情绪的传播网络共由 2 033 个节点和 1 902 条边组成，说明悲伤情绪的传播中有 2 033 位用户形成了 1 902 条转发关系。该网络直径为 10，说明悲伤情绪的传播中任意两点之间的最短距离为 10；平均路径长度为 1.907，说明所有存在转发关系的成对行动者之间的距离平均为 1.907 步。与愤怒、厌恶情绪相比，该网络密度有所增加，为 0.000 46，但总体来看仍然属于行动者之间联系较为稀疏的水平。在该网络中存在 1 个点度最大的节点与其他节点呈放射状分布，说明该节点在情绪传播中居于中心地位。

在恐惧情绪的传播网络中，共存在 2 189 个节点和 1 987 条边，说明在这一网络中有 2 189 位行动者形成了 1 987 条转发关系。网络直径为 15，说明任意两位行动者之间的最短路径为 15。平均路径长度为 2.343，意味着所有成对节点之间的平均距离为 2.343 步。网络整体密度为 0.000 41，整体属于规模较大、行动者之间联系较为稀疏的传播结构。在该网络中存在三个节点的度数与其他节点相比明显偏大，呈放射状分布，而另外大部分的节点则度数很小，说明在该情绪传播的网络中也存在权力不平均的现象。

快乐情绪的传播网络共由 121 个节点和 97 条边构成，说明共有 121 位行动者形成了 97 条转发关系。网络直径为 9，说明该网络中任意两位用户之间的最短距离为 9。平均路径长度为 2.114，说明所有成对行动者之间的平均距离为 2.114 步。网络密度为 0.006 68，与愤怒、厌恶、悲伤、恐惧情绪相比，该网络的密度明显增大，说明快乐情绪传播网络的行动者之间联系相对较为密切。与之前几类情绪不同，快乐情绪的传播整体上呈现比较平均的状态，基本呈星点状分布，说明整个网络中节点的活跃度相差不大。

在惊讶情绪的传播网络中，共存在 249 个节点和 206 条边，说明共有 249 位行动者形成了 206 条转发关系。网络直径为 14，说明任意两位行动者之间的最短距离为 14。平均路径长度为 3.524，说明所有成对行动者之间平均相距 3.524 步。网络密度为 0.003 34，与愤怒、厌恶、悲伤、恐惧情绪相比，该网络的密度也相对较大，说明行动者之间的联系相对较为紧密。与快乐情绪相似，该网络中各节点的度数分布也相对较为平均，基本呈星点状分布结构。

整体来看，愤怒和厌恶情绪的传播网络规模最大，行动者之间的联系最疏离，说明这两种情绪在该事件中的传播范围最广、影响最大。这与学者（Fan、Xu and Zhao，2018）的研究结果具有一定的一致性，愤怒情绪在传播过程中可以在弱关系中传播，并且在负面社会事件中的影响力较大，容易占据整个网络。悲伤和恐惧情绪在传播网络规模和网络密度上次之，这与前文所述这两类情绪在整体强度上的结果也比较一致，说明悲伤和恐惧情绪属于该事件中在传播范围和影响力上居中的两类情绪。以上四类情绪（愤怒、厌恶、悲伤、恐惧）从网络形态上来看都存在明显的放射状分布，说明网络中存在个别关键节点，在情绪的传播中起到了重要作用。相较而言，快乐和惊讶情绪的传播网络规模最小，行动者之间的联系相对紧密。这是由于这两类情绪在整个事件中相对比较弱，并非是该事件中的主要情绪，因此传播范围比较小，各节点之间的距离较短，网络密度相对较大。这两类情绪在网络形态上的分布也相对比较平均，大致呈现星点状的网络结构。该事件中放射状与星点状的情绪传播网络背后的节点结构则需通过接下来的子群分析进一步探究。

4.3.2.2 情绪传播网络的子群分析

小团体（subgroup），也称团聚性子群，是指一个社会网络中的某一小部分人之间的关系特别紧密，因而构成一个次级群体（罗家德，2005）。瓦瑟曼和浮士德指出，团聚性子群（小团体）"是这样一些行动者的子集，他们之间具有相对较强的、直接的、高度的、经常的或积极的联系"（Wasserman and Faust, 1994）。在社会网络分析中，存在多种考察团聚子群时的概念化处理方法，比如，从关系的互惠性考察网络中各成员是否存在相互"选择"的关系，从子群成员的可达性考察各成员之间是否可以达到，从关系的频次考察子群成员与其他成员之间存在的关系数等（刘军，2004）。其中，塞德曼（Seidman）提出的"k-核"分析运用最小度标准确定团聚度高和低的子群，是对网络密度测量的一个重要补充，能够识别出整个网络中团聚度相对较高的次团体（林聚任，2009）。其中，一个 k 核即是一个网络中的最大子图，其中的每个节点都至少与其他 k 个节点邻接，即 k 核中的所有点的度数都至少为 k。

为了能够更清楚地看出不同情绪的传播结构，本书对各类型情绪的传播网络进行了 k-核分析，以透视不同情绪传播网络中存在的子群成分（表4.3），表中，节点大小及颜色深浅表示该节点的度（degree），度越高，节点越大、颜色越深。

表4.3 各类型情绪传播网络的 k-核成分图[①]

愤怒（3-核）	厌恶（3-核）

[①] 为保护个人用户隐私，图中均不显示节点标签。

续表

悲伤（3-核）	恐惧（3-核）

快乐（2-核）	惊讶（2-核）

在愤怒情绪传播网络中，团聚度最高的子群为一个3-核结构网络。该子群是由127个节点（占总节点数的1.75%）和236条边（占总关系数的3.39%）构成的。从表中网络结构及后台用户标签可以看出，该子群是以@人民日报、@凤凰周刊、@头条新闻等媒体机构和娱乐明星为核心而构成的。其中，以@人民日报和某娱乐明星为核心，明显呈现两个放射状的子群结构，说明这两个用户在愤怒情绪的传播网络中最为关键。

在厌恶情绪传播网络中，团聚度最高的子群为一个3-核子群，该子群由129个节点（占总节点数的1.87%）和238条边（占总关系数的3.6%）组成。在该图中，节点度最大的是@人民日报、@凤凰周刊、@头条新闻及某些名人明星等媒体机构和微博大V，这些节点的度数均超过100，说明这些用户在厌恶的传播链条中最为活跃，处于整个传播网络中的中心位置，而其他大多数用户则处于相对边缘的区域。与愤怒情绪类似，厌恶情绪也存在以@人民日报和某娱乐明星为核心的两个放射状的子群结构，说明这两个用户在厌恶情绪的传播上居于核心地位。

悲伤情绪传播网络中存在一个3-核子群。这一子群是由27个节点（占总节点数的1.33%）和45条边（占总关系数的2.37%）构成的。其中，以@人民日报为核心的放射状子群结构依然存在。与愤怒、厌恶情绪不同的是，在这一子群中，除了@人民日报是媒体机构，节点度数较大之外，其余节点度数均较小，并且多体现于娱乐明星及其粉丝之间。这说明，除了媒体机构与娱乐明星外，明星的粉丝群体也成为悲伤情绪传播中的活跃行动者。

在恐惧情绪传播结构内部，存在的最高团聚子群为一个3-核子群，这一子群由31个节点（占总节点数的1.42%）和60条边（占总关系数的3.02%）构成。从图中可以看出，这一子群也是由以@人民日报和某明星为核心而形成的两个放射状结构组成的。

在快乐情绪的传播网络中，团聚度最高的子群为一个2-核子群，该子群是由4个节点（占总节点数的3.31%）和4条边（占总关系数的4.12%）构成的。从图中可以看出，与其他情绪类型不同的是，快乐情绪的传播网络中，凝聚度较高的子群成员大部分是普通个人用户，而非媒介机构或娱乐明星。其中，点度最高的一名用户是个人认证用户，其身份为娱乐博主、某明星新浪微博超话①粉丝大咖。这是由于快乐情绪的传播大多来自作为普通用户的明星粉丝对偶像所发表言论的赞许和支持，因此快乐情绪大多在普通用户之间进行传播，在网络形态上也呈现相对比较零散的星点状分布。

在惊讶情绪的传播网络中，团聚度最高的子群为一个2-核子群，该子群由19个行动者（占总节点数的7.63%）和20条边（占总关系数的9.71%）构成。具体来看，这一子群中的活跃用户（节点度较高的用户）为两个微博大V：其中一位的微博认证身份为"知名情感博主、头条文章作者"，在新浪微博中拥有超过100万名粉丝；而另一位的微博认证身份为"动漫资讯博主、知名娱乐博主"，在新浪微博中拥有约176万名粉丝。这两位博主在这一子群中处于中心位置（节点度均为7），其次是一些微博上的草根大V及个别媒体机构。可见，在惊讶情绪的传播中是微博大V占据核心地位。在网络形态上也呈现出相对散落的星点状分布。

---

① "超话"，网络流行词，是新浪微博推出的一项功能，拥有共同兴趣的人集合在一起形成的圈子，大多以明星偶像为主，粉丝可与明星偶像进行沟通。这项功能旨在加强明星与粉丝间的沟通和互动。

整体来看，愤怒、厌恶和恐惧情绪传播网络中团聚度较高的子群是以某媒体机构和某娱乐明星为核心形成的放射状结构，悲伤情绪传播网络中团聚度较高的子群主要是以某媒体机构为核心的放射状结构，而快乐和惊讶情绪的传播网络子群则主要以草根微博大V和普通用户为主的星点状结构。由此可以看出，在此事件中传播范围较广、影响力较大的各主要情绪类型的传播网络中是以著名媒体机构和名人明星为中心而形成了联系较为紧密的次团体，这与媒体机构与名人明星对其受众和粉丝强大的影响力和号召力也比较一致。借助媒体机构与名人明星强大的情绪传播能量，该事件中的主要情绪类型（愤怒、厌恶、悲伤、恐惧）以此为中心而在网络形态上呈现比较明显的"放射状"分布。此事件中传播范围较小的快乐和惊讶情绪则主要传播于草根大V和普通用户之间，这是由于与媒体机构与名人明星相比，这类用户的影响力和号召力相对较弱，虽然在行动者活跃度上也存在一定差异，但在网络形态上仍呈现出相对比较平均而零散的"星点状"分布。

4.3.3 关键节点：作为"源头"的媒体与作为"枢纽"的大V

本节内容主要通过社会网络分析中的节点中心度测量，找到不同类型情绪传播网络中的关键节点。正如前文所述，本书将关键节点分为两类：一类是具有较强的"情绪吸引力"的用户，主要是指在网络舆情事件中能够引发其他网民进行情绪表达的重要节点，在实际测量中以节点的外向中心度为指标；另一类是具有较强"情绪凝聚力"的用户，主要是指在其他节点的情绪传播链条中扮演桥梁作用的重要节点，在实际测量中以节点的中介中心度为指标。

4.3.3.1 外向中心度——媒体机构是传播网络中的"情绪源头"

在一个有向的社会网络中，外向中心度（out-degree）是一个节点对外关系数量的总和。在本案例中，外向中心度是指用户所发布的微博内容被其他用户转发的次数，数值越高，意味着该节点的微博在情绪传播过程中会更多地被其他用户所转发，也就是说这些用户在引发其他用户的情绪表达方面吸引力更强。

本书通过对六种情绪类型的节点中心度进行统计，得到每种情绪类型中外向中心度最高的10位用户及其身份信息。表4.4记录了六种类型情绪传播网络中，外向中心度分别最高的10位用户的身份统计信息，表格中的数字代表该类型用户出现的次数。整体来看，在六种情绪类型的外向中心度排名中，媒体机构类用户共出现28人次（占总人次的46.67%），草根大V类用户共出现14人次（占总人次的23.33%），名人明星类用户共出现13人次（占总人次的21.67%），普通用户共出现5人次（占总人次的8.33%）。由此可见，在该事件中，媒体机构类用户在引发网民情绪表达方面的能力最强，其次是微博中的草根大V和名人明星，普通用户在引发网民情绪方面能力最弱。

表4.4　各类型情绪外向中心度最高的10位用户身份统计

情绪类型	用户身份			
	新闻媒体	名人明星	草根大V	普通用户
愤怒	6	2	1	1
厌恶	6	3	0	1
悲伤	5	3	1	1
恐惧	5	2	3	0
快乐	3	3	2	2
惊讶	3	0	7	0
总计	28（46.67%）	13（21.67%）	14（23.33%）	5（8.33%）

注：括号中的数字代表该类型用户占总用户数的百分比。

根据不同类型情绪外向中心度最高的10位行动者信息，本书对各情绪类型传播网络中的关键节点分析如下。

在愤怒、厌恶、悲伤、恐惧情绪的传播网络中，媒体机构类用户成为网民情绪的最主要来源。这类用户所发布的微博内容往往是关于该事件的新闻报道，本身不具有博主的主观情绪。但其之所以能够成为网民负面情绪的主要来源，原因主要有以下三个方面。

首先，由于媒体机构在这样的热点事件中往往承担着重要的信息发布功能，公众在事件发生后倾向于从媒体机构获取关于事件的最新进展，因而会在转发此类事实报道的过程中进行观点的表达和情绪的抒发。其次，由于该事件本身所具有的负面性质，在新闻报道中所提及的某些情节，比如，事件中的"虐童""扎针喂药"等情节具有强烈的负面性质，突破了公众的道德底线，造成了强烈的道德冲击，公众在浏览了这些新闻报道之后很容易引出自己的情绪化表达。例如，某用户转发@人民日报的一则微博时评论道："三色你大爷的！！那些不是人的东西自述是老师的，内心问候你们上下十八辈祖宗！！不得好死！"在这条转发微博中，@人民日报作为一家媒体机构，所发布的微博内容并非具有其主观情绪，只是关于事件最新进展的客观报道，但由于事件本身具有强烈的负面性，公众在读到与此事件相关的信息后很容易引发出激烈的情绪化表达，甚至通过谩骂、网络暴力等形式进行情绪的宣泄。如此一来，使得媒体机构的报道成为公众发表愤怒和厌恶等情绪的主要来源。最后，媒体机构类用户本身拥有的海量粉丝数使得其内容在整个传播场域中的可见度更高，更容易被行动者看见并通过转发、评论等形式参与其二次传播。在这四类情绪的传播网络中，微博用户@人民日报以其庞大的粉丝量、权威的可信度而成为情绪传播网络中信息的最核心来源。

快乐情绪在此事件中主要是指公众的赞同、支持与认可。与上述四种情绪类型不同的是，快乐情绪传播外向中心度最高的用户中，除了@人民日报@澎湃新闻等媒体机构类用户外，名人明星也成为此类情绪的主要来源。这说明，此事件中快乐情绪的传播主要是依靠名人明星与粉丝之间的话语互动。这种互动主要由两方面构成：一是明星采用特定的口吻和叙事方式发布的微博内容具有较强的感染力和号召力；二是明星的粉丝与支持者通过转发、评论等形式发布的支持性的回应内容也强化了情绪在网络空间中的流动与循环。

具体来看，首先，明星通过采用容易引起网民情感共鸣的表达方式，呼吁普通网民对此事件的关注。例如，某明星发布微博称"这件事情绝对不能够让它没有一个结果和交代"，通过双重否定的句式来强化语气，表达自己对此事件坚定的态度。另一明星发布微博称："为了保护孩子，我们要了解真相！"以此表达自己要求调查事实真相的强烈诉求，并通过感叹号强化了情绪表达。而某名人则采用一种语气平和却充满力量的方式表达了自己对事件发生后第一个发声的媒体——新京报的尊敬与赞赏："在红黄蓝事件中，我觉得第一个发声的新京报是特别值得我尊敬的媒体。我一直觉得，这个时候揭开盖子，促进真相大白，促进整个幼教行业的规范，是最大的大局观。那第一个发声的压力可想而知，而这，就是这个职业的尊严。"这样看似平淡语气的表达却充满着震撼人心的力量，不仅表达了自己对此事件的关注，而且由此延伸至对媒体机构甚至整个行业在社会中重要作用的尊敬与赞赏，因而获得了大量网民的支持与转发。

其次，借助强大的"明星效应"。名人明星发布的微博内容很容易得到大量粉丝的转发与支持，从而形成情绪的呼应与流动，例如，某普通用户转发某明星的微博称："支持！支持！支持！支持！支持！支持！支持！……"另一用户转发某名人的微博称"为有良知的媒体点赞［good］［good］［good］"。粉丝的转发与支持既是对明星微博内容的情感回应，同时，大量的转发、评论、点赞也提高了明星微博内容的可见度，容易吸引更多普通网民的关注和参与。因此，粉丝群体对明星微博内容的回应自下而上地强化了明星自上而下的叙事，有力地促成一种充满激情与号召力的氛围，而这种积极情绪的循环氛围被认为是有利于促进行动的动员参与的（Klandermans，1984；Klandermans and Oegema，1987）。

在惊讶情绪的传播中，外向中心度最高的是草根微博大V，说明草根微博大V发布的微博内容最容易引发网民的惊讶情绪。从已有的数据来看，网民的惊讶情绪主要来源于对事件情节的震惊。由于此事件涉及"性侵"甚至"猥亵"幼儿，这与公众普遍认知的幼儿园机构应给与幼儿基本的安全健康保障形成了巨大的反差，大大突破了社会基本价值观和道德底线。因此，许多网民在微博中通过疑问或感叹的语气表示该事件出人意料、令人震惊。

基于以上分析我们可以看出，不同情绪类型传播网络中，具有高情绪吸引力的关键节点的类型也各有差异。愤怒、厌恶、悲伤、恐惧情绪的传播中，情绪吸引力最强的是新闻媒体；在快乐情绪的传播中，名人明星的情绪吸引力也较为强烈，而在惊讶情绪中，草根大V的情绪吸引力则更强。虽然各情绪类型的关键节点存在一定差异，但从综合各类型情绪传播网络的整体情况来看，新闻媒体类用户仍是情绪传播网络中最重要的"情绪源头"。在网络舆情事件中，新闻媒体类机构作为网民获取事件相关信息的主要信源，凭借其庞大的粉丝量和无可比拟的权威性，因而在网络空间中的可见度和可信度更高。已有研究表明，在社交媒体中，用户的机构身份会抑制其情绪表达（陈安繁等，2019）。本书的研究发现与此具有一定的一致性，认为虽然媒体机构发布的微博内容本身大多为事实类的进展报道，并不包含博主的主观情绪，但因舆情事件本身所具有的负面特征，故而容易导致网民在转发其事实类信息时伴随着强烈的情绪表达，从而使媒体机构类用户成为该事件中网民情绪的主要来源。

4.3.3.2 中介中心度——草根大V是传播网络中的"情绪枢纽"

本书的"情绪凝聚力"是指用户在不同的网民群体的情绪表达中起到联结与桥梁的作用,将整个网民群体联系在一起的能力,在实际测量中以节点的中介中心度为指标。中介中心度描述了节点对其他节点之间的影响程度,数值越高,说明整个传播网络对该节点的依赖程度越强,也就是说,这些节点在凝聚和把控整个情绪传播网络中起到了关键作用。

本书通过对六种情绪类型的节点中心度的统计,得到每种情绪类型中中介中心度最高的10位用户及其身份信息。表4.5记录了六种类型情绪传播中中介中心度最高的10位用户的身份统计,表格中的数字代表该类型用户出现的次数。整体来看,在六种类型情绪传播节点中中介中心度最高的用户中,微博中的草根大V出现的次数最多,共计38人次(占总人次的63.33%),其次是普通用户(14人次,占比23.33%)和名人明星(6人次,占比10%),新闻媒体出现的次数最少(2人次,占比3.34%)。由此可见,在联结整个情绪传播网络的资源把控力上,草根微博大V的情绪凝聚力最强,其次是普通用户和名人明星,而新闻媒体在情绪凝聚力方面则最弱。这说明,与其他类型的用户相比,草根大V在联系不同群体之间的情绪传播中起到了关键的"桥梁"作用,使得整个情绪的传播构成一个完整的网络。

表4.5 各类型情绪中介中心度最高的10位用户身份统计

情绪类型	用户身份			
	新闻媒体	名人明星	草根大V	普通用户
愤怒	1	0	8	1
厌恶	0	0	7	3
悲伤	1	4	3	2
恐惧	0	1	7	2
快乐	0	1	4	5
惊讶	0	0	9	1
总计	2(3.34%)	6(10%)	38(63.33%)	14(23.33%)

注:括号中的数字代表该类型用户占总用户数的百分比。

根据各类型情绪中介中心度最高的10位行动者的信息,本书对各情绪类型传播网络中的关键节点分析如下。

在愤怒、厌恶、恐惧、惊讶情绪的传播中，草根大 V 占据了中介中心度最高用户的绝大部分，说明草根大 V 在联系这些类型情绪的传播过程中起到了关键的"桥梁"作用。通过对微博内容的文本分析，我们发现，草根大 V 之所以能够拥有强大的情绪凝聚力，主要由于以下两个原因：第一，与新闻媒体类用户和名人明星用户相比，草根大 V 的微博表达更具煽情色彩，容易引起网民的情感认同；第二，与普通用户相比，草根大 V 来源于普通大众，但又具有一定的特殊性，他们往往是某个特殊领域的"专家"，拥有庞大的粉丝群和较强的影响力，在联系网民群体方面具有一定的领域优势。

具体而言，一方面，与新闻媒体类用户和名人明星用户相比，草根大 V 在微博的表达中更加情绪化、更"接地气"。在此事件中，新闻媒体机构的微博内容大多是对事件进展的事实报道以及对事件发出的评论，情绪化的表达相对较少。名人明星大多是基于事件号召网民的关注，这种情感认同是基于粉丝对明星的偶像崇拜而产生的。而草根大 V 与此不同，他们在这些事实类信息的基础上，大多进行直接而强烈的情绪表达。例如，媒体@凤凰周刊发布了一条关于对当事者家长采访的视频微博，本身并不具有明显的情绪倾向。而经过某些大 V 博主的转发评论，强调了事件中关于虐待幼儿的一些令人发指的具体情节后，其他大 V 相继转发，对事件发表了直接而强烈的情绪态度。其中，这些转发环节中的用户身份均为个人认证用户，粉丝量从 100 万至 900 万不等。他们通过激烈的语言、感叹号与表情符的运用，发表的诸如"人渣！""死刑！""全部凌迟处死［怒］"等情绪化表达，很容易引发公众的情感共鸣，从而使公众转发、评论该微博内容，形成二次甚至多次传播，使得情绪在网络空间中蔓延和流动。

另一方面，与普通用户相比，微博大 V 往往是各自领域内的"专家"，凭借其在特定领域内庞大的粉丝群和影响力，他们更容易在情绪的传播中获得资源优势。从这些账号的身份简介信息可以看出，这些微博大 V 大多来自幽默搞笑、游戏、动漫、情感、互联网等领域，他们在各自独立的领域中拥有较强的号召力，相当于各自领域内的"意见领袖"。情绪经由这些微博大 V 的强化和扩大，更容易在其所连接的关注者当中获得情感认同。

此外，在悲伤情绪的传播中，名人明星类用户在中介中心度排名中占据的比例最大。这说明，明星在悲伤情绪的传播中起到了关键性的中介作用，这种中介作用是基于明星与粉丝之间本身所具有的情感纽带，明星与其粉丝中的大咖进行话语互动，通过采用富有情感和号召力的叙述方式在其粉丝群体中引发情感共鸣，从而进行情绪的传播。例如，某明星转发了@人民日报的"人民微评"，采用祈使句的语气，向公众发出"救救孩子"的呼喊。这种号召很容易使网民产生"情境代入"而对受害儿童产生同情和悲悯。而后通过其粉丝团等其他粉丝用户转发与评论，从而使得悲伤和同情在个体间实现流动和传播。

基于以上分析我们可以看出，在悲伤情绪的传播中，名人明星借助其与粉丝之间的情感互动而具有较强的情绪凝聚力。但从各类型情绪传播网络的整体来看，草根大V用户仍是主要的中介中心度最高的用户。已有研究表明，与机构认证类用户相比，个人认证类用户在社交网络中更倾向于表达负面情绪，并且倾向于采用相对消极而夸张的修辞表达，在情绪的表达上强度也更大（陈安繁等，2019）。本书的研究发现与此研究具有一定的一致性，作者认为，在网络舆情事件中，大V通过更加直接而煽情化的情绪表达及自身在特定领域内的影响力，拥有较强的情绪传播能力，在情绪传播的网络中起到了中介和桥梁作用。

整体来看，在"情绪吸引力"方面，新闻媒体类用户作为"红黄蓝幼儿园虐童事件"中主要的事实类信息提供者，其本身的表达虽不具有明显的主观情绪，但由于事件本身的负面性质，加之新闻媒体依托海量粉丝在微博空间中具备的强大传播力，因而成为该事件中网民情绪的最主要来源。换句话说，新闻媒体类用户主要负责提供事实，由事实引发公众的情绪表达（图4.3）。

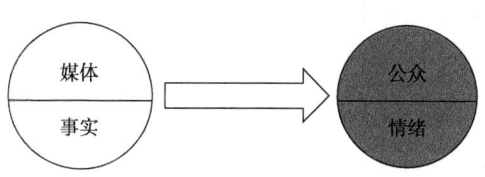

图4.3 媒体与公众的情绪传播模式

在"情绪凝聚力"方面，草根微博大V在事实类信息的基础上，通过直接而强烈的情绪表达，加之其在特定领域内拥有的资源优势而具备一定的影响力，因而容易引起网民的情感共鸣，从而成为情绪传播网络中联结不同子群之间关键的"情绪枢纽"。换句话说,草根微博大 V 主要负责提供观点和情绪,通过获得观点和情绪的认同,在不同的小团体之间起到中介和桥梁作用(图 4.4)。

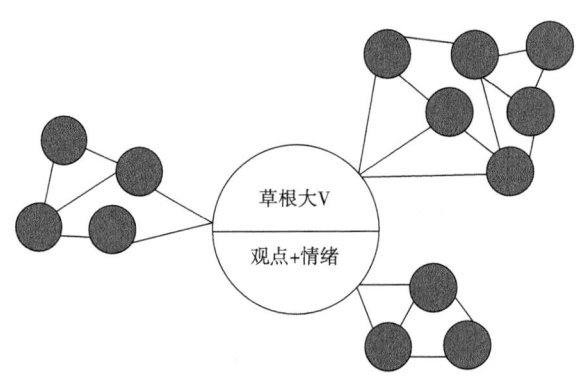

图 4.4　微博草根大 V 与公众的情绪传播模式

4.3.4　关键节点的影响因素:个体特征与媒介使用

本部分内容主要着眼于情绪传播网络中的关键节点,将社会网络分析中所获得的节点中心度与用户自身的特征属性相结合,采用多元回归分析,探测微博用户的个人特征如何影响其情绪传播能力。

4.3.4.1　情绪吸引力

通过多元回归分析,本书得到了六种情绪类型中传播节点的情绪吸引力与个人特征之间的关系。从表 4.6 中可以看出,在性别方面,愤怒(Beta = 0.022)和恐惧(Beta = 0.050)情绪的传播中,与女性相比,男性用户的外向中心度更高;在厌恶、悲伤、快乐和惊讶情绪的传播中,性别对节点外向中心度的影响不显著。这说明在愤怒和恐惧情绪的传播中,男性用户相比于女性用户的情绪吸引力更高,因此,假设 1a 得到了部分验证。

社交媒体使用程度方面,在用户关注数上,六种类型的情绪传播网络中用户关注数对其外向中心度的影响均不显著,说明用户的关注数对其情绪吸引力没有显著影响,因此,拒绝假设 2a。在用户粉丝数上,愤怒(Beta = 0.351)、厌恶(Beta = 0.369)、悲伤(Beta = 0.365)、恐惧(Beta = 0.325)、惊讶(Beta = 0.208)情绪的传播网络中,粉丝数均对节点的外向中心度具有显著的正向影响,说明用户粉丝数能够正向预测其情绪吸引力。而在快乐情绪的传播网络中，粉丝数对节点的外向中心度的影响则不显著。由此说明，在愤怒、厌恶、悲伤、恐惧、惊讶情绪传播中，用户的粉丝数对其情绪吸引力具有显著的正向预测作用，因此，假设3a得到了部分验证。在用户的发博量上，愤怒（Beta=0.044）、厌恶（Beta=0.030）、悲伤（Beta=0.054）情绪的传播中，用户的微博数对其外向中心度有显著的正向影响，说明微博数多的用户其外向中心度也更高，而在恐惧、快乐和惊讶情绪的传播中，微博数则对外向中心度没有显著影响。由此说明，在愤怒、厌恶、悲伤情绪中，用户的微博数对其情绪吸引力具有正向的预测作用，因此，假设4a得到了部分验证。

用户身份方面，机构认证类用户在六种类型的情绪传播网络中（愤怒Beta=0.073，厌恶Beta=0.045，悲伤Beta=0.047，恐惧Beta=0.094，快乐Beta=0.345，惊讶Beta=0.312）均对节点的外向中心度具有显著的正向影响。这说明，与普通用户相比，机构认证类用户在所有类型的情绪传播中皆拥有更高的情绪吸引力。因此，假设5a得到了验证。

表4.6 节点外向中心度回归系数

	愤怒	厌恶	悲伤	恐惧	快乐	惊讶
性别	0.022*	0.021	0.027	0.050**	−0.138	0.064
	(1.679)	(1.474)	(1.098)	(2.054)	(−1.348)	(0.975)
关注数	0.022	0.019	0.017	0.006	0.076	0.005
	(1.613)	(1.331)	(0.667)	(0.243)	(0.746)	(0.071)
粉丝数	0.351***	0.369***	0.365***	0.325***	0.059	0.208**
	(26.186)	(25.548)	(14.342)	(12.921)	(0.558)	(2.286)
微博数	0.044***	0.030**	0.054**	−0.008	−0.011	−0.053
	(3.140)	(2.023)	(1.989)	(−0.306)	(−0.094)	(−0.566)
个人认证	−0.013	−0.015	0.017	0.037	0.362***	0.350***
	(−0.951)	(−1.031)	(0.666)	(1.481)	(3.416)	(4.914)
机构认证	0.073***	0.045***	0.047*	0.094***	0.345***	0.312***
	(5.269)	(3.001)	(1.699)	(3.570)	(2.930)	(3.190)

续表

	愤怒	厌恶	悲伤	恐惧	快乐	惊讶
F	$F_{(6, 5256)}=156.977***$	$F_{(6, 4617)}=142.383***$	$F_{(6, 1483)}=49.701***$	$F_{(6, 1564)}=43.927***$	$F_{(6, 88)}=3.741***$	$F_{(6, 180)}=10.619***$
R^2	0.152	0.156	0.167	0.144	0.203	0.261

注：1. 因自变量中粉丝数和微博数的数量级与因变量数量级相差较大，故本书采用标准化系数比较自变量的相对影响。

2. 括号内数值表示自变量的 t 值。

3. *为 $p<0.1$，**为 $p<0.05$，***为 $p<0.01$。

整体而言，与普通用户相比，机构认证类用户拥有更强的情绪吸引力。在部分情绪类型的传播中，与女性相比，男性的情绪吸引力更强，并且，拥有的粉丝数越多、发布微博的数量越大，则其情绪的吸引力也越强。

4.3.4.2 情绪凝聚力

通过多元回归分析，本书得到了六种类型情绪传播过程中节点的情绪凝聚力与个人特征及微博使用程度之间的关系。从表 4.7 可以看出，在用户性别方面，愤怒（Beta=0.035）、厌恶（Beta=0.032）、恐惧（Beta=0.076）情绪的传播中，与女性用户相比，男性用户的中介中心度显著更高；在悲伤、快乐和惊讶情绪的传播网络中，性别对节点中介中心度的影响则不显著。由此说明，在愤怒、厌恶和恐惧情绪的传播中，男性用户的情绪凝聚力较女性用户更强，因此，假设 1b 得到了部分验证。

社交媒体的使用程度方面，在用户的关注数上，愤怒（Beta=0.072）和厌恶（Beta=0.089）情绪传播中，关注数对节点的中介中心度产生了显著的正向影响，说明用户的关注数能够正向预测其情绪凝聚力；悲伤（Beta=−0.071）情绪的传播中，关注数则对节点的中介中心度产生负向影响，说明关注数能够负向预测其情绪凝聚力；在恐惧、快乐和惊讶情绪中，关注数则对中介中心度无显著影响。由此可以看出，用户的关注数对其情绪凝聚力在不同类型的情绪中既存在正向影响，也存在负向影响或无显著影响，因此，假设 2b 只得到部分验证。在用户的粉丝数上，在悲伤（Beta=0.264）和恐惧（Beta=0.071）情绪中，用户粉丝数对节点的中介中心度均有显著的正向影响，说明粉丝数能够正向预测其情绪凝聚力；在愤怒、厌恶、快乐和惊讶情绪传播中，粉丝数则对节点的中介中心度无显著影响。说明在悲伤和恐惧的情绪传播中，用户的粉丝数对其情绪凝聚力具有正向影响，因此，假设3b得到部分验证。在用户微博数中，愤怒（Beta＝0.066）、厌恶（Beta＝0.060）、悲伤（Beta＝0.221）、快乐（Beta＝0.429）情绪的传播网络中，微博数对节点的中介中心度具有显著的正向影响，说明微博数能够正向预测其情绪凝聚力；在恐惧和惊讶情绪传播中，微博数则对节点中介中心度无显著影响。说明在愤怒、厌恶、悲伤、快乐情绪的传播中，用户的微博数对其情绪凝聚力具有正向影响，因此，假设4b得到部分验证。

在用户身份方面，与普通用户相比，个人认证用户在愤怒（Beta＝0.084）、厌恶（Beta＝0.065）、悲伤（Beta＝0.070）、恐惧（Beta＝0.134）、惊讶（Beta＝0.297）情绪的传播中都具有更高的节点中介中心度；在快乐情绪的传播中，个人认证用户则对中介中心度无显著影响。因此，假设5b得到部分验证。

表4.7 节点中介中心度回归系数

	愤怒	厌恶	悲伤	恐惧	快乐	惊讶
性别	0.035**	0.032**	−0.024	0.076***	0.111	0.002
	(2.452)	(2.116)	(−0.976)	(2.938)	(1.066)	(0.027)
关注数	0.072***	0.089***	−0.071***	0.026	0.005	−0.053
	(4.978)	(5.721)	(−2.695)	(1.000)	(0.050)	(−0.652)
粉丝数	0.020	0.010	0.264***	0.071***	−0.108	0.007
	(1.407)	(0.656)	(10.185)	(2.656)	(−1.003)	(0.073)
微博数	0.066***	0.060***	0.221***	0.007	0.429***	−0.014
	(4.404)	(3.796)	(7.922)	(0.273)	(3.780)	(−0.131)
个人认证	0.084***	0.065***	0.070***	0.134***	0.094	0.297***
	(5.779)	(4.152)	(2.707)	(5.038)	(0.877)	(3.747)
机构认证	−0.032**	−0.034**	−0.066**	−0.057**	−0.217	−0.004
	(−2.166)	(−2.100)	(−2.369)	(−2.035)	(−1.815)	(−0.039)

续表

	愤怒	厌恶	悲伤	恐惧	快乐	惊讶
F	$F_{(6, 5256)} = 25.147^{***}$	$F_{(6, 4617)} = 19.542^{***}$	$F_{(6, 1483)} = 38.450^{***}$	$F_{(6, 1564)} = 11.154^{***}$	$F_{(6, 88)} = 3.276^{***}$	$F_{(6, 180)} = 2.726^{**}$
R^2	0.028	0.025	0.135	0.041	0.183	0.083

注：1. 因自变量中粉丝数和微博数的数量级与因变量数量级相差较大，故本书采用标准化系数比较自变量的相对影响。

2. 括号内数值表示自变量的 t 值。

3. *为 $p<0.1$，* *为 $p<0.05$，* * *为 $p<0.01$。

整体来看，男性用户及个人认证类用户在部分情绪类型中的情绪凝聚力方面更强，用户的社交媒体使用程度，即关注数、粉丝数、微博数在部分情绪类型中对其情绪凝聚力都有不同程度的正向影响。

综合本节对情绪传播网络中关键节点的影响因素分析看，用户的个人特征与其在社交媒体中情绪传播能力具有密切的相关性。

在情绪吸引力方面，具有大量粉丝、发布微博数量大的男性用户以及机构类认证用户更能引发网民的情绪表达。具体而言，性别对于情绪传播中节点的外向中心度具有一定的正向影响，也就是说，与女性用户相比，男性用户的情绪吸引力更强，更容易引发网民的愤怒和恐惧情绪。在社交媒体使用程度上，用户关注数对节点的外向中心度无显著影响，而粉丝数和微博数对外向中心度产生一定的正向影响。这说明，微博中粉丝量大且发博量大的活跃用户更容易引发网民的情绪表达。已有研究表明，在社交媒体中粉丝数多的账号在社交网络中更容易受到关注，属于网络中更大的节点，在公共事件中更倾向于利用情感和公共利益诉求来动员行动者参与（卢嘉等，2017）。霍弗和奥贝特（Hofer、Aubert，2013）的研究表明，社交媒体的使用决定了人们对在线跨越型社会资本（online bridging social capital）的感知，具体来看，粉丝数对在线跨越型社会资本具有预测作用，能够加强集体团结。本书与上述研究结论具有一定的一致性，表明在社交网络中，拥有较多粉丝并且发博量较大的活跃用户不仅在网络中拥有更高的可见度和更多的社会资本，并且在情绪的传播中同样拥有更大的情绪能量和更强的情绪吸引力。在用户身份上，与普通用户相比，机构认证用户在各种类型情绪的传播中都具有更强的情绪吸引力。

在情绪凝聚力方面，微博使用程度高的男性个人认证用户在情绪传播网络中具有更强的资源控制能力，具有重要的沟通桥梁作用。具体而言，性别对于情绪传播中节点的中介中心度具有一定的正向影响。也就是说，与女性用户相比，男性用户在愤怒、厌恶和恐惧情绪的传播网络中更多地把持着关键资源。在社交媒体的使用程度上，关注数、粉丝数和发博量均对节点的中介中心度产生一定的正向影响。这说明，微博中使用程度高的用户在情绪传播中也具有更强的资源控制能力。在用户身份上，与普通用户相比，个人认证用户具有更高的中介中心度，也就是说，个人认证用户更可能成为情绪传播当中的关键中介者和桥梁。这与此前的相关研究具有一定的一致性，博库内维奇和舒尔曼（Bokunewicz and Shulman, 2017）通过对推特中与目的地营销组织相关用户的中心度测量也发现，与媒体机构和其他利益攸关方的机构用户相比，个人用户高度参与信息共享，在整个社交网络中的位置更倾向于连接网络中的次团体。由此看来，不仅是在信息传播的过程中，在情绪传播的过程中，个人认证用户也是其中的关键参与者，在整个情绪传播链条当中拥有较高的影响力。

5 情绪消退：消解、反思与沉淀

本章主要探讨在网络舆情事件的衰退期内，网民情绪如何得到缓解与平息（问题3）。在经历了事件导入期的情绪启动与事件爆发期的情绪宣泄后，随着舆论热度的逐渐降低，网民情绪逐渐进入平复和消退期。其中，那些仅针对具体的事件情节而引发的，或者由于事实不清、信息不对称等因素而产生的"情境性情绪"比较容易通过信息释放和议程转移等方式伴随着舆情事件结束而逐渐消解。而那些指向社会矛盾等深层的"结构性情感"则不容易消散，它会伴随着舆情事件热度的降低而逐渐经历情感的反思、沉淀与升华，从而再次成为长期弥漫在社会中的一种"反思性情感"，也为此后类似事件的发生积蓄着新的情绪能量。

在已有关于网络舆情的研究中，学者大多关注舆情事件发生之初的动员过程（即如何吸引和动员更多的行动者参与）与发生时的维持过程（即如何保持行动者的持续性参与），比如，网络论战中集体认同的建立、框架的建构、舆论的动员等，而对事件衰退期的关注相对不足，更少有研究去深入探讨舆情事件结束后，网民的情绪产生了怎样的变化，对未来舆情事件又产生了怎样的影响。本书认为，伴随着网络舆情事件热度的降低，情绪的运行和传播并未戛然而止，而是经历了情绪的消解、情感的反思与沉淀等，从而形成新的社会情感留存于人们心中，也对未来舆情事件中的情绪产生持续的影响。

在网络舆情事件的爆发期内，行动者的情绪往往可以通过语言、文字、表情符等文本形式体现出来，从而为研究者探测网民的情绪变化提供了丰富而真实的可研究素材。而到了事件衰退期，随着网络舆论的逐渐平息，以文本为载体的情绪表达已越来越少，直至逐渐消失，取而代之的是存在于人们心中的一种相对较为隐晦而温和的情绪和情感。而对这种形态的情感考察仅仅通过网络空间中行动者生产的具体文本显然是无法满足的，需要研究者对网络舆情事件的见证者进行深度访谈来了解他们在舆情事件结束后的情感运行逻辑。因此，本章将通过对本书选取 22 个网络舆情事件的见证者进行深度访谈，从而探讨舆情事件落幕后，网民情绪如何得到缓解，又经历了怎样的变化过程。通过研究，作者发现，在舆情事件衰退期内，网民情绪主要经历了三种变化路径：情绪消解、情感反思与情感沉淀。

5.1 情绪消解：信息释放与焦点转移

美国康奈尔大学社会运动理论学者西德尼·塔罗（2005）在《运动中的力量》一书中指出，社会运动在遣散阶段中存在三组作用：力量衰竭和分化、制度化和暴力、镇压与促进。其中，动员减弱的一个最简单的原因就是力量衰竭。他指出："尽管社会运动起初的行动的确令人兴奋，但随着社会运动的发展，厌倦与理想的幻灭则会导致运动的参与者减少。"（塔罗，2005）。在中国社会的现实语境下，网络舆情事件中情绪的消退往往来自权威事实信息释放而实现的情绪冷却，以及大众议程的转移而实现的情绪化解。

具体来看，一方面，伴随着权威事实信息的释放，舆情事件中许多因事实不清而引发网民误解的负面情绪能够迅速得到消解，并且，官方在事后调查与善后处理结果等消息的公布也能够在一定程度上缓解网民的负面情绪。另一方面，在注意力资源稀缺的社交媒体时代，网络热点层出不穷、时时更新，其他热点事件不断发生也能够有效转移公众的注意力，使得公众对已经过去的舆情事件的情绪逐渐消减。

5.1.1 信息释放实现情绪冷却

卞清和高波（2012）认为，在网络事件中，随着事件的发展，最终如果没有新的矛盾或冲突出现，网民情绪在经过了"情感激发期"与"情境共建期"后，能够得到宣泄和释放，随之逐渐消解，进入"情绪平复期"，并且伴随着社会关注度的降低与理性的回归而实现情绪的"软着陆"。也有学者的研究表明，舆情事件中网络情绪影响着事件进程，网络情绪的传播节奏与热点事件的发展之间有着强烈的相似性，伴随着舆情事件的发展，负面情绪在逐渐降低，直到舆情事件结束后，网络中的负面情绪降至最低（Ahmed et al.，2017）。作者认为，在网络舆情事件中，政府、主流媒体等官方来源信息的释放能够很大程度上平息行动者的负面情绪,从而快速实现情绪的冷却。这种信息的释放主要包含两点内容:一是官方事实类消息的发布和澄清,能够迅速缓解公众因信息不对称而产生的质疑、指责等不满情绪;二是关于舆情热点事件调查结果、善后处理等信息的公布,能够一定程度上缓解公众由事件的责任归因而产生的负面情绪。

5.1.1.1 权威信息发布、还原事实缓解负面情绪

在一些网络舆情事件中,公众由于事实真相不清、信息不对称、网络谣言等而产生的短暂性的冲动情绪,在当事者、官方等可靠信源澄清事实、加大信息公开化程度之后,能够得到明显的缓解和平息。

在"红黄蓝幼儿园虐童事件"的发展初期,各种谣言一时间甚嚣尘上,不仅损害了国家形象,而且引发了广大网民的震惊与恐惧。面对谣言造成的巨大负面影响,官方在第一时间进行公开辟谣。2017年11月28日,警方公布事件调查进展,结果显示,网传涉事幼儿园"群体猥亵幼童"等内容系人为编造。随着官方力量对事件的调查,并及时公布调查进展,澄清事件真相,那些由于事实不清和网络谣言而产生的震惊、愤怒、质疑与担忧等负面情绪也随之得到消解,网民纷纷表达了对造谣者的谴责与抵制谣言的决心。

在2020年初的新冠肺炎疫情期间,各种网络谣言亦层出不穷,引发大量网民的关注和参与。例如,2020年1月21日,社交媒体中有传言称上海瑞金医院有一位来自武汉的女性病患,被查出疑似感染新冠肺炎后逃出医院,被警方抓回。随后,这则传言经过"加工",宣称这一逃跑的女子实为武汉市卫健委副主任刘庆香,并称其为贪官,在上海拥有多套房产。一时间,这则谣言很快在网络中传播开来,在全民抗"疫"的特殊语境下制造了一波"反贪剧情"。在新冠疫情笼罩下,社会公众本就充满了焦虑、恐慌与不安,任何一件小事都可能触发公众的敏感神经而引起轩然大波。而这则谣言将全民抗"疫"与个别官员的贪污腐败结合在一起,更是触发了公众的愤怒与反感。于是,铺天盖地的指责、谩骂,甚至伴随着人肉搜索和舆论审判一起在网络中扩散和蔓延。公众的愤怒之情开始指向这位在疫情期间"擅离职守、携带病毒到处乱跑、给社会带来不良影响"的"贪官"。但是,很快这则谣言就得到了澄清。1月22日,新浪微博的辟谣官方账号@微博辟谣和武汉市卫健委官方微博@健康武汉官微发布微博澄清了这则谣言,向公众说明该名女干部的个人情况,并且证实该位女干部目前正在武汉市参与疫情防控工作。当事实

真相得到还原后，网民对于这名女干部的愤慨与不满也就随之消散，并且表示出对造谣者的厌恶与反感（图 5.1）。

图 5.1　武汉市卫健委辟谣"刘庆香事件"微博截图①

由此可见，在网络舆情事件中，有时会因暂时的事实不清、真相不明，甚至是别有用心之人的故意编造和扭曲而引发公众的不满、反感等负面情绪。此时，政府等官方权威信息源加快权威信息的发布、加大信息的公开和透明化程度、保障信息渠道的畅通等，能够有效缓解那些由于暂时性的事实不清、真相缺失或信息不对称而引发的公众质疑与抵触情绪，使得原本冲动而亢奋的群体情绪得到冷却和纾解。

5.1.1.2　事件善后处理、主动回应推动情绪消退

在网络舆情事件中，公众除了因暂时性的事实不清或信息误解而产生负面情绪之外，往往还有很大一部分关于事件的责任归因而产生的不满、质疑

---

① @健康武汉官微. 辟谣！网传关于我委干部相关信息为不实信息［EB/OL］.（2020-01-22）［2020-02-10］. https：//weibo.com/7344184293/IqE4duxKh?from=page_1006067344184293_profile&wvr=6&mod=weibotime&type=comment#_rnd1584516943823.

和指责。在这种情况下，需要官方对事件相关的善后处理进展、调查结果、责任追究等情况进行及时的公布和反馈，尤其是对公众的关切点和情绪的聚焦点进行积极回应，以平息公众的负面情绪。

在"福建泉港碳九泄漏事故"中，政府对事件调查结果及责任追究等信息的公布对缓解公众的负面情绪起到了一定的作用。2018年11月4日，福建泉港的一艘石化产品运输船发生大量的碳九有害物质泄漏，造成较严重的海水污染和空气污染，并有52名当地居民疑接触了有害物质而住院接受治疗。在随后的两天中，此事件开始在网络中传播，并逐渐形成舆论的高峰。大量网民开始关注事故对人体健康及当地环境所造成的伤害，包括当地环境污染与居民健康的现状、未来可能产生的长期遗留影响等。一时间，网民对当地受害居民的关心、同情，对事故造成的环境破坏的悲伤、痛心等情绪不断发酵、升级。

在事故发生的四天后，当地政府连续发布了四份情况说明，对事故所造成的人员受灾情况、当地水质量和空气质量现状等情况进行公开说明，并且，官方媒体@人民日报、@新华网等也开始介入，在微博中发布关于事件进展信息的报道，这种回应本身在一定程度上满足了公众的信息与情感需求。在公告发布之后，可以明显看出公众的情绪强度大大下降（图5.2），网民亢奋的情绪快速得到了冷却。11月25日，泉州市政府召开新闻发布会，公开此次事故的全部调查结果，包括事故起因、发生过程、善后处理和补偿情况等。另外，也对此次事件的责任认定、责任追究情况进行通报。通报表示，公安机关已对涉事企业的负责人采取了强制措施。同时，对相关负责人进行责任追究，包括：对当地相关负责领导做出免职、停职、责令检讨等。从图5.2中可以看出，在11月25日调查结果和处置进展公布后，公众的情绪逐渐得到平息。需要说明的是，之所以25日和26日公众的厌恶情绪出现了小幅度的上升，是因为此次调查结果显示，涉事企业存在刻意隐瞒，将碳九实际泄漏量69.1吨谎报为6.97吨，由此引发网民的不满与反感，因而产生了一波小的情绪高潮。

整体来看，在此事件中，政府和官方媒体权威消息的发布，尤其是关于事件的处置进展、责任认定与责任追究等结果的公布，在一定程度上满足了公众对事件关注的信息需求以及由责任归因而产生的情感诉求，促使公众情绪的降温和冷却。

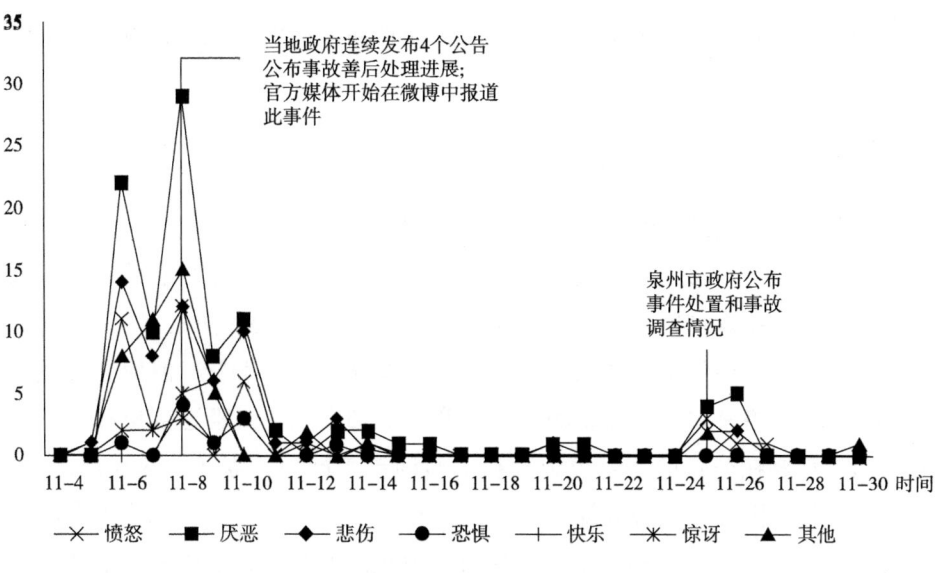

图 5.2　福建泉港碳九泄漏事件情绪走势

同样，在"红黄蓝幼儿园虐童事件"中，由于幼儿园教师虐待儿童的行为突破了公众的道德底线，在道德预期与现实的落差之间产生了巨大的"道德震撼"。因此，当涉事人员得到应有的惩罚后，网民对其的愤怒和厌恶等负面情绪得到了有效的回应和缓解。在此事件中，涉事幼师和幼儿园是主要的责任主体。在 11 月 28 日朝阳警方公布的情况通报中显示，涉事幼师刘某某因涉嫌虐待被看护人罪，已被刑事拘留。12 月 29 日，北京朝阳区人民检察院批准逮捕刘某某。2018 年 5 月 29 日，检察机关向法院提起公诉。同年 12 月 28 日，法院以虐待被看护人罪一审判处被告人有期徒刑一年零六个月。随着肇事者被绳之以法，社会的公平正义得到伸张，公共基本道德与价值观得到维护，网民的负面情绪也随之消减。同时，当地政府作为涉事幼儿园的监管机构，对幼儿园负有监督管理职责，也有义务保护未成年人的健康成长。2017 年 11 月 29 日，朝阳区纪委、区监委对朝阳区教委相关责任人在工作中存在的失察失责、履职不到位等情况立案调查。对相关责任人的问责回应了网民对管理部门监管不力的质疑与指责，网民的负面情绪也因此得到了缓解，并逐渐平息。

由此可以看出，在网络舆情事件中，官方权威信源及时对事件中网民的关切点及情绪的主要聚焦点进行主动回应和积极反馈，尤其是对事实真相的发布和责任追究的公布，能够在一定程度上满足公众在事件中的道德情感诉求和对事实真相的信息需求，从而有效实现负面情绪的降温，化解公众的负面情绪。

5.1.2 焦点转移伴随情绪化解

在如今的互联网时代，网络热点事件时时发生，新的热点事件层出不穷，不断产生"刷屏"效果，但受众的注意力资源和记忆能力十分有限。相关研究显示，在传统媒体时代，公众只能在同一时间点上同时关注 5～7 个话题（邵沛，2017）。而到了互联网时代，公众的注意力资源不变，但信息总量则爆炸式增长，各种议题在海量的信息中竞争更加激烈，更新速度也在不断加快，每个议题在公众的注意力中存在的时间越来越短。当新的热点出现后，上一热点便被随之替代和覆盖，然后被公众所"遗忘"。网络空间中的各种议程便在不断的"刷屏"和"遗忘"中进行着更新和迭代。而伴随着旧的网络议题被遗忘和替代，公众对相应舆情事件的情绪也就随之消解。

洛伦茨-施普雷恩等（Lorenz-Spreen et al.，2019）通过对 2013—2016 年推特平台上话题讨论量的大数据分析发现，热门话题在社交网络中获得的集体注意越来越多，但持续的时间越来越短。具体来看，2013 年，平均一个热门话题标签在推特前 50 名的话题榜单中的停留时间为 17.5 小时，而到了 2016 年，这一时间缩短为 11.9 小时。这说明，在推特中，话题标签达到热度峰值所需的时间越来越短，但同时，话题热度下降的速度也同样变快，也就是说，一个话题获得公众最多的注意力所需的时间越来越短，相应地，从公众注意中退去的速度也越来越快。

同时，洛伦茨—施普恩等（2019）还统计了推特中话题标签达到热度峰值（研究者称之为"爆发"）的时间密度。图 5.3 展示了"爆发"出现的大小和时间，从图中可以明显看出，2013 至 2016 年，推特中"爆发"出现的密度越来越大。

具体来看，每个热门话题在众多文化内容中的竞争过程大致可分为三个阶段，每个阶段都有一个主导机制：首先，由于新话题内容的新颖性，新话题比已有话题占有了更大的优势，并在模仿（imitation）的驱动下快速增长；其次，在某一时间点上，大量关于该话题的内容同时存在而达到饱和（saturation），耗尽了该话题可用的注意力资源，无聊效应（boringness effect）占据了主导并

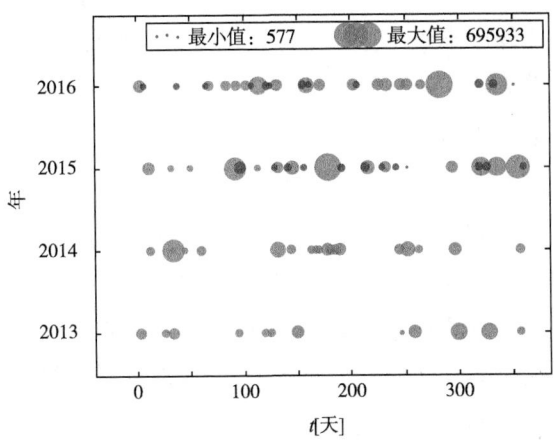

图 5.3　365 天内推特中热点事件爆发的时间密度①

削弱了该话题受欢迎的程度。最后，随着该话题热度的降低，注意力资源被释放，竞争（competition）引起的新话题替代了旧话题。

进一步地，研究者通过模型构建发现，社交媒体中热门话题的加速更迭是由不断增加的信息流动所驱动的，比如，内容的生产和消费。随着信息和话题涌入的增加，单个的话题被更快地采用和接纳，导致集体注意的陡增。随后，在饱和的自我抑制效应下又同样迅速地下降。因此，生产和消费内容的增加会缩短单个话题获得集体注意的时间并增加不同热门话题内容之间的更迭速率。换言之，由于可用的集体注意力资源的有限性，始终存在的对新近信息以及信息丰富性的竞争导致了在同样时间片段内挤入了更多的话题。也就是说，在社交媒体中，内容生产和消费的大量增加导致各种话题内容的竞争，进而导致话题的更迭率不断上升，并且单个话题受到集体注意的时间越来越短。

这一现象也比较符合中国当下的社交媒体环境。在中国的社交媒体中，层出不穷的热门话题总是能快速进入公众视野，迅速获得大量围观，引发网民激烈的情绪，形成群体情绪狂欢。但过不了多久，这一热点很快又会被其他崛起的网络热点所覆盖，从人们的视野中消失，形成所谓的"断尾新闻"（邵沛，2017）。杨帆等（2016）通过对 2016 年上半年发生的三个网络热点事

---

① LORENZ-SPREEN P, MØNSTED B M, HÖVEL P, et al. Accelerating dynamics of collective attention [J]. Nature communications, 2019, 10（1）：1-9.

件在新浪微博、百度搜索等平台热度的时序分析发现，在网络空间中，一个新事件的出现总能使原本喧闹的旧事件迅速变得"悄然无声"，进而从公众关注的议题榜单中消失。尤其是新事件的发生如果是在已有事件的舆情衰退期，则公众的注意力会由于对新近事件的好奇心而迅速被转移，从而放弃对旧事件的关注。而情绪是以个体的注意和认知评价为前提而产生的，当个体不再注意这一外界事件的刺激，对其没有认知和评价环节，那么对它的情绪也就随之消散了。这一点，我们可以从心理学关于情绪的认知理论中找到线索。

拉扎勒斯的认知—评价理论认为，情绪是对意义的反应，而这一反应是通过认知和评价完成的（孟昭兰，2005）。这一理论在情绪的定义上强调其发展来自环境信息，依赖于短时的或持续的评价。拉扎勒斯认为，人类为使自己处于一个良好的状态，不断地通过认知结构对周围信息进行评价并做出相应的反应，情绪和认知是紧密相连的。林赛和诺尔曼的信息加工学说在此基础上更强调了从信息输入到情绪产生的过程。该理论认为，人类情绪的产生过程分为几个动力系统：首先，个体需要对外界输入的信息进行"知觉分析"；其次，将"知觉分析"与大脑中已经存在的内部模式进行比较，即"认知比较器"；最后，再对认知比较进行系统加工。也就是说，当新的信息输入时，大脑需将其与已存储的信息进行加工与编码，从而产生新的认知评判与预期。当知觉分析与新的评判预期一致时，将不会产生情绪；当它们之间出现偏差时，即知觉分析超出了预期评判时，认知比较器便会向大脑发出信息，通过脑神经一系列物质的传递，激活大脑相应的部位而产生情绪（孟昭兰，2005）。

从心理学关于情绪的认知理论的分析中可以看出，人们情绪的产生和存续建立在个体对于外界信息的加工、处理、认知与评判基础之上。反之，当个体的注意力发生转移，不再关注某一事件信息，那么也就不存在对该事件信息的认知和判断，相应地，基于该事件本身所产生的情绪也随之消解。而随着各种舆情事件在不断更迭的网络热点中被"更新"与"遗忘"，公众指向事件本身的短暂性、冲动性的情境性情绪也很快"散场"并逐渐平息。

公众情绪随着注意力焦点的转移而得到消解的这一现象在作者的深度访谈中也得到印证。许多受访者在谈到情绪的衰退过程时都表示，基本在这一事件有了阶段性的结果，比如，事实已基本明确、责任追究基本明晰之后，网络中又出现了其他的热点事件而吸引了自己的注意力，也将自己从"情绪亢奋"的状态中转向了平静。伴随着注意力焦点的转移,公众的情绪焦点也随之转移,对该事件不再关注的同时,情绪也由群情激动逐渐转向冷却和平静。例如,有受访者在谈到"红黄蓝幼儿园虐童事件"中的情绪衰退的过程时说道:

深度访谈1(A先生)
    (我基本上)从警方发布了调查结果之后的几天内发生了一些其他的热点事件,导致这一事件被其他的一些舆论热点盖掉之后(我就对这件事没什么感觉了),相当于转移了我的注意力。

深度访谈2(B女士)
    我基本上从警方发布了一个蓝底白字的公告之后(就不怎么关注了),就觉得新闻也没了,也就不再关注了……因为接下来还会有其他引爆舆论的事件,会把你的注意力吸引到别的地方……(网络上的)热点都是一波一波的,公众是很容易遗忘的。

整体而言,网络舆情事件中,那些由具体的舆情事件而引发的短暂的、冲动的"情境性情绪"比较容易通过官方的信息释放与公众的焦点转移而逐渐消散。一方面,在网络舆情事件中常常因事实不清,甚至别有用心之人故意扭曲、编造等而引发公众的负面情绪,此时,官方权威信息的公开和透明能够在还原事实的同时有效地化解公众的质疑、不满,甚至是怨恨。同时,对事件中公众情绪的主要关注点和聚焦点进行主动的回应、妥善进行事件的善后处理也能够为公众的亢奋情绪找到一个"落脚点",从而化解负面情绪带来的不良影响。另一方面,在社交媒体中,内容生产和消费的话题大量增加缩短了单个话题获得集体注意的时间,并增加不同热门话题内容之间的更迭速率。也就是说,每个热点事件获得人们集体关注的时间越来越短,单位时间内不同热点事件的"入场"和"退场"速度越来越快。而人们情绪的发生是建立在知觉与注意的前提下的。因此,当新的热点事件出现,旧的热点事件便淹没于新的公众议程之中,从而使得公众对旧事件的相应情绪也随之消解。

5.2 情感反思：理性回归与情感转化

在经过了网络舆情事件的舆论高峰期后，公众的情绪能量得到了充分的宣泄与释放。此后，伴随着事件衰退期内官方权威信息的释放，以及社交网络中在"刷屏"与"遗忘"中不断更迭的焦点转移，那些指向事件本身的浅层的、短暂性、冲动性的情境性情绪便很快得到冷却和消解。然而，那些在舆情事件的刺激下而产生的指向社会深层的、长期稳定存在的情绪则在媒体的引导下出现理性的回归，进而从冲动的情境性情绪转化为深沉的反思性情感。

有学者曾经指出，在网络舆情的平复期，如果没有新的事件引爆点出现，公众的情绪经过前期的宣泄和释放后会逐渐走向平静，在这一过程中，伴随着理性的复归和情感的转化，网民会在理性的情感氛围中实现"软着陆"（卞清、高波，2012）。作者认为，网络舆情事件的衰退期，情感的反思主要体现在两个方面：一方面，从媒体角度而言，媒体机构的引导加速了社会整体舆情氛围中的理性转向；另一方面，从公众角度而言，经过个体的认知评价过程，公众情绪逐渐由短暂而冲动的"情境性情绪"转向理性而有节制的"反思性情感"。

5.2.1 媒体引导下的理性转向

从历史的眼光看，无论是在日常生活还是学术研究中，人们往往倾向于将情绪与理性视作对立存在的两种力量，仿佛是一条横轴的两个极端，一端是情绪和非理性，另一端是认知和理性。一些社会学家也曾经将情绪与理性两者割裂开来，比如，马克斯·韦伯将行动区分为理性的和感性的，其追随者塔尔科特·帕森斯将行动区分为"工具性的"（instrumental）和"表达性的"（expressive）。

然而，认知神经科学已经证明，人们长期以来将情绪与理性对立起来的思维是错误的。达马西奥（Damasio，1994，2003；转引自特纳、斯戴兹，2007）的研究表明，当大脑皮层，尤其是前额回与情绪的核心部位——皮下神经组织之间的连接中断时，个体将无法做出任何理性的最优决策。这就表明，人类的理性决策行为离不开情感与情绪的参与。没有了情感参与，人们将无法对决策的效用进行理性的判断。

社会学家南斯珀（2011）在总结二十年来情绪与社会运动理论的发展时指出，我们在研究中经常存在的一个误区是研究者经常将情绪（emotion）与理性（rationality）两者对立起来，正如我们将身体与心理、个体与社会进行的二元对立一样。也许正是因为这种二元对立的思维，研究者往往只关注情绪对社会运动的促进作用而非全面地看待情绪对社会运动的影响。事实上，我们应该认识到，情感（feeling）与思考（thinking）是我们评价周围的世界、与周围世界进行互动的一种平行的、相互作用的过程，情感与思考的过程是由相似的神经系统组成的。因此，情绪与理性并非是一对二元对立的矛盾，而是一种同时存在的统一关系。情绪可能对社会运动起到促进作用，也可能起到阻碍作用，抑或两者都没有。科林斯（Collins，1993）指出，情感是理性的公分母，因为理性依赖于对选择的效用评价（或者说处理积极情感的能力）。国内已有研究也表明，在社交媒体的公共讨论中，公共空间与个人空间之间界限的消弭使得理智与情感不再完全对立，一方面，情感的表达与理性的逻辑论证成为公共利益诉求的两种并行手段；另一方面，在社会动员与加强集体团结方面，情感与公共利益诉求成为社交网络中主要节点的常用手段（卢嘉等，2017）。

从网络舆情事件的发展过程看，从事件导入期到爆发期，网民情绪通常表现为感性的、冲动的、强烈的情绪，这种情绪是基于具体事件、具体人物或具体情境而产生的，具有一定的短时性、本能性和原始性，它很容易被激发出来，同时也很容易被替代和消解。而当舆情事件的高潮退去，开始进入衰退和消解阶段时，公众情绪则会由感性情绪开始向理性情绪转化。其中，最明显的体现便是在媒体引导下公众情感的理性回归。这种理性复归下的情感反思不仅体现着理性的法制尊严，亦充满着感性的人文关怀。可以说，网络舆情事件是在公众"热情绪"中走向高潮，高潮退去后，转而走向的是理性复归下的"冷思考"。

例如，2017年6月22日，浙江省杭州市蓝色钱江小区发生的纵火案造成一位母亲和三个未成年孩子的死亡。经调查，纵火者正是该户的保姆莫某某。此案一出，立刻引发全网大量关注和热议。涉事保姆嗜赌、偷窃等"黑历史"被网友不断曝光，雇主对保姆的善待也更使网友痛心。一时间，网民对涉事保姆的痛恨、指责、愤怒，对在事故中丧生的母亲与三个幼童的惋惜、痛心，对雇主家男主人的同情与理解，对事发小区的物业管理公司可能存在安全管理问题的质疑、不满等情绪不断在网络中传播、升级、蔓延而走向高潮。6月28日，杭州市公安局向市人民检察院提请批准逮捕犯罪嫌疑人莫某某。7月1日，杭州市人民检察院依法批准逮捕犯罪嫌疑人莫某某。从整个舆情发展趋势看，自事故发生后，舆情热度快速上升，并于6月28日达到舆情顶峰，随后热度迅速下降，进入舆情的衰退期（鹰眼舆情观察室，2017）。在舆情的衰退期内，多个主流媒体通过发表新闻评论的形式对此事件做出理性反思（图5.4），包括对家政行业管理问题的反思、对消防工作中存在的安全监督和风险排查问题的批判、对家政服务中雇主与保姆之间关系处理的建议、对反社会人格的思考等。

类似地，"江歌案"中，在舆论发展的高峰期内，网民对江歌死亡的痛心、对江歌母亲的同情、对刘鑫的谴责与愤怒同时在网络中发酵、传播。尤其是刘鑫对江歌母亲的冷漠，引发不少网民基于心中最朴素的善良底线和道德上的正义感，而对刘鑫及其家庭发出谩骂、指责，甚至是人肉搜索等网络暴力。网民纷纷谴责刘鑫的薄情寡义与自私虚伪，甚至对其进行严厉的舆论审判。但是，在随着事件的发展，许多媒体逐渐开始引导公众在情绪宣泄之后进行理性思考和价值判断。例如，《新京报》发表社论指出"朴素的正义感并非现代法治之全部""应尊重江歌母亲为女儿讨回公道的决心……不应超过法律去追讨正义"。央视新闻评论称"舆论评判不能代替法律审判"，并提出"过激的言论是否制造了新的矛盾与对立"的疑问，社会固然需要公众的正义感，但不能滥用谴责，互相伤害无法守护公序良俗（之山，2017）。除此以外，《南方都市报》发表评论《江歌之死：舆论介入宜抱持冷静与克制》，澎湃新闻发表社论《让"江歌案"回归法律》等，都在通过舆论引导不断地将网民从出于道德层面的情绪宣泄转向法律层面的理性思考，从而使公众从非理性的情绪亢奋中逐渐走向理性的情感反思。

同样，在2020年初的新冠肺炎疫情期间，李文亮医生的逝世引起了千万网民的关注。李文亮是武汉市中心医院的一名眼科医生，在疫情发生后始终坚守在医疗救治岗位。2020年1月6日，李文亮医生在收治一名患者时不幸感染新冠肺炎。2月7日，李文亮医生经抢救无效殉职。一时间，千万网友在微博中对李文亮医生的逝世纷纷表示痛惜与哀悼。此后，各大媒体除了对李文亮医生的逝世表达沉痛的哀悼外，也对地方政府在社会管理中存在的问题

5 情绪消退：消解、反思与沉淀

人民日报 V
2017-7-15 23:27 来自 微博 weibo.com

【#你好，明天#】杭州保姆纵火案敲响警钟，17部委将专项检查家政市场，力推保姆信用记录制度。二孩全面放开、老龄化加剧，5000万家庭有服务需求，哪能掉以轻心？家政业是贴身行业，再精细识别也不为过。审核不严、信用空白，既可能伤人，更会伤害行业本身。有信用才谈得上信任，严起来，只为真诚相待。

☆ 收藏　　　📤 960　　　💬 2191　　　👍 6857

新京报评论 V　　　　　　　　　　　＋关注
2017-6-28 08:55 来自 微博 weibo.com

《保姆纵火案是极端个案，但高层消防摆设化太常见》近日来，杭州保姆纵火案令舆论震动。涉案保姆，成了千夫所指。但作为一起公共事件，对保姆纵火案的反思不应仅仅停留在保姆这个层面。这个表面光鲜的高档小区，其楼宇的主动和被动防火系统几乎形同虚设。纵火案是一面镜子，照出了高层消防的诸多不堪。随着城市"长高"，安全不能悬空，让"高耸的火患"从城市绝迹，也该拿出更多消防监督和风险排查方面的实际行动了。　目 保姆纵火案是极端个案，但高层消防摆设化太常见

图 5.4　@人民日报、@新京报评论对"杭州保姆纵火案"的反思①②

---

① @人民日报. 杭州保姆纵火案敲响警钟 [EB/OL]. (2017-07-15) [2020-02-10]. https：//weibo.com/2803301701/Fcyhkmx8l? from = page _ 1002062803301701 _ profile&wvr = 6&mod = weibotime&type=comment#_ rnd1582957887571.

② @新京报评论. 保姆纵火案是极端个案，但高层消防摆设化太常见 [EB/OL]. (2017-06-28) [2020-02-10]. https：//weibo.com/1604159432/F9Sj43A9Z? from = page _ 1002061604159432 _ profile&wvr = 6&mod = weibotime&type = comment.

提出了反思与审视。比如,央视网发表评论《哀悼李文亮,更要亡羊补牢!》,评论中指出,该事件暴露了一些地方在重大突发事件应急管理中存在的问题,我们不仅仅要对李文亮医生表示感谢,更要从中吸取教训,对此事严肃处理、严肃问责。光明日报发表时评《致敬李文亮,不仅仅是致敬》,文中不仅对李文亮医生的良知与勇气表示敬意,并指出,社会治理中的每一根杠杆都必须是"人命第一、人民第一",从而对社会治理的现代化、法制化进程提出一定的反思。由此可见,在这样一个充满着公众强烈的情绪化表达的舆情事件中,大部分公众出于最朴素的道德感和价值观对当事者的逝世表示痛惜,而事件过后,媒体对舆情事件的反思在感性的致敬、哀悼等情绪的表达之余,也更多了一份对整个社会治理机制和制度方面的理性审视。

从以上案例中可以看出,网络舆情事件的发生总是伴随着网民的群情激愤,尤其是在事件的爆发期内,在不同事件情节的刺激下,网民情绪一步一步走向高潮。伴随着事件发展,事实真相逐渐明晰、情绪高潮逐渐退去,当喧闹的情绪狂欢过去之后,媒体对事件的理性发声与批判性思考有力地将网民的亢奋情绪导向更加深沉、理性、克制的反思。凭借主流媒体强大的舆论引导力和号召力,公众开始对事件背后所存在的社会现实问题进行深刻的反思。在这一过程中,网民的情绪逐渐由爆发期内冲动而激烈的情境性情绪转向深刻而有节制的反思性情感。

5.2.2 从情境性情绪到反思性情感

正如前文所论述的那样,在网络舆情事件的导入期和爆发期,行动者的情绪表达多是针对具体的舆情事件的情境性情绪。这种由具体事件触发的情境性情绪不是凭空而来的,除了舆情事件在传播过程中的文本刺激之外,其背后存在着更深层次的社会根源。在经历了事件爆发期的舆论高潮和情绪狂欢之后,那些短暂的情境性情绪很容易得到缓解和平息,而那些与社会矛盾和社会结构相关的情感则经历了由情境性情绪向反思性情感的转化。

心理学相关研究对人类情绪中的原始性的自动情绪和分析性的反思性情绪的触发机制进行了详细探究。因比尔(Imbir,2016)基于心理过程的二元性思维路径提出了一个情绪—认知互动模型。他将人类的思维模式分为经验性的(experiential)和理性的(rational)。经验性的思维即是自动的、联想的、启发的、凭直觉的系统,理性的思维即是控制的、基于规则的、分析的、反思的思维系统。同时，他将情绪分为自动情绪（automatic emotion）和反思性情绪（reflective emotion）。自动情绪即是由基于人体内部稳态（homeostasis）和生物价值标准的自动评价系统所导致的即时情绪。这种人体自动的评价体系所涉及的信息处理往往是根据某些固定的标准来评价，而这些标准往往是对所有人类和文化都适用的，比如，人类对甜食和高脂肪食物的偏爱即是基于对食物的生物价值的评判。而反思性情绪则是基于反思性评价系统而触发的，是基于对概念、想法和评价性判断的评价，依赖于认知分析过程和言语表达评价标准。

反思性情绪是在个体对某种情境的心理表现与某一时刻的评价标准相比较时发生的。具体来看，这种认知评价过程包含了三个阶段：首先，个体需要形成对当前情境的一种心理表现（mental representation），可能包含某些诸如文本或数字的抽象符号等；其次，个体需要激活判断这种心理表现所依据的心理标准；最后，将对情境的心理表现与相关的心理标准进行比较，以确定它们之间的差异。而情绪反应即是在这种比较过程中产生的。这种内在的反思性情绪需要自我概念的发展，包括对自我的规范和期望。不同行为的归因类型可能导致不同的情绪状态，比如，羞耻、骄傲、内疚等。而不同的归因模式在社会心理学中也有着广泛的代表性，它表明社会成员内在的反思性加工可以引发作为社会生活决策基础的情感。研究者认为，经验性的思维系统支配着自动情绪过程对启发式认知的影响，而理性思维系统支配着反思性情绪对系统认知的影响，并且两大系统之间存在着一定的交互作用（Imbir，2016）。

由此可以看出，上述研究中所提到的自动情绪与本书所指的情境性情绪具有一定的共通性，都是基于个体对外界刺激而产生的即时和本能的心理反应。作者认为，情境性情绪往往是由某一刺激性事件而引发的心理体验，也正是由于这种心理体验的即时性，因而情境性情绪具有一定的短暂性、冲动性，在一定的外界刺激下，它很快出现，但也很容易被化解或替代。而因比尔（2016）在研究中所提到的反思性情绪与本书所指的反思性情感内涵基本一致，它包含了更多的理性、认知和分析成分，是基于对现状的评价与内心的期待与标准的比较而形成的一种理性情感。

作者认为，网络舆情事件中的反思性情感是在情境性情绪消散后，公众经过对社会现状的批判性思考而形成的相对深刻的、理性的、有节制的情感体验。具体来看，公众情绪由情境性情绪到反思性情感的转化过程主要有两个特点：一是反思性情感主要指向社会中长期存在的现实问题与矛盾，其目的往往是社会现实环境的改善；二是反思性情感的形成过程是一个动态累积和变化的过程，其中伴随着公众议程的转移。

第一，由于反思性情感是基于社会成员对社会现状与心理预期的比较差异而产生的，因此，反思性情感往往指向社会现实中长期存在的某些结构性或制度性问题，并且带有一定的"期望"色彩。如果说情境性情绪强调的是人们对外界刺激的生理和心理反应，那么反思性情感则更具有社会性和文化性，具有较强的理性和认知成分，并以改善现实社会为目的。

例如，在"红黄蓝幼儿园虐童事件"后，不少公众开始对幼儿园教育行业进行重新审视与反思，尤其是民办幼儿园机构的监管和准入机制、幼儿教师的待遇等。在舆论高峰期表达的对涉事幼师及幼儿园机构的愤怒与谴责之后，公众更关注的是整个幼教行业今后如何能避免类似事件的发生、如何能从体制机制上杜绝此类事件。比如，在本研究的深度访谈中，有受访者谈道：

深度访谈1（A先生）

"红黄蓝"这个事反映出来的主要还是幼儿教育的问题，根本原因是幼儿园的管理制度不够完善，比如说在幼师的准入门槛上，落实得不够好。出现这样的事，愤怒肯定是愤怒的。但是在愤怒之余，（我）考虑的是以后如何避免类似的事情发生，比如说，过了这个舆论风头之后，这些教师会不会再进入别的机构或者公司里面任职……幼儿园还是应该在进人方面把好关。

深度访谈14（N女士）

我当时看到（"红黄蓝"）这个事的时候情绪还挺激烈的，很明显的一个感觉是，中产阶层为了自己孩子的教育，努力了那么长时间，结果还出现这么恶劣的事，还是在北京……如果在北京，还是一个比较好的幼儿园都发生这种情况的话，那全国各地其他地方这种情况没有被曝光的肯定很多，那这个（监管）机制应该怎么去完善其实是需要共同去探索的。

再如，在2019年发生的"江苏响水'3·21'化工厂爆炸事故"中，公众在事件发生之初时的情境性情绪主要包含了惊讶和悲伤，惊讶源于对事故的发生表示出乎意料，悲伤更多地指向事故所造成的人员伤亡情况。例如，有受访者在谈到该事件时表示：

深度访谈13（M女士）

  当时看到（响水化工厂爆炸）这个新闻就立即反应过来，觉得怎么可以这个样子，作为一个化工企业，难道不应该把安全生产绝对放到第一位吗？……而且当时三四月份，已经连续发生了好几起安全事故了，江苏怎么还能这样……

2019年4月15日，公安机关对涉事公司及为该公司相关项目做虚假评价的中介组织涉嫌犯罪的相关嫌疑人采取刑事强制措施。2019年11月，国务院批复事故调查报告，并对相关党政部门负责人做出相应处分决定。此后，该事件逐渐平息，公众在事件发生之初的激动情绪也逐渐得到缓解。当事件告一段落之后，公众的亢奋情绪开始转向理性的反思，重新审视此次事故中所反映出的相关管理部门在监管过程中可能存在的问题，以及今后可能的改善方案，以避免此类事件再度发生。与事件发生之初的激动情绪相比，这种反思性情感更加有节制、更加深刻，也更具有社会性和理性认知的成分。这一点，在本研究的深度访谈过程中也得到了印证：

深度访谈9（I先生）

  （响水爆炸）这个事情已经发生了，人也处理了……现在就想着排查隐患非常重要……所以现在提倡"双重预防"我觉得非常有好处，提前把这些隐患让每个企业都排查（一次），分级、分类，哪些属于危险、哪些属于次危险，然后分头管理，像火灾一样把它们消灭在萌芽时期，可能会减少一些这种事故的发生……在监管这方面，可能还要更科学一点，这种事故隐患的上报要能让最基层的这一块掌握消息，现在的关键问题是真正的技术人员发现问题之后再层层去报，有的厂长会说不能报、有一定影响，所以就可能会卡住，所以就看如何能有一个机制让决策人员尽快掌握第一手材料，而不是层层审批、层层报，可能效果会更好一点。再一个就是"笨办法"，隔一阶段（时间）就有一些督导组、检查组专项对这些易燃易爆的企业进行检查……最好能再有一些专业人士参加，让真正懂行的人，而不是单单政府领导去看……包括现在用"双随机"的办法，随机抽、随机查，可能将来会好一点。

第二，反思性情感的形成是一个动态累积和变化的过程，在公众议题的转移中不断由非理性的情绪化表达向更加理性的反思性情感转化。例如，在2017年发生的"于欢案"中，余红、吴雨青、晏慧思（2018）对整个事件过程中各阶段的议题占比与情绪占比进行比较，发现在进入舆情衰退期后，行动者的主要议题开始发生变化。该研究发现，在事件起初，公众主要关注的是与"政府""黑社会"等相关的社会治理议题。随着公安部门的调查介入，公众开始出现对法律公正判决的期待。同时，在媒体议程设置的影响下，公众开始由道德和法律层面的关注转向关注导致这一案件背后的深层社会问题——民间借贷之乱象，包括中小型企业资金链断裂融资困难、民间高利贷、暴力催债等诸多社会问题。这些问题作为中国当下经济领域面临的普遍问题的一个缩影，使得公众开始反思中国宏观经济领域内长期存在的深层次矛盾问题和根源。在议题由道德和法律层面转向经济层面的同时，公众的负面情绪也由舆论爆发期的73%降至衰退期的46%，而中性情绪则由18%提升至42%。

由此可以看出，公众情绪由情境性情绪向反思性情感的转向是一个动态的积累过程，是在公众议题的不断转移中逐渐由冲动的感性表达转向理性的认知评判。在这一过程中，公众的负面情绪开始大大减弱，而中性情绪开始占据主导，公众更加冷静和克制，对议题的关注也由情绪化的道德层面转向理性的法制、经济和社会层面。

整体来看，网络舆情事件中的情感反思往往发生在事件爆发期的情绪宣泄之后，它意味着对当下社会中存在的深层的结构性问题的重新审视，其目的是解决问题、改善现状，并防止再次发生，带有强烈的"希望"与"期待"的情感色彩。在网络舆情事件的爆发期，网民情绪在具体事件情节的刺激下被迅速点燃，再加上可能存在的事实不清、信息不对称与网络谣言的推波助澜，情绪在个体之间的流动和相互感染逐渐演化为集体的"情绪狂欢"，一定程度上造成"群体无意识",形成群体极化。经过了爆发期的情绪宣泄后,公众积攒已久的情绪能量得到大大释放。在主流媒体的引导下,导致舆情事件背后的社会问题逐渐浮出水面,从而将公众导向客观、理性地分析看待舆情事件,对当下存在的社会问题进行冷静客观的反思,进而对未来类似问题的解决提出可能的方案和建设性意见。此时,公众情绪也从短暂而冲动的感性情绪逐渐转化为冷静而思辨的理性情感。

5.3 情感沉淀:集体记忆与原型强化

"沉淀"原是一种化学反应,是指将溶液中的目的产物或主要杂质以无定形固相形式析出再进行分离的单元操作。沉淀通常是一个从液相中产生可分离的固相的过程,表示着一种新的凝结相的形成过程。借鉴这一化学名词,本书中的"情感沉淀"主要是指网络舆情事件结束后,那些激烈、冲动而短暂的情境性情绪已得到充分释放,留存下来的情感内容凝结为在社会成员中被共享的一些情感体验而长期停留在公众心中,并且可能在以后的类似事件中被再次唤醒和触发。

结合已有研究文献与本书的深度访谈,作者发现网络舆情事件结束后,公众的情感沉淀主要体现在以下两个方面:一是形塑了人们关于舆情事件的集体记忆,二是强化了人们的原型认知。并且,沉淀后的情感体验已经超越所发生的具体事件,从而对以后可能发生的类似事件和公众的日常生活产生一定的持续性影响。

5.3.1 情感对集体记忆的形塑

"记忆"一词是心理学中的一个专业术语,是指人的大脑对所经历的事物的识记、保持、再现或再认。记忆一词在心理学领域中主要是针对个体层面而言的。1925年,法国社会学家哈布瓦赫(Maurice Halbwachs)继承其导师涂尔干所提出的"集体意识"的概念,将记忆由个体层面上升为社会层面,提出了"集体记忆"(collective memory)的概念。他认为,集体记忆是社会成员共享他们曾经共同经历过的事物的过程和结果,它建立在群体成员的社会交往以及持续提取该记忆的延续性的基础之上(哈布瓦赫,2002)。国内学者胡百精(2014)提出,集体记忆是社会群体对于自身历史的共同认知和标准叙事，也是社会群体存在和发展的依据、意义和智慧的重要来源，具有社会性、客观性和建构性。由此可以看出，建立在个体记忆基础上的集体记忆更强调其共享性、社会性和延续性，它是在社会交往中形成的、被社会成员所共享的经历和体验，并且随着社会发展和时间的推移而能够在社会中不断地传承和延续。

戴杨（Dayan）和卡茨（Katz）曾在其《媒介事件》一书中对媒介事件对集体记忆的建构有过相关论述。他们认为，媒介事件不仅为社会成员提供了一种"虚拟的在场感"，而且也提供了一种共同的"参与感"，它通过社会成员的共享体验和共同记忆，塑造了一种神圣的仪式化过程，并由此实现了社会整合和文化认同（李林容，2014）。在这里，戴杨和卡茨所指的"媒介事件"主要是全国性的电视直播的重大历史事件，比如，政治事件、体育竞赛等，是经过前期精心策划、组织和传播而形成的。与此不同的是，本书所论述的网络舆情事件是在互联网语境下形成的，并且大多是由一定的刺激性事件而引发的网民自发的行动。虽然构成语境与形成逻辑有所不同，但网络舆情事件与媒介事件一样，也通过在社会成员中共享的情感和经历而在公众心中形成共同的集体记忆。

在传统媒体时代，由于传播的话语权主要掌握在精英阶层的手中，因此，公众的集体记忆主要是由社会中少部分的精英阶层而书写的。进入互联网时代后，在技术发展带来的平等赋权的影响下，传播的话语权下沉至每一个普通公众的受众，网络舆情事件的集体记忆不再由少数精英阶层所掌控，而是在社会公众的参与下共同书写的。在网络舆情事件中，由于互联网打破了时间与空间的边界，创造了一个全新的生活和交往场域，从事件的酝酿、爆发到衰退的过程都有着极大的包容感和参与感。社会公众通过意见表达、情绪抒发共同见证了事件的全过程，也共同书写了舆情事件的集体记忆。

通过已有的文献研究与作者的深度访谈，作者发现，在网络舆情事件中，情感对公众集体记忆的形塑主要具有以下三个特点：首先，网络舆情事件中公众的情感经历本身构成了事件集体记忆的一部分；其次，这种集体记忆的深刻程度与公众个人情感和经历的卷入度密切相关；最后，情感对集体记忆的形塑具有长期性和延续性，当一次事件结束后，相似的情感体验可能会在新的事件中被再次触发。

第一，在网络舆情事件中，公众关于事件本身的情绪表达以及事后沉淀下来的情感体验共同构成了公众对此事件的集体记忆。国内学者孙静（2013）曾提出"情感记忆"的概念，认为情感记忆是群体成员基于过往共同的经验、认识、态度等形成的关于某事物的情感状态。由此可以看出，基于共同的情感体验与情感认知而形成的情感记忆也是公众关于舆情事件的集体记忆。在舆情事件结束后，在公众心中所沉淀下来的不仅仅是当时发生的具体情节、人物，还有在整个事件发展过程中公众的情感表达。

在作者的深度访谈中，不少受访者在谈及对舆情事件的记忆时，都谈到自己的情感状态以及周围人的情感状态的感知。无论是对事件中肇事者或施暴者的愤怒、痛恨，还是对事故中受到伤害的弱者的同情、悲悯，这些情感都成为公众心中集体记忆的一部分，长久地留存在公众的心中。例如，虽然距离 2016 年发生的"江歌案"已有几年，但有受访者在谈到对这一事件的记忆时，仍表现出较为强烈的情绪。从受访者的叙述中可以看出，受访者对事件中的主人公之一刘鑫的厌恶与鄙视构成了其对这一事件中记忆的一部分，并且，从受访者谈到的公众对刘鑫再次复出时的指责和谩骂看，公众对其的厌恶情绪也是持续存在的，借由刘鑫的再次复出而被重新唤醒。这种情绪在公众心中留下了长期而深刻的印象，例如，有受访者谈道：

深度访谈 16（P 女士）

我觉得刘鑫这个女孩太可耻了……让人特恶心，看了以后特气愤，就是江歌死了以后，（刘鑫）还一而再再而三地对江歌的母亲没有感觉到亏欠，她好像是无所谓，一点儿人性都没有……对江歌我觉得太可惜了，她一死，整个家庭算是毁了……而且刘鑫在这之后还一再地往江歌的妈妈身上（撒盐），吃江歌妈妈的"人血馒头"……前段时间（刘鑫）不是又出来了，大家把她骂的，（她的）号又让封了，她每一次出来我都觉得她让人更恶心，更厌恶她了。

再如，在谈到 2017 年发生的"于欢案"的时候，虽然该事件已经过去四年之久，但因其中涉及儿子目睹讨债者凌辱母亲等情节，突破了人们的道德底线，给公众造成了较强的道德冲击，因此在人们心目中留下较为深刻的印象。即便在该事件已经结束之后，人们对讨债者的粗暴和恶劣的行径依然记忆犹新。这种出于道德层面的对施暴者的愤恨以及对弱者的同情具有一定的长期性和持续性，这种长期而稳定的情感形成了公众对舆情事件集体记忆的一部分。例如，有受访者在谈及"于欢案"时，对当时事件的情节及讨债者凌辱母亲的行为印象较为深刻，并表现出出于社会基本道德层面的较为强烈的愤怒情绪：

> 深度访谈3（C先生）
> 　　说实在话，我觉得（于欢）这个人做的是对的……（我相信）稍微有点儿血性的（人）都会在第一时间反抗……我看到这件事的时候就对那一群（要账的人）非常愤怒，非常恼火！到底谁欠谁的钱、为什么欠了钱、应不应该还、还多少，这些事我都不在乎，都不想去了解了，首先这种（讨债）手段就是违法的，把人家拘禁到小屋里，用各种（侮辱的）手段，你有这个权力吗……当时我看到网友的评论，很多也是跟我这个想法是一致的……就是愤怒，怒不可制，非得见见血才行！

第二，情感沉淀在集体记忆中的深刻程度与公众自身的卷入度密切相关，从作者的深度访谈来看，与自身的生活经历和切身利益联系越密切的事件，其情感在集体记忆中就越深刻。周葆华、陈振华（2013）的研究表明，网络中的热点事件能够在人们心中形成关于该事件的集体记忆，并且，其记忆的深刻程度受到事件重要性与自身卷入度的影响。在作者的深度访谈过程中，作者也发现了这一点。比如，在受访者中，大多数成为母亲的受访者对"山东非法疫苗案""长生生物问题疫苗事件""红黄蓝幼儿园虐童事件""榆林产妇坠亡事件"等的情感记忆更加深刻和强烈。这是由于这些事件与受访者自身密切相关，受访者作为母亲的身份使得她们很容易将自己代入这些事件的场景当中，从而对其产生深刻的情感记忆，而这种情感记忆也会折射到其现实生活中，对舆情事件之外的日常生活产生一定影响。例如，有受访者在谈及长生生物问题疫苗事件时表示：

> 深度访谈5（E女士）
> 　　当时看到（长生生物问题疫苗）这个事的时候，我第一时间就赶紧把孩子的疫苗本找出来，看看我们有没有打长生生物的这个（疫苗）……当时就觉得他们简直是穷凶极恶，就觉得杀了他们都不过分的

那种感觉，很气愤，很愤怒。你想，刚生下来的宝宝啊……他们简直就是草菅人命，为了挣钱简直是天地良心啥都不顾了，而且家长都是为了让孩子健康成长才去打这些疫苗，但是反而打了这些疫苗（更不健康），甚至严重的都让孩子失去生命了，父母的心你说咋受得了。所以就一直很生气，很愤怒……现在孩子在打疫苗的时候我可能还会想起这件事……

再如，"江歌案"中受害者江歌的母亲在女儿去世后的可怜境地受到了公众的同情和惋惜，许多作为母亲的受访者对其表示理解，甚至感同身受。也有受访者作为母亲，在谈及"江歌案"时表示，该事件在其心里留下了深刻的记忆，使她联想到了自己的孩子如果遇到这样的事情时应该怎么做，并且由此反思自己在教育孩子方面的做法：

深度访谈15（O女士）
　　我对江歌案这件事感触还是比较深的……通过这个案件我得到的一个启示是要正视人性的恶，不可能我们之前都把孩子教育得非常善良，遇到别人都要去帮忙，有正义感，我不是说我未来不去做正义的事情，而是我想告诉我的孩子，在去保护别人之前一定要先学会保护自己。

第三，情感对集体记忆的形塑具有一定的长期性和延续性，当舆情事件的高潮退去之后，沉淀下来的情感体验可能还会在此后的事件中被再次唤醒和触发。已有研究发现，在2016年上半年发生的"魏则西事件"过去的二十多天后，当内蒙古另外一位与魏则西经历相似的患者的新闻出现在公众视野中时，新浪微博中关于"魏则西"的提及量明显上升，说明类似事件的发生再次唤起了公众的集体记忆。个体记忆的存储模型也表明，当个体感兴趣的信息以及与过往经验有关联的信息再次出现并被注意时，个体的记忆系统便经过提取、再现和加工相似的短时记忆而形成个体的长时记忆（刘雨花，2016）。在作者的深度访谈中也发现了这一点。比如，"红黄蓝幼儿园虐童事件"会使受访者联想到之前发生的"携程亲子园虐童事件"，从而强化了个人对幼儿教育的焦虑与不安全感（深度访谈14，N女士）；"乐清女孩乘车遇害案"会唤起受访者对"郑州空姐打车遇害案"与"和颐酒店女子遇袭案"的记忆，从而加深了个人对女性人身安全的担忧与焦虑（深度访谈 13，M 女士）。这说明，具体的舆情事件虽然已经在公众的舆论议题中退场，但其留下的社会性伤痛则会长久地存留于公众的心目当中，并在此后的类似事件中被不断地唤醒与加强。

在 2020 年年初的新冠肺炎疫情期间，一直坚守医疗救治岗位的李文亮医生因感染新冠肺炎经抢救无效而去世。令人惊奇的是，在李文亮医生去世以后，他的微博却依然“活着”，每天都有不少网友在其微博下留言，有的倾诉自己生活的日常，有的直接表达对李文亮医生的感激、缅怀和敬意（图 5.5）。

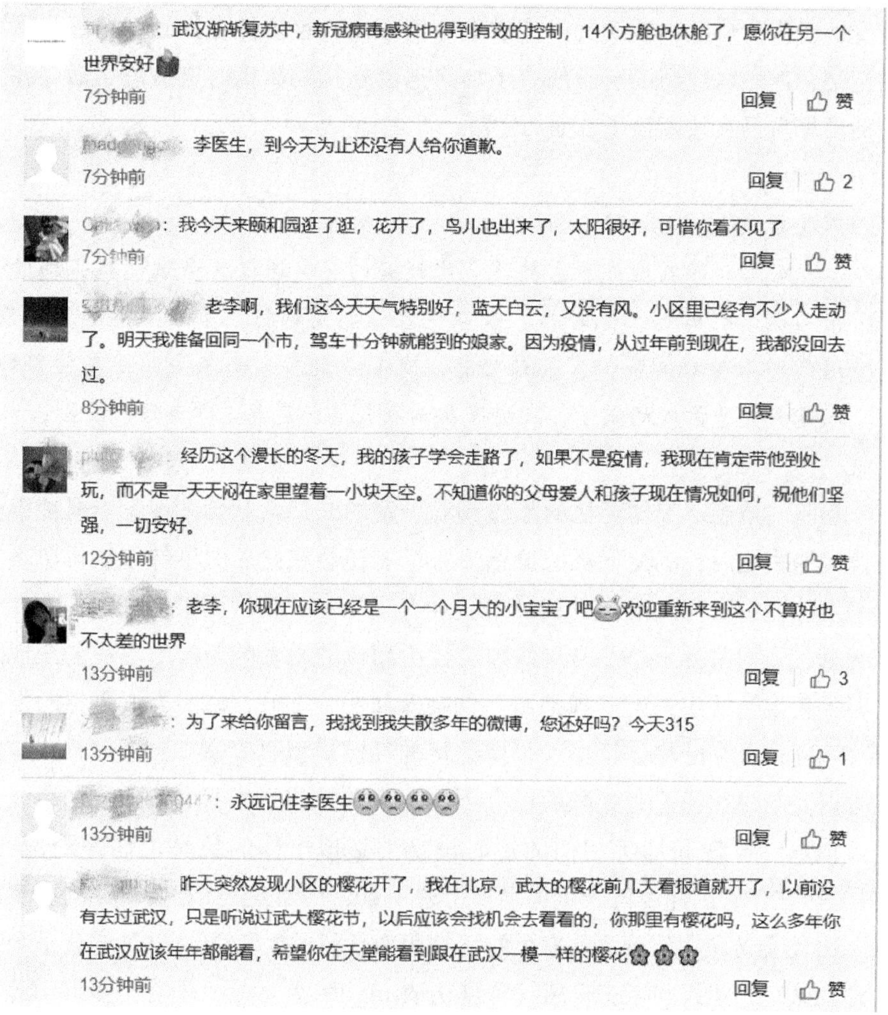

：武汉渐渐复苏中，新冠病毒感染也得到有效的控制，14个方舱也休舱了，愿你在另一个世界安好

7分钟前 回复 赞

：李医生，到今天为止还没有人给你道歉。

7分钟前 回复 2

：我今天来颐和园逛了逛，花开了，鸟儿也出来了，太阳很好，可惜你看不见了

7分钟前 回复 赞

老李啊，我们这今天天气特别好，蓝天白云，又没有风。小区里已经有不少人走动了。明天我准备回同一个市，驾车十分钟就能到的娘家。因为疫情，从过年前到现在，我都没回去过。

8分钟前 回复 赞

经历这个漫长的冬天，我的孩子学会走路了，如果不是疫情，我现在肯定带他到处玩，而不是一天天闷在家里望着一小块天空。不知道你的父母爱人和孩子现在情况如何，祝他们坚强，一切安好。

12分钟前 回复 赞

：老李，你现在应该已经是一个一个月大的小宝宝了吧欢迎重新来到这个不算好也不太差的世界

13分钟前 回复 3

：为了来给你留言，我找到我失散多年的微博，您还好吗？今天315

13分钟前 回复 1

：永远记住李医生

13分钟前 回复 赞

昨天突然发现小区的樱花开了，我在北京，武大的樱花前几天看报道就开了，以前没有去过武汉，只是听说过武大樱花节，以后应该会找机会去看看的，你那里有樱花吗，这么多年你在武汉应该年年都能看，希望你在天堂能看到跟在武汉一模一样的樱花

13分钟前 回复 赞

图 5.5　李文亮医生微博评论部分截图

无论是直接的悼念还是"拉家常"式的倾诉，都说明此事件在公众心目中留下了深刻印象和情感印记。即便在李文亮医生去世后，该事件也并未完全退出公众视野。这种日记式的"互联网哭墙"构成了网络中的一道奇观。由此可以看出，互联网是有记忆的，公众对李文亮医生的敬重、感恩与怀念构成了人们对此事件的集体记忆，而这种集体记忆是具有长期性和延续性的，即使在事件已经告一段落后，公众的集体记忆依然存在，并长期存留于公众的心中。可以说，情感不断地强化着公众的集体记忆，而公众的情感也在集体记忆的延续中被不断地唤醒和加强。

5.3.2 情感对原型的强化

从网络舆情事件中沉淀下来的社会情感除了书写公众关于舆情事件的集体记忆之外，也对原型起到了强化作用。可以说，舆情事件中的公众情感强化了公众已有的原型认知，反之，被强化后的原型认知也能够在此后类似事件的发生再次唤醒公众情感。情感与原型之间形成相互激活、相互强化的互动关系。

"原型"（archetype）是希腊语中的一个词汇，意为"原始模型"或"某事物的典型"，是指事物理念的根本来源。瑞士心理学家荣格（Carl Gustav Jung）较早地将其引入心理学理论研究中。他认为，原型是在人类进化过程中形成的，是人类大脑携带着代代相传、不断积累下来的某些共同的社会经验中凝练而成的，是在集体性的关于历史的种族记忆的基础上沉淀下来的共同认知（荣格，2011）。由此可以看出，荣格更强调原型的先验性、积累性和延续性。此后，众多学者沿用了这一概念，但大多数摒弃了对原型具有先验性的观点，更强调原型的社会性与文化性，认为原型是社会成员在社会文化的建构中形成的对历史的集体记忆和情感体验。例如，加拿大文学批评家弗莱（Northrop Frye）从文学角度解释了原型的意义，更强调原型是在不断的社会建构与传承中形成的，认为原型是从众多的描写和叙事中提炼出来的某种典型的固定思想和认知，体现了文学中"结构单位的稳定性"（弗莱，1998）。菲德莱尔（1983）认为，原型是人们潜意识中存在的，由某些观念和情感共同构成的某种固定组合模式，它能够很容易地被社会成员所理解，但又很难用某个具体的词汇去表达。

由此来看，学界对原型一词的认识经历了从先验性到社会性的一个修正与发展过程。本书延续对原型这一概念的社会性认知，认为原型是在社会建构中形成的、由社会共享地对某些事物固定的认知模式和情感组合。从这一意义上讲，原型本身即包含了一定的理性认知与情感的部分，它将现实中的某些客观意象与人们内心的主观感受相联结，对理解舆情事件中的情感沉淀具有一定的启发意义。一方面，网络舆情事件中公众的情绪表达和情感沉淀强化了公众心中原有的原型认知；另一方面，经过情感沉淀而成的原型也能够在此后的事件中再次触发人们相似的情感体验。

在传播学研究当中，与"原型"含义相似的有两个概念：一是刻板印象，二是框架。刻板印象（stereotype）这一概念是由美国传播学者李普曼（Walter Lippmann）提出的，他认为，新闻媒介为人们创造了一种"拟态环境"，新闻媒体的选择与呈现方式形塑了人们对某些事物的理解与认知，因此，在很多情况下，人们不是基于自己的了解和判断来定义事物，而是在已有的先入为主的观念下理解事物（李普曼，2006）。由此可以看出，刻板印象与原型在概念上主要存在以下两点不同：首先，刻板印象强调的是新闻媒体的选择和呈现方式形塑了人们对事物的理解与认知，而原型则是在社会文化的建构下形成的，存在于人的思维和意识层面的，更加深沉而固定的"最原初的结构范式"。相较于刻板印象而言，原型更加具有深刻性和稳定性。其次，刻板印象主要是指人们在媒介呈现中形成的对某些事物的理解与认知，而原型不仅包含对客观意象的理解与认知，也包含了人们对这些意象更多的主观情感因素。而戈夫曼的框架（frame）是指人们用来感受、认知和理解周围环境与社会生活的某种认知结构，它实际上来自内化了的社会规范和自我的情境定义（杜骏飞，2017）。与此相比，原型不仅包含了人们对事物的某种固定的认知方式，而且包含了对其的情感体验。并且，与内化的社会规范与自我的情境定义不同，原型是在历史发展、文本互构和记忆的再现中被不断建构起来的某种深层的认知结构与情感态度（蒋晓丽、何飞，2017）。本书对网络舆情事件的情感沉淀研究不仅包含了对某些意象的客观认知，而且更强调对其的主观情感体验，以及不同舆情事件对某些原型的社会建构意义，因而采用原型的概念更加贴切。

已有的大多数研究关注的是在网络舆情事件中原型对情感的激活作用，例如，原型叙事能够通过建立某种二元对立的模式（比如官—民、贫—富等）激活个体情感，引发群体的情感共鸣，加剧公众的情感张力（蒋晓丽、何飞，

2017）。开薪悦、姜红（2019）通过分析"昆山反杀案"后也认为，公共事件中二元对立的原型叙事极易引发公众的情绪宣泄，其中，"侠客复仇"的原型中既包含了中国传统文化的累积脉络，又体现着当下社会转型期的现实矛盾。作者通过深度访谈发现，原型不仅能够对情感起到唤醒、激活、强化的作用，还能够加强公众心目中的原型认知。

在 2019 年被曝出的"孙小果案"中，由于孙小果身份特殊，其父母均曾为国家公职人员，在孙小果犯下强奸、强制侮辱妇女、故意伤害等累累恶行后，其父母屡次为其四处活动奔走，通过"改名"变身等手段逃脱法律的制裁，使孙小果被屡判屡放，因而招致网民的强烈愤慨。网民纷纷对这起事件中孙小果的减刑依据、家庭背景及背后的"保护伞"等问题提出质疑。随着全国扫黑办和公检法机关的再次深入调查和跟进处理，直到 2020 年 2 月 20 日，孙小果被执行死刑，此事才彻底结束。此事件虽然已经告一段落，但网民由此事件引发的对"官二代"群体的负面情感并未完全消减，并且通过此事件更加深了对"官二代"这一群体标签的负面认知。例如，有受访者谈道：

深度访谈 9（I 先生）
  现在回想起（孙小果案）这个事儿，就是"黑社会""官二代""官官相护"这些词儿……对"官二代"现在就觉得它是个贬义词……包括最近网络上还经常不停地出现这些事情……这次（新冠肺炎）疫情的"大意失荆州"事件里，他还只是个科长的孩子都敢这样炫……通过这个事儿，大家肯定是对"官二代"的印象更不好了……甚至还能想到李双江的孩子、"我爸是李刚"等等，艺人也好、名人也好，肯定是有他值得挥霍的东西、资源，认为出了事儿都有人兜，所以才有恃无恐。

通过以上内容我们可以看出，在网络舆情事件中，受访者对舆情事件中涉事主体的情感态度强化了其对该群体的原型认知。经过舆情事件的发生、发展到结束的整个过程后，公众的情感并未随着舆论高潮的退去而戛然而止，反而经过情感的沉淀加深和固化了公众心中原有的认知模式与情感体验。同时，从受访者的访谈内容中也可以看出，公众情感对原型认知的影响是长期、连续和持久的，能够在不同的事件中被不断地唤醒、加强、再现、加固，形成循环往复的一个闭环。当"孙小果案"结束后，公众对"官二代"的原型强化也重新唤醒了此前及新近发生的类似事件（比如"我爸是李刚事件""大意失荆州事件"等）中公众对该群体的情感体验。可以说，网络舆情事件中公众的情感沉淀既强化了公众已有的原型认知，同时，强化后的原型认知也能够在此后发生类似事件中再次唤醒公众情感。

整体而言，在网络舆情事件中的情绪衰退期内，虽然从事件进程上来看已经告一段落，网络空间中的公共舆论与情绪表达也已经平息，但舆情事件在人们的心理和认知层面却产生了更为深沉而长远的影响。这种情感沉淀的影响在集体记忆的形塑与原型强化等方面已经超越了这一具体事件中的涉事主体、情节与结果，与当下中国普遍存在的社会问题相勾连，从而对未来相似事件的发生积累了"情绪能量"，影响着整个社会的心态。

6 结论与讨论

在前面各章,本书分析了网络舆情事件的不同阶段中公众情绪从启动到爆发再到衰退的动态过程。在此基础上,本章将结合社会运动相关理论,总结本书的主要研究结论,并从实践角度提出网络舆情事件中情绪引导的策略建议。最后,本书指出此次研究的不足之处与未来可能的发展方向。

6.1 "情绪周期"的理论想象

本书在西德尼·塔罗所提出的"争论周期"(cycles of contention)这一概念的基础上,提出了"情绪周期"的概念,并从舆情事件发展的不同阶段将网络舆情事件中的情绪周期大致分为情绪启动、情绪爆发和情绪消退三个阶段,主要探讨了网络舆情事件中的情绪从何而来、如何传播及为何消散三大问题。

从微观角度而言,网络舆情事件中的情绪经过了启动、爆发到逐渐消退的动态过程。在情绪的启动阶段,在社会变迁和社会结构的影响下形成的"结构性情感"与舆情事件中各种话语刺激下产生的情绪发生共振,从而迅速被点燃、引爆为激烈的"情境性情绪"而释放出来。在情绪的爆发阶段,不同类型的情绪通过社交媒体的传播形成结构各异的传播网络。其中,作为"情绪源头"的媒体机构与作为"情绪枢纽"的草根大V在情绪传播网络中起到了关键作用。在情绪的消退阶段,那些由具体事件引发的"情境性情绪"伴随着信息释放和焦点转移而逐渐消散,而那些与社会现实矛盾相关的情感则经过情感反思和情感沉淀,凝结为"反思性情感"长期存留于公众心中,并在以后的事件中仍然可能被唤醒。至此,我们可以看到,网络舆情事件中的情绪已超越了单一的、具体的事件,从而在更广泛意义上的社会中长期停留和作用。因此,本书在微观意义上以情绪周期为基础提出情绪周期也存在于更宏观意义上的社会范围内。

从宏观角度而言,"争论周期"的概念提示我们,热点事件的发生不是孤立的存在,它们之间存在着某种联系。人们总是从过往的历史和经验中学习,在以后的行动中借鉴或模仿这些"习得的惯例"(Tarrow, 2011; Liu, 2016)。从这一意义上说,争论周期通过传播、形成与合法化集体行动的形式,而产生一种更加长远而广泛的影响,而这种影响已经超越单个的具体事件(Liu, 2016)。因此,麦克亚当(McAdam, 1995)曾指出:"我们应该将我们的注意力从离散的社会运动转移到更广泛的'运动家族'(movement families)或'抗议周期'(cycles of protest)上。"由此可以看出,宏观层面的争论周期认为不应将每一次的舆情事件视为孤立存在的,它更强调了不同的舆情事件之间的联系。在此基础上,本书认为,宏观角度的"情绪周期"主要是指舆情事件之间的情绪周期,即情绪超越了单一的舆情事件,在不同的舆情事件中被不断地启动、强化、平息、再唤醒,从而对宏观社会层面的舆论环境起到持续而长远的影响。

6.1.1 事件层面的情绪周期

就单个的网络舆情事件而言,本书在第3~5章已按照舆情事件发展的过程分析了情绪在不同阶段的运行和传播机理。基于上述分析,本书对网络舆情事件层面的情绪周期特点总结如下。

在网络舆情事件的导入期,舆情事件从发酵到进入公众视野主要经历的是情绪启动的阶段。此时,网民所表达出的种种激烈情绪并非空穴来风,而是源于该事件传播过程中的文本刺激与社会中长期存在的"结构性情感"产生的共振,从而造成"情境性情绪"的引爆。这与舆情事件发生的宏观语境、社会现实结构以及传播过程中的文本刺激有着直接关系。

首先,社会的变迁与发展构成网络舆情事件中公众情绪启动的宏观语境。在经济逻辑下,经济的高速发展带来了贫富差距扩大、社会利益格局分化,同时伴随着阶层固化、认同分歧等社会问题的出现,社会矛盾频频显现。在技术逻辑下,互联网的技术赋权使社会情绪的多元化表达成为可能,同时,从原子化社会到部落化社会的转向为网络舆情中个体情绪的相互感染创造了有利的环境条件,从而使得"后真相时代"中的个体情绪成为一种重要的社会动员力量。

其次，社会结构塑造了社会中长期存在的某些"结构性情感"。在由"倒丁字形"向"土字形"过渡的社会结构中，中等收入群体开始崛起，从而对形塑情感与网络舆论生态产生重要影响。在社会结构的形塑下，中国社会形成了一些长期且普遍存在的社会"结构性情感"，例如，信任缺失与信任异化、社会焦虑与不安、社会怨恨等。

最后，社会"结构性情感"之所以能够在短时间内迅速被引爆，并转化为"情境性情绪"，离不开舆情事件传播过程中的文本刺激，包括"道德震撼"为"道德电池"积蓄情绪能量，文本"互文性"唤醒公众的情绪记忆，通过网络谣言进行情感动员，采用视觉修辞强化情绪渲染。在各种形式的文本刺激下，公众长期以来存在的结构性情感要素被唤醒、激发、点燃，从而促使公众情境性情绪的爆发，同时也将网络舆情事件推向高潮。

网络舆情事件的高潮期主要是公众情绪的爆发阶段。在这一阶段中，被点燃的公众情绪通过舆论表达等形式在网络空间中不断传播、扩散和感染，形成公共舆论的高峰和一幅幅浓淡交织的情绪图谱。通过对"红黄蓝幼儿园虐童事件"的个案分析，作者发现，在此事件中传播范围较广、影响力较大的主要情绪类型（愤怒、厌恶、悲伤、恐惧）的传播网络中，借助大型媒体机构和名人明星强大的影响力而形成了"放射状"的情绪传播结构。而此事件中传播范围较小的快乐和惊讶情绪则主要在草根大V和普通用户之间传播，由于其影响力相对比较弱，因而呈现出相对比较零散的"星点状"情绪传播结构。在传播过程中，社交媒体中的一些特殊节点对情绪的扩散和传播起到了至关重要的作用。通过数据分析作者发现，其中的关键节点主要分为两类：一类是以媒体机构用户为主的"情绪吸引力"较强的节点，他们作为网络舆情事件中主要的信息释放者，虽然本身发布的内容中较少包含主观情绪，但很容易引发大量网民的情绪表达，从而成为情绪传播的"源头"。另一类是以草根微博大V为主的"情绪凝聚力"较强的节点，他们更擅于通过煽情化的表达，并凭借其在特定领域内的影响力，因而成为情绪传播网络中重要的"情绪枢纽"。最后，从关键节点情绪传播力的影响因素来看，用户的性别、认证身份、微博使用程度都对用户的情绪传播力产生了重要影响。微博使用程度较高的男性用户在情绪传播网络中的影响力较大，机构认证类用户更容易引发网民情绪，而个人认证类用户更容易凝聚网民情绪。

在网络舆情事件的衰退期，公众情绪经过了前期的宣泄与释放，能量大大降低，经过了情绪消解、反思与沉淀而逐渐平息。通过对网络舆情事件的见证者进行深度访谈，作者发现，在经历了事件导入期的情绪启动与事件爆发期的情绪宣泄后，伴随着舆情热度的逐渐降低，公众在舆情事件中的情绪也逐渐衰退。其中，那些由具体事件而引发的"情境性情绪"比较容易通过信息释放和焦点转移等方式伴随着舆情事件结束而逐渐消解，而那些指向社会深层问题的"结构性情感"则不容易消散，它会伴随着舆情事件热度的降低而逐渐经历情感的反思、沉淀与升华，从而再次成为长期弥漫在社会中的一种普遍存在的"反思性情感"，也为此后类似事件的发生积蓄新的情绪能量。

具体来看，一方面，伴随着官方权威信息的释放与政府的善后调查与主动回应，许多因信息不对称或网络谣言而引发网民的负面情绪能够迅速得到冷却；另一方面，公众在网络中的注意力转移也使得其对具体事件情节的情绪得到了快速消解。当喧闹的情绪狂欢过去之后，主流媒体对事件的理性发声与批判性思考有力地将网民的亢奋情绪导向更加深沉、理性、克制的反思。公众情绪也逐渐由"情境性情绪"向"反思性情感"转化。这一转化过程主要有两个特点：一是反思性情感主要指向社会中长期存在的现实问题与矛盾，其目的往往是社会现实环境的改善；二是反思性情感的形成过程是一个动态累积和变化的过程。当那些激烈、冲动而短暂的情境性情绪能量得到充分释放后，留存下来的情感内容则凝结为在社会成员中被共享的一些情感体验而长期停留在公众心中，从而形塑了公众的集体记忆并强化了公众的原型认知，同时，沉淀后的社会情感依然可能在以后的类似事件中被再次唤醒和触发。

整体来看，情绪贯穿于网络舆情事件的整个发展过程，在事件的不同阶段呈现不同的传播特点，正是在各种情绪的酝酿、流动、碰撞、交融和转化的过程中，构成了舆情事件层面的"情绪周期"（图6.1）。

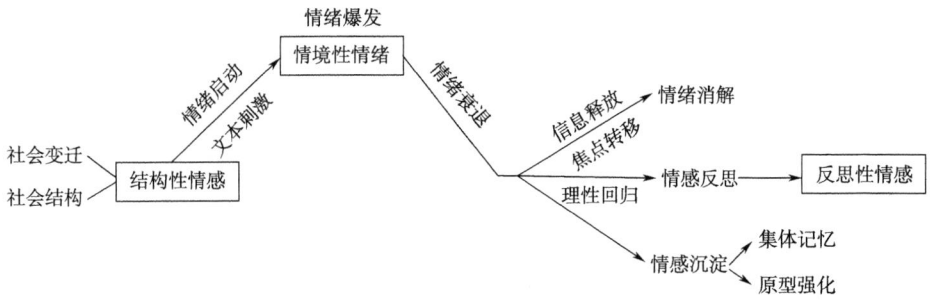

图 6.1 网络舆情事件层面的情绪周期

具体而观,从情绪的强度看,网络舆情事件中的情绪强度基本与网络舆论热度的走势一致,呈现"抛物线"式的传播轨迹:在经历了事件导入期的情绪唤醒与启动之后,在事件爆发期得到集中的释放与宣泄,而后伴随着舆情事件的结束逐渐衰退和平息。从情绪的构成类型看,网络舆情事件中公众情绪经历了一个"结构性情感—情境性情绪—反思性情感"的转化过程,从而构成一个完整的情绪周期。事件导入期,在社会变迁语境与社会结构的共同塑造下而形成的"结构性情感"在舆情事件的各种文本刺激下被迅速点燃,转化为"情境性情绪",经过事件爆发期的情绪释放,一部分情绪逐渐平息和消解,而另一部分情绪则经过理性的回归而转化为"反思性情感",并且经过情感沉淀而形塑了公众的集体记忆和原型强化,从而影响了整个社会心态。

从这一意义上看,网络舆情事件中的情绪传播轨迹已超越了单个的具体事件,从而与更多的事件联系起来。伴随着一个事件的酝酿、爆发与结束,情绪的能量得到释放后,通过情感反思和情感沉淀而凝结为新的情感,强化或削弱既有的结构性情感,继续为新的舆情事件积蓄情绪能量,直到在下一个事件爆发后被再次唤醒和点燃。换言之,具体的舆情事件虽然结束了,但情绪传播的轨迹和影响仍在继续,并且会在不同的事件中被不断地唤醒、释放、消解、反思、沉淀,流动的情绪也构成了社会现实结构的一个重要组成部分。

6.1.2 社会层面的情绪周期

如前所述,网络舆情事件中的情绪已超越了单一的具体事件,成为现实社会中一股重要的结构化力量,贯穿于不同的舆情事件之中。当新的事件发生,唤醒了社会中长期存在、但"隐而不发"的结构性情感,通过情绪表达进行宣泄与释放,逐渐平息后又通过情感反思与情感沉淀再次凝结为"休眠"状态下的反思性情感,待到下一次事件发生时又被再次唤醒。整体而言,情绪在整个社会中经历着"休眠—唤醒—释放—消解—反思与沉淀—再次休眠—再次唤醒……"如此循环往复的周期性过程。正如古德温等(Goodwin et al., 2001)所言,"集体行动中表现出的情绪重塑了更广泛意义上的情绪文化以及此后社会运动中可用的情绪剧目。"在这种运行与传播机制下,情绪成为勾连起各种网络舆情事件的一根丝线,在不同的事件中穿梭与流动。舆情事件虽然结束了,但情绪的影响并未消散,积攒而成的"情绪能量"依然能够在未来的事件中被激发,并在整个社会中进行着"波浪式"的周期性传播。具体来看,本书从以下三个方面阐述社会层面的情绪周期。

首先,在循环往复的情绪周期中,各种情绪经历了反复的唤醒、启动、释放、反思,最终凝结为某种"情感结构"而成为社会文化的一部分。"情感结构"(structures of feeling)是雷蒙·威廉斯文化唯物主义的一个核心概念,它是指一种当下的、现实性的、发展的、具有某种建构意义的社会或个人的共同经验(李丽,2015)。正是在这种社会长期建构形成的"情感结构"的作用下,在各种各样不同类型的网络舆情事件中,总有某些特定类型的情绪容易被唤醒、激活和释放,比如,怨恨、愤怒、焦虑等。当不同时间、不同地点的网络舆情事件发生时,容易把人带入一种时空场景中,事件的相似性使得公众可以抽离掉时间和空间,余下的便是稳定的结构性要素(佟新,2003)。而当新的舆情事件发生,并与社会中的情感结构产生共振时,情绪周期便会在新的舆情事件刺激下迅速启动和运行。长此以往,在社会结构性因素与层出不穷的舆情事件的不断刺激下,情感结构便会形成,从而使情绪超越了具体的舆情事件,在更加宏观意义上的社会层面中运行和传播。

其次,网络舆情事件中情绪周期造成的不仅是个别典型事件对社会的"个案式冲击"(毛湛文,2015),而是对现实社会的叠加式影响。这种影响超越了事件当下的时空界限,在社会历史发展的长河中不断积累、延续和影响。从1994年中国全面接入国际互联网起,中国便正式步入互联网时代。经历了从门户网站到搜索引擎、从搜索到社交网络、再到今天的移动互联网和自媒体的方兴未艾,中国互联网进程二十五年的发展不断实现着对现实社会的价值重构,"物的逻辑"正在被"人的逻辑"所取代(喻国明,2017b)。这个过程是互联网技术对社会大众不断赋权的过程,同时也是中国社会进行改革和实现社会转型的巨变时期。中国社会经济在高速发展的同时,也带来不少社会问题,贫富差距的扩大、社会矛盾的加剧无不影响着整个社会结构和心态。而情绪在网络舆情事件中的传播也正是根植于中国的互联网发展进程与社会转型的洪流之中。网络舆情事件中的情绪来源于社会变迁语境下的现实结构与技术变革下网络社会的崛起,同时也作用于现实社会与网络空间。舆情事件之间情绪周期的运行过程同时也是一个网民个体能量被不断激活、意见表达的力量逐渐彰显,并不断塑造着网络社会的舆论格局与现实社会结构的过程,是一个持续而渐进的过程。

最后，从实践角度而言，网络舆情事件之间的情绪周期也提示着相关网络管理部门，网络舆情治理要重视对"人"与现实社会的关照，以及危机应对与舆情治理措施所造成的长远影响。一方面，网络舆情事件中所表现出的情绪通常是有一定的社会现实来源的，因此，在舆情应对中，管理者应多采用温和、人性化思维回应公众诉求，以促进对话与达成共识为目标参与和引导公共话语讨论。同时，网络舆情事件中所反映出的现实社会问题也需要在多元主体的共同努力下逐步得到妥善解决。另一方面，由于事件结束后情绪的影响是持续而恒久的，因此涉事主体和相关管理部门在一个事件中的应对和处理亦会影响下一个事件中公众的态度与评价。已有研究也表明，组织的"过往表现"（performance history）会改变公众对危机责任的看法，从而影响组织声誉（Coombs，2004）。管理者应重视过往表现对组织声誉造成的影响。每一次的危机应对与处理方式都会成为公众评估组织公信力的重要标杆（何子英等，2014）。因此，政府在舆情应对中更应遵循"公开透明"和"勇于担当"的原则（四川在线，2017），主动、及时地向外界公开信息，建立良性的公共对话机制，超越"塔西佗陷阱"。

6.2 网络舆情中情绪引导的策略建议

在网络舆情事件的传播过程中，借由显性的公共舆论的表达，公众情绪也得以释放与传播。其中，公众情绪的表达与释放既可以成为一种影响社会稳定的破坏性力量，也可能成为舆论治理的一种宝贵资源（郭小安，2019b）。在层出不穷的网络舆情事件中，如何将情绪资源融入公共协商对话之中，避免其潜在的破坏性作用，是社会管理者与学术研究者共同关注的话题。基于本书的研究结论与发现，本节将从媒体、公众与政府三个层面对网络舆情事件中的情绪疏导提出学理性建议。

首先，在媒体层面，应在对话建立中充分发挥媒体公共性的主体作用。本书的实证研究发现，新闻媒体机构在网络舆情事件的情绪传播过程中具有较强的"情绪吸引力"，凭借其在社交媒体中强大的信息传播能力与舆论影响力，容易成为公众情绪传播的"源头"。这一结论从一定程度上说明媒体机构在情绪传播过程中仍然具有较强的影响力。因此，在网络舆情事件中，媒体应在多元主体的互动对话中扮演好公共性的社会治理主体角色，在尊重事实、理性报道的基础上，更加重视人文关怀。一方面，媒体应尊重新闻的客观性与真实性，努力全面而客观地呈现事件的真相，扮演好公共平台的角色，并用"公共理性"的视角及时对事件进行反思，避免出于情感和道德层面而走向"弱者的正义"（袁光锋，2014）；另一方面，媒体也应在事实的报道中更多地重视人文情怀，重返生活，回归对"人"本身的关注，及时对公众关心的议题与诉求进行回应与跟进，利用融媒体报道等多种技术为公众创造更好的情感体验，在立场认同、角色认同的基础上与公众建立起"情感共同体"，实现自身的社会治理职能。

其次，在公众层面，要提高公众的媒介素养，培养公众的批判性思维能力与理性反思能力，强化公众作为传播者的社会责任感。在网络舆论场域中，各色各样的海量信息鱼龙混杂、质量参差不齐。有的自媒体甚至在商业利益的驱使下，为了获得公众更多的点击量和认同度，故意采用煽情化的表达，甚至扭曲事实，为公众造成更加复杂的信息环境和言论环境。然而，对大部分普通民众来说，早已习惯于依赖媒体或官方机构被动地接收信息，并不擅长从各种鱼龙混杂的信息中做出理性分析和判断，故而容易受到不实信息的误导而产生强烈的负面情绪。本书的实证研究也表明，社交网络中的草根大V们凭借其直接而煽情的情绪化表达，及其在特定领域内具有较大的影响力，因而具有较强的"情绪凝聚力"，容易成为情绪传播中的关键"枢纽"。因此，加强公众的批判性思考能力，提升公众整体的媒介素养，在如今的社交媒体时代显得更为关键。公众也应意识到社交媒体带来的"过滤气泡"，努力避免因自身的信息偏好而造成信息获取的偏颇，在信源的选择上更加注重权威性和公信力，从而全面地获取各种信息营养。同时，在"人人都有麦克风"的自媒体时代，公众不仅是海量信息的接收者，同时也是互联网空间中的传播者。复杂多样的传播环境考验的不仅是公众的信息甄别能力，也是公众的信息传播能力。因此，应培养和加强公众作为网络情绪传播者的社会责任感，全面提升公众的媒介素养。

最后，在政府层面，要破除"情绪"与"理性"的二元对立思维，尊重事件层面与社会层面的"情绪周期"规律，在情绪传播的不同阶段采用针对性措施进行情绪引导与舆论治理。事实证明，在舆情管理中若一味地采用"硬性"思维往往收到的是网民情绪更加激烈的反弹。正如习近平总书记2016年4月19日在网络安全和信息化工作座谈会上指出的："对广大网民，要多一些包容和耐心，对建设性意见要及时吸纳，对困难要及时帮助，对不了解情况的要及时宣介，对模糊认识要及时廓清，对怨气怨言要及时化解，对错误看法要及时引导和纠正。"（新华社，2016）因此，相关管理部门应用更加包容和审慎的态度，有针对性地审视和应对网络中各种各样的利益诉求和情感表达，将情绪作为一种治理资源融于公共对话与协商之中，在情绪周期的不同阶段采取相应的策略进行情绪疏导。在情绪启动阶段，由于网络情绪通常来源于一定的社会现实矛盾，因此，应注重"线上问题"的"线下解决"，对公众情绪的聚焦点与现实中的关切点予以及时的回应，及时解决公众的利益诉求与矛盾点，从根源上预防和纾解大规模的负面情绪爆发。在情绪爆发阶段，应适度允许情绪的"选择性释放"，为公众在事实不清或信息不对称的情况下提出合理质疑提供适当的空间。同时，也要及时对网络谣言进行澄清，对事实真相与事件进展进行充分的还原与公布。最后，在情绪的衰退阶段，管理者应积极引导公众进行理性的反思，重视每一次舆情事件可能带来的长远影响，通过一定的制度化体系对公共舆论中的情绪要素进行治理，将对情绪资源的利用纳入常态化的公共协商与对话之中，加快构建舆论引导新格局。

6.3 研究的不足之处

本书从网络舆情事件发展过程的角度探讨了情绪在事件不同阶段中的运行和传播机制，回答了情绪在事件导入期中从何而来、在事件爆发期中如何传播、在事件衰退期中如何平息三大基本问题，并在此基础上尝试提出"情绪周期"的理论设想，具有一定的开拓性与创新性。作为一项探索性研究，本书仍然存在许多不足之处。

第一，在研究设计方面，囿于个人研究能力和精力限制，本书在对情绪爆发期的传播结构与关键节点的考察中，仅以新浪微博平台上关于"红黄蓝幼儿园虐童事件"的相关讨论内容为分析样本，而对于不同媒介平台以及其他舆情事件的讨论则相对缺乏。在数据抓取的平台方面，虽然新浪微博仍是网络舆情事件公共讨论的主战场，但是随着各种媒介形式的发展，公众参与讨论与情绪表达的平台越来越多样化，如论坛、社区、新闻App、微信等，情绪的传播在不同媒介平台也可能呈现出各异的特点。因此，如果能收集到多平台的数据进行对比分析将更加理想。在案例选取方面，本书对情绪爆发期的考察主要是基于单一个案的微观分析，网络舆情事件的种类多样，单一事件的描述和分析可能不足以代表网络舆情事件的全貌。如果能够针对不同种类的网络舆情事件，选取一系列代表性案例进行全面的情绪分析，本书关于情绪爆发期传播结构与关键节点的研究结论可能更有代表性和说服力。

第二，在数据分析方面，本书在情绪分析的准确度和全面性方面还有待提高。在情绪分析的准确度方面，由于机器学习进行情绪识别的精度很大程度上依赖于所输入的人工编码的数据训练集，人工编码的数据越多，机器学习算法的准确率则越高。虽然本研究按照常规的训练数据量（总量的10%）训练机器学习的分类器，但由于微博中的表达形式复杂多样，存在许多口语化、网络语言等表达形式，以及反讽、借代、比喻等修辞手法，给机器学习的识别精度带来许多困难。如果能进行多次的人工编码，加大数据训练集的输入量，对分类器算法进行反复的修正和完善，将会提高机器学习进行情绪识别的准确度。在情绪分析的全面性方面，由于机器学习算法进行文本自动化情绪识别的前提是文本中包含了足量的可识别信息，因此，大量的微博评论内容因字数不足，算法无法识别出足量的有效信息进行情绪判断，故未纳入此研究当中，也是本研究的一项缺憾。

第三，在理论发展方面，本书尝试在社会学与传播学的交叉地带研究情绪在网络舆情事件中的运行和传播机制，但在实际研究中，在理论分析与发展的深度方面还比较欠缺。虽然本书在第三章中对不同类型的情绪传播结构进行了描述性分析，但在结构差异的理论解释方面则仍显不够，存在重描述而轻解释的短板。同时，本书对事件衰退期内公众情绪的消退路径的阐释也缺乏系统化的理论指导，存在一定的主观性。另外，本书虽然借鉴了社会运动理论中"争论周期"的概念而提出了"情绪周期"的理论设想，但在后续的理论阐释与发展方面挖掘的不够深刻，有待于在今后的研究中继续完善。

6.4 未来可能的研究方向

结合目前已有的研究现状与本书的研究发现，作者提出如下几个未来可能的研究方向。

首先，本书关于情绪爆发期的传播结构考察是基于新浪微博中的个案分析，在媒介平台和案例选择上仍有较大的发展空间。在媒介平台方面，除了新浪微博外，微信也是事件发酵和公众讨论的一大平台。尤其是一些自媒体微信公众号的推文在朋友圈的传播和扩散，对公众的情绪影响和舆论引导也起到了至关重要的作用。除此之外，网络论坛、新闻 App 等都是公众进行观点表达和情绪抒发的平台。在案例选择方面，在未来的研究中，可以纳入多平台、多案例的对比综合研究，更加全面和深入地研究情绪在不同传播平台、不同类型事件中的运行和传播机制，完善相关研究的理论体系。

其次，本书主要聚焦于情绪在网络舆情事件中的运行和传播机制，但对情绪传播与舆情事件发展之间的互动关系探讨不足。事实上，情绪作为网络舆情事件发展过程中一条明显的线索，对舆情事件的动员、持续和结束都起着至关重要的作用。在未来的研究中，可以将公众的"情绪周期"与事件的发展轨迹结合起来，探究情绪对舆情事件的产生、发展和结束产生着怎样的影响，进而探讨在网络舆情事件中"情绪周期"与事件发展的互动关系。另外，也可以从认知、情绪、行动三者之间的关系层面深入探究情绪在舆情事件中的角色和作用。

最后，本书关于情绪传播的空间结构与关键节点的研究重点集中于静态视角中的描述分析，而随着舆情事件的进展，网民情绪的传播结构可能在短时间内会出现巨大的转变。因此，在未来的研究中，可以将舆情事件发展中更加详细的时间节点与情绪的演变结合起来，探讨舆情事件中网民情绪传播结构的动态演变，建立动态的情绪传播图谱，从而能够发现情绪的传播与舆情事件发展之间更为微妙的关系，也能够为网络管理者提供更翔实的实证材料支撑。

参考文献

[1] 奥尔森. 集体行动的逻辑 [M]. 陈郁, 等译. 上海: 上海人民出版社, 1995: 2-3.

[2] 卞清, 高波. 从"围观"到"行动": 情感驱策、微博互动与理性复归 [J]. 新闻与传播研究, 2012 (6): 10-17.

[3] 曹洵, 张志安. 基于媒介权力结构的微博意见领袖影响力研究 [J]. 新闻界, 2016 (9): 43-49.

[4] 陈安繁, 金兼斌, 罗晨. 奖赏与惩罚: 社交媒体中网络用户身份与情感表达的双重结构 [J]. 新闻界, 2019 (4): 27-44.

[5] 陈昊, 李文立, 柯育龙. 社交媒体持续使用研究: 以情感响应为中介 [J]. 管理评论, 2016, 28 (9): 61-71.

[6] 陈红玉. 视觉修辞与新媒体时代的政治传播 [J]. 西南民族大学学报 (人文社会科学版), 2017 (1): 179-183.

[7] 陈顾, 吴毅. 群体性事件的情感逻辑: 以 DH 事件为核心案例及其延伸分析 [J]. 社会, 2014, 34 (1): 75-103.

[8] 陈相雨, 丁柏铨. 抗争性网络集群行为的情感逻辑及其治理 [J]. 中州学刊, 2018 (2): 166-172.

[9] 陈新汉. 民众评价论 [M]. 上海: 上海人民出版社, 2004: 200.

[10] 成伯清. "体制性迟钝" 催生 "怨恨式批评" [J]. 人民论坛, 2011 (18): 20-21.

[11] 成俊会, 张思, 吉清凯. 基于 SNA 的社会热点事件微博舆情阶段性传播网络的结构分析: 以 "于欢案" 为例 [J]. 管理评论, 2019, 31 (3): 295-304.

[12] 程琬芸, 林杰. 社交媒体的投资者涨跌情绪与证券市场指数 [J]. 管理科学, 2013, 26 (5): 111-119.

［13］戴杏云，张柳，戴伟辉，等．社交网络的情感图谱研究［J］．管理评论，2016，28（8）：79-86．

［14］党明辉．公共舆论中负面情绪化表达的框架效应：基于在线新闻跟帖评论的计算机辅助内容分析［J］．新闻与传播研究，2017（4）：41-63．

［15］蒂利，塔罗．抗争政治［M］．李义中，译．南京：译林出版社，2010：23．

［16］杜军峰，饶印莎，杨宜音．城市居民社会信任状况分析［J］．民主与科学，2011（4）：67-71．

［17］杜骏飞．框架效应［J］．新闻与传播研究，2017（7）：113-126．

［18］范明献．道德召唤与情绪刺激：道德捆绑式转发呼告微信帖文的话语策略分析［J］．新闻大学，2019（8）：77-90．

［19］菲德莱尔．好哈克，再回到木筏上来吧！［M］//司各特．西方文艺批评的五种模式．蓝仁哲，译．重庆：重庆出版社，1983：170．

［20］费尔克拉夫．话语与社会变迁［M］．殷晓蓉，译．北京：华夏出版社，2003．

［21］冯杰，唐亚阳．社交媒体情感化表达与传播效果的关系：以微信公众号文章情感化表达为例［J］．新闻界，2017（2）：70-74．

［22］冯仕政．西方社会运动理论研究［M］．北京：中国人民大学出版社，2013．

［23］弗莱．批评的剖析［M］．陈慧，等译．天津：百花文艺出版社，1998：99．

［24］傅小兰．情绪心理学［M］．上海：华东师范大学出版社，2016．

［25］甘小红，张兆年．基于多特征融合的中文情感分类方法研究［J］．图书情报工作，2012，56（21）：109-113．

［26］宫贺．公共健康话语网络的两种形态与关键影响者的角色：社会网络分析的路径［J］．国际新闻界，2016，38（12）：110-133．

［27］龚维斌．我国社会结构：变化、特点及风险［J］．中国特色社会主义研究，2019，1（4）：69-77．

［28］谷学强，张子铎．社交媒体中表情包情感表达的意义、问题与反思［J］．中国青年研究，2018（12）：26-31．

［29］官建文，李黎丹，王培志．突发公共事件网络舆论议题结构探析

[J]．现代传播（中国传媒大学学报），2016（2）：72-78．

［30］郭凤林，邵梓捷，严洁．网络舆情事件中的意见领袖网络结构及其政治参与意涵［J］，东北大学学报（社会科学版），2015，17（2）：169-174．

［31］国家统计局．住户调查（21）［EB/OL］．（2020-06-19）［2021-12-17］．http：//www．stats．gov．cn/tjzs/cjwtjd/201308/t20130829_74325．html．

［32］国家统计局住户调查办公室．2018中国住户调查年鉴［M］．北京：中国统计出版社，2018：523．

［33］郭小安．网络谣言的政治诱因：理论整合与中国经验［J］．武汉大学学报（人文科学版），2013（3）：120-124．

［34］郭小安．网络抗争中谣言的情感动员：策略与剧目［J］．国际新闻界，2013（12）：56-69．

［35］郭小安．网络舆情联想叠加的基本模式及反思：基于相关案例的综合分析［J］．现代传播（中国传媒大学学报），2015（3）：123-130．

［36］郭小安．公共舆论中的情绪、偏见及"聚合的奇迹"：从"后真相"概念说起［J］．国际新闻界，2019，41（1）：115-132．

［37］郭小安．舆论引导中情感资源的利用及反思［J］．新闻界，2019（12）：27-37．

［38］哈布瓦赫．论集体记忆［M］．毕然，郭金华，译．上海：上海人民出版社，2002：68-69．

［39］郝其宏．网络群体性事件的生成与治理：以社会情绪表达为分析视角［J］．广西社会科学，2014（12）：168-171．

［40］何跃，赵书朋，何黎．基于情感知识和机器学习算法的组合微文情感倾向分类研究［J］．情报杂志，2018，37（5）：189-194．

［41］何子英，陈丽君，黎灿辉．突发公共事件背景下的有效政府沟通与政府公信力：一个新的分析框架［J］．浙江社会科学，2014（4）：40-47．

［42］亨廷顿．变动社会中的政治秩序［M］．王冠华，刘为，等译．上海：世纪出版集团，2008：31．

［43］胡百精．互联网与集体记忆构建［J］．中国高校社会科学，2014（3）：98-106．

[44] 胡泳. 谣言作为一种社会抗议 [J]. 传播与社会学刊, 2009 (9): 67-94.

[45] 胡泳. 新词探讨: 回声室效应 [J]. 新闻与传播研究, 2015 (6): 109-115.

[46] 黄冈发布. 湖北黄冈市卫健委主任唐志红被免职 [EB/OL]. (2020-01-30) [2020-02-10]. https://wap.peopleapp.com/article/5090030/4985337.

[47] 黄微, 刘英杰, 王洁晶, 等. 大数据网络舆情信息情感维度要素的关联模型构建 [J]. 图书情报工作, 2015, 59 (21): 15-20.

[48] 姬广绪, 周大鸣. 从"社会"到"群": 互联网时代人际交往方式变迁研究 [J]. 思想战线, 2017, 43 (2): 53-60.

[49] 蒋翠清, 郭轶博, 刘尧. 基于中文社交媒体文本的领域情感词典构建方法研究 [J]. 数据分析与知识发现, 2019, 3 (2): 98-107.

[50] 蒋晓丽, 何飞. 情感传播的原型沉淀 [J]. 现代传播 (中国传媒大学学报), 2017 (5): 12-15.

[51] 焦德武. 微博舆论中的情绪及其影响 [J]. 江淮论坛, 2013 (3): 129-132.

[52] 金鑫, 李小腾, 朱建明. 突发事件网络舆情的演变机制及其情感性分析研究 [J]. 现代情报, 2013, 32 (12): 8-13.

[53] 卡普费雷. 谣言: 世界最古老的传媒 [M]. 郑若麟, 译. 上海: 上海人民出版社, 2008: 19.

[54] 卡斯特. 网络社会的崛起 [M]. 夏铸九, 等译. 北京: 社会科学文献出版社, 2003: 567.

[55] 开薪悦, 姜红. 从"个人抗暴"到"侠客复仇": 原型视野下的公众舆论: 以"昆山反杀案"为中心的研究 [J]. 新闻记者, 2019 (11): 4-14.

[56] 康伟. 基于SNA的突发事件网络舆情关键节点识别: 以"7·23动车事故"为例 [J]. 公共管理学报, 2012, 9 (3): 101-111.

[57] 柯林斯. 互动仪式链 [M]. 林聚任, 王鹏, 宋丽君, 译. 北京: 商务印书馆, 2009: 86-87.

[58] 孔飞力. 叫魂: 1768年妖术大恐慌 [M]. 陈兼, 刘昶, 译. 上海:

上海三联书店，1999：303.

[59] 空调 WiFi 豆沙. 独家｜曝光！上海财大会计学院已婚知名教授钱 F 胜在校园里公然将女学生锁进车内性骚扰［EB/OL］.（2019-12-06）［2020-01-27］. https：//mp. weixin. qq. com/s/bOhAKnuxjLDgCaWfhRvo-w.

[60] 莱考夫，约翰逊. 我们赖以生存的隐喻［M］. 何文忠，译. 杭州：浙江大学出版社，2015：12.

[61] 兰月新，夏一雪，刘冰月，等. 面向舆情大数据的网民情绪演化机理及趋势预测研究［J］. 情报杂志，2017，36（11）：134-140.

[62] 勒庞. 乌合之众：群体心理学［M］. 董强，译. 杭州：浙江文艺出版社，2018：19-20.

[63] 李彪. 微博意见领袖群体"肖像素描"：以 40 个微博事件中的意见领袖为例［J］. 新闻记者，2012（9）：19-25.

[64] 李彪. 后真相时代网络舆论场的话语空间与治理范式新转向［J］. 新闻记者，2018（5）：28-34.

[65] 李彪，喻国明. "后真相"时代网络谣言的话语空间与传播场域研究：基于微信朋友圈 4160 条谣言的分析［J］. 新闻大学，2018（2）：103-121.

[66] 李彪，郑满宁. 社交媒体时代的网络舆情：生态变化及舆情研究现状、趋势［J］. 新闻记者，2014（1）：36-41.

[67] 李春玲. 如何定义中国中产阶级：划分中国中产阶级的三个标准［J］. 学海，2013（3）：62-71.

[68] 李丽. 雷蒙·威廉斯的"情感结构"理论析论［J］. 吉首大学学报（社会科学版），2015，36（3）：123-128.

[69] 李黎丹，王培志. 突发公共事件网络舆论演化因素探析：以"校长开房"事件的微博传播为例［J］. 当代传播，2014（3）：38-41.

[70] 李林容. 中国电视娱乐文化批评［M］. 北京：法律出版社，2014：49.

[71] 李培林，朱迪. 努力形成橄榄型分配格局：基于 2006—2013 年中国社会状况调查数据的分析［J］. 中国社会科学，2015（1）：45-65.

[72] 李普曼. 公众舆论［M］. 阎克文，等译. 上海：上海世纪出版集团，2006：62.

[73] 李强."丁字型"社会结构与"结构紧张"[J].社会学研究,2005(2):55-73.

[74] 李强.我国正在形成"土字型社会结构"[N].北京日报,2015-05-25(18).

[75] 李强.中国离橄榄型社会还有多远:对于中产阶层发展的社会学分析[J].探索与争鸣,2016(8):4-11.

[76] 李文.21世纪以来中国社会结构演变的新趋势和新挑战[J].江西社会科学,2015(7):222-230.

[77] 李友梅.重塑转型期的社会认同[J].社会学研究,2007(2):183-186.

[78] 廖海涵,王曰芬.社交媒体舆情信息传播效果影响因素研究:以新浪微博"8·12天津爆炸"事件为例[J].现代图书情报技术,2016(12):85-93.

[79] 林聚任.社会网络分析:理论、方法与应用[M].北京:北京师范大学出版社,2009.

[80] 林毅夫.中国经济改革的成就、经验与挑战[N].人民日报,2018-07-19(07).

[81] 刘博.网络公共事件中的群体情绪及其治理[J].上海行政学院学报,2017(3):96-104.

[82] 刘海龙.大众传播理论:范式与流派[M].北京:中国人民大学出版社,2008.

[83] 刘军.社会网络分析导论[M].北京:社会科学文献出版社,2004.

[84] 刘立刚.试论网络新闻文本的互文性[J].中央民族大学学报(哲学社会科学版),2012,39(5):157-160.

[85] 刘璐,谢耘耕.当前网络社会心态的新态势与引导研究[J].新闻界,2018(10):75-81.

[86] 刘涛.图绘"西医的观念":晚清西学东渐的视觉修辞实践:兼论观念史研究的视觉修辞方法[J].新闻与传播研究,2018(11):45-68.

[87] 刘雯,高峰,洪凌子.基于情感分析的灾害网络舆情研究:以雅安地震为例[J].图书情报工作,2013,57(20):104-110.

[88] 刘雨花. 公众记忆中网络新闻的遗忘 [J]. 现代视听, 2016 (7): 36-39.

[89] 刘志明, 刘鲁. 微博网络舆情中的意见领袖识别及分析 [J]. 系统工程, 2011, 29 (6): 8-16.

[90] 卢嘉, 刘新传, 李伯亮. 社交媒体公共讨论中理智与情感的传播机制: 基于新浪微博的实证研究 [J]. 现代传播 (中国传媒大学学报), 2017 (2): 73-39.

[91] 卢梦君. 社科院副院长: 中国5至7年后进入高收入发展阶段比较确定 [EB/OL]. (2017-03-18) [2020-02-10]. https://www.thepaper.cn/newsDetail_ forward_ 1642212.

[92] 卢现祥, 朱迪. 中国制度变迁40年: 回顾与展望: 基于新制度经济学视角 [J]. 人文杂志, 2018 (10): 13-20.

[93] 罗尔. 罗一笑, 你给我站住 [EB/OL]. (2016-11-25) [2020-02-04]. https://mp.weixin.qq.com/s/o4Zhq8jqxqFVcFIwf4g5rw.

[94] 罗家德. 社会网分析讲义 [M]. 北京: 社会科学文献出版社, 2005: 133.

[95] 毛湛文. 新媒体事件传播的情感逻辑 [D]. 北京: 中国人民大学, 2015.

[96] 孟晓旭, 王宛. 当前社会信任危机现状、影响及对策 [J]. 思想政治工作研究, 2010 (5): 21-22.

[97] 孟昭兰. 情绪心理学 [M]. 北京: 北京大学出版社, 2005.

[98] 欧阳纯萍, 阳小华, 雷龙艳, 等. 多策略中文微博细粒度情绪分析研究 [J]. 北京大学学报 (自然科学版), 2014, 50 (1): 67-72.

[99] 欧阳果华, 王琴. 情感动员、集体演出和意义构建: 一个网络慈善事件的分析框架: 以"罗一笑"刷屏事件为例 [J]. 情报杂志, 2017, 36 (8): 68-75.

[100] 彭丽徽, 李贺, 张艳丰. 基于SNA与模糊TOPSIS的网络舆情关键节点识别分类模型研究 [J]. 现代情报, 2017, 37 (8): 17-25.

[101] 彭聃龄. 普通心理学 [M]. 北京: 北京师范大学出版社, 1988: 438-439.

[102] 彭聃龄. 普通心理学 [M]. 2版. 北京: 北京师范大学出版社,

2001：360-361.

[103] 祁涛．网络舆论中非理性情感的激活及控制［J］．中州学刊，2016（9）：164-168.

[104] 人民论坛问卷调查中心．2018年上半年社会心态报告［M］//王俊秀．中国社会心态研究报告（2018）．北京：社会科学文献出版社，2018：324-358.

[105] 人民网．总书记新闻舆论金句：引导舆论要遵循规律［EB/OL］．(2019-10-12)［2021-03-07］．http：//yuqing．people．com．cn/n1/2019/1012/c430404-31396900．html.

[106] 荣格．荣格文集：第五卷［M］．徐德林，译．北京：国际文化出版公司，2011：36-37.

[107] 邵沛．从北电性侵案到"红黄蓝"事件，是什么造就了"断尾新闻"？［EB/OL］．(2017-12-27)［2021-12-18］．https：//jc．nju．edu．cn/90/20/c11896a233504/page．htm.

[108] 石勇，唐静，郭琨．社交媒体投资者关注、投资者情绪对中国股票市场的影响［J］．中央财经大学学报，2017（7）：45-53.

[109] 四川在线．政府如何应对危机事件？一是公开透明，二是勇于担当［EB/OL］．(2017-04-25)［2020-02-04］．http：//politics．people．com．cn/n1/2017/0425/c1001-29234798．html.

[110] 斯托曼．情绪心理学［M］．张燕云，译．沈阳：辽宁人民出版社，1986：2.

[111] 苏振华，等．中国社会变迁与互联网社会运动［M］．北京：中国社会科学出版社，2017.

[112] 孙德梅，王正沛，康伟．群体性事件管理的一个心理学视角：基于社会心态、社会行为理论的研究［J］．华东经济管理，2014，28（2）：143-149.

[113] 孙静．群体性事件的情感社会学分析：以什邡钼铜项目为例［D］．上海：华东理工大学，2013.

[114] 孙鲲鹏，肖星．互联网社交媒体对投资者情绪传染与股价崩盘风险的影响机制［J］．技术经济，2018，37（6）：93-102.

[115] 孙立平，王汉生，王思斌，等．改革以来中国社会结构的变迁

[J]．中国社会科学，1994（2）：47-62．

［116］塔罗．运动中的力量：社会运动与斗争政治［M］．吴庆宏，译．南京：译林出版社，2005．

［117］谭红朝．陈宗胜：为什么中国的中产阶级这么焦虑？［EB/OL］．（2017-11-06）［2020-02-10］．http：//finance.ifeng.com/a/20171106/15771076_0.shtml．

［118］谭雪晗，涂艳，马哲坤．基于SNA的事故灾难舆情关键用户识别及治理［J］．情报学报，2017，36（3）：297-306．

［119］汤天甜，刘聪．网络风险事件中的集体行动研究［J］．中州学刊，2016（11）：168-172．

［120］唐超．网络情绪演进的实证研究［J］．情报杂志，2012，31（10）：48-52．

［121］特纳，斯戴兹．情感社会学［M］．孙俊才，文军，译．上海：上海人民出版社，2007．

［122］田浩，常江．社交媒体时代党报的文化转型：基于《人民日报》情绪化表达的个案分析［J］．新闻记者，2019（1）：79-86．

［123］佟新．社会结构与历史事件的契合［J］．社会学研究，2003（5）：52-57．

［124］王国华，陈飞，曾润喜，等．重大社会安全事件的微博传播特征研究：以昆明"3·1"暴恐事件中的@人民日报新浪微博为例［J］．情报杂志，2014，33（8）：139-144．

［125］王儒西，柯贵福．新时代中国社会结构的演变及未来的可能挑战［J］．文化纵横，2018（5）：94-101．

［126］王玮，温世阳．情感分析在社会化媒体效果研究中的应用：基于分类序列规则的微博文本情绪分析［J］．国际新闻界，2017，39（4）：63-75．

［127］王小章．论焦虑：不确定性时代的一种基本社会心态［J］．浙江学刊，2015（1）：183-193．

［128］王秀丽．网络社区意见领袖影响机制研究［J］．国际新闻界，2014（9）：47-57．

［129］王雪晔．图像与情感：情感动员实践中的图像框架及其视觉修辞

分析［J］．南京社会科学，2019（5）：121-127．

［130］韦路，丁方舟．社会化媒体时代的全球传播图景：基于 Twitter 媒介机构账号的社会网络分析［J］．浙江大学学报（人文社会科学版），2015，45（6）：91-105．

［131］吴鹏，刘恒旺，沈思．基于深度学习和 OCC 情感规则的网络舆情情感识别研究［J］．情报学报，2017，36（9）：972-980．

［132］向良云，祝建兵．社会怨恨的生成机制研究［J］．理论与改革，2012（2）：26-29．

［133］辛斌，李文艳．社交平台新闻话语的互文性分析：以 Facebook 上有关南海问题的新闻为例［J］．当代修辞学，2019（5）：26-34．

［134］新华社．习近平在网信工作座谈会上的讲话全文发表［EB/OL］．（2016-04-25）［2020-02-20］．http：//news．cctv．com/2016/04/25/ARTIa8uTHXqX8JF25uz6S7Yh160425．shtml．

［135］新华社．决胜全面建成小康社会 夺取新时代中国特色社会主义伟大胜利：在中国共产党第十九次全国代表大会上的报告［EB/OL］．（2017-10-27）［2021-12-15］．http：//www．xinhuanet．com//politics/19cpcnc/2017-10/27/c_1121867529．htm．

［136］新华社．中共中央关于坚持和完善中国特色社会主义制度 推进国家治理体系和治理能力现代化若干重大问题的决定［EB/OL］．（2019-11-05）［2021-12-15］．http：//www．gov．cn/zhengce/2019-11/05/content_5449023．htm．

［137］新华社．（受权发布）中共中央关于制定国民经济和社会发展第十四个五年规划和二〇三五年远景目标的建议［EB/OL］．（2020-11-03）［2021-03-07］．http：//www．xinhuanet．com/politics/2020-11/03/c_1126693293．htm．

［138］熊涛，何跃．微博转发网络中意见领袖的识别与分析［J］．数据分析与知识发现，2013（6）：55-62．

［139］熊易寒．中国中产阶层的政治倾向及其对舆情的影响［J］．湘潭大学学报（哲学社会科学版），2019，43（5）：158-161．

［140］徐勇．网络群体性事件演变及应对研究：基于公众情感演化的视角［J］．理论月刊，2016（1）：161-166．

[141] 杨帆, 靖鸣, 陈庆. 网络事件传播中公众焦点的转移: 以"常州毒地事件""魏则西事件""雷洋事件"为例 [J]. 新闻爱好者, 2016 (11): 38-40.

[142] 杨国斌. 悲情与戏谑: 网络事件中的情感动员 [J]. 传播与社会学刊, 2009 (9): 39-66.

[143] 杨国斌. 连线力: 中国网民在行动 [M]. 邓燕华, 译. 桂林: 广西师范大学出版社, 2013: 259.

[144] 杨宜音, 王俊秀. 当代中国社会心态研究 [M]. 北京: 社会科学文献出版社, 2013: 130.

[145] 殷文, 张杰. 中国式怨恨、差序格局与认同边界: 情感社会学视角下的网络群体性事件研究 [J]. 哈尔滨工业大学学报（社会科学版）, 2017, 19 (6): 22-28.

[146] 鹰眼舆情观察室. 杭州保姆纵火案 [EB/OL]. (2017-07-07) [2020-01-09]. https://www.eefung.com/hot-report/20170707153659/.

[147] 鹰眼舆情观察室. 2017年11月社会舆情热点分析 [EB/OL]. (2017-12-01) [2020-01-10]. https://www.eefung.com/hot-report/20171201104342.

[148] 余传明. 基于深度循环神经网络的跨领域文本情感分析 [J]. 图书情报工作, 2018, 62 (11): 23-34.

[149] 喻国明. 社交网络时代话语表达的特点与逻辑 [J]. 新闻与写作, 2017 (7): 41-43.

[150] 喻国明. 互联网发展下半场: "聚变"业态下的行动路线 [J]. 新闻与写作, 2017 (10): 48-50.

[151] 余红, 王庆. 社会怨恨与媒介建构 [J]. 华中科技大学学报（社会科学版）, 2015 (3): 125-130.

[152] 余红, 吴雨青, 晏慧思. 网络抗争事件的情绪传播和引导: 以山东辱母案为例 [J]. 情报杂志, 2018, 37 (5): 117-122.

[153] 余云疆, 李琦. 政府舆论如何正确引导群体性事件中公众情绪的策略研究 [J]. 云南行政学院学报, 2011 (3): 127-129.

[154] 袁光锋. 同情与怨恨: 从"夏案""李案"报道反思"情感"与公共性 [J]. 新闻记者, 2014 (6): 11-16.

[155] 张贝． "后真相"时代公共舆论的情感表达［J］．山东师范大学学报（人文社会科学版），2019（3）：134-139．

[156] 张斌，邹静娴．中国经济结构转型的进展与差距［J］．国际经济评论，2018（6）：9-24．

[157] 张方华．经济转型时期利益结构分化对政治稳定的影响［J］．探索，2000（6）：49-52．

[158] 张虎祥．制度与生活：中国社会认同的变迁［J］．探索与争鸣，2019（6）：30-32．

[159] 张静，赵玲．论网络舆论理性化与情绪化的博弈［J］．现代情报，2013，33（6）：14-18．

[160] 张雷．论网络政治谣言及其社会控制［J］．政治学研究，2007（2）：52-59．

[161] 张连峰，周红磊，王丹，等．基于超网络理论的微博舆情关键节点挖掘［J］．情报学报，2019，38（12）：1286-1296．

[162] 张荣．新中国成立以来社会认同形成机制的发展及变迁［J］．社会科学战线，2016（11）：204-209．

[163] 张志安，晏齐宏．网络舆论的概念认知、分析层次与引导策略［J］．新闻与传播研究，2016（5）：20-29．

[164] 张志安，晏齐宏．个体情绪社会情感集体意志：网络舆论的非理性及其因素研究［J］．新闻记者，2016（11）：16-22．

[165] 张志安，晏齐宏．新媒体与舆论研究：问题意识及提升路径［J］．新闻大学，2017（5）：14-22．

[166] 赵鼎新．社会与政治运动讲义［M］．北京：社会科学文献出版社，2012．

[167] 赵金楼，成俊会．基于SNA的突发事件微博舆情传播网络结构分析：以"4·20四川雅安地震"为例［J］．管理评论，2015，27（1）：148-157．

[168] 赵云泽，刘珍．情绪传播：概念、原理及在新闻传播学研究中的地位思考［J］．编辑之友，2020（1）：51-57．

[169] 郑宛莹．从李天一事件谈媒体对于网络情绪型舆论的引导［J］．现代传播（中国传媒大学学报），2013（12）：159-160．

[170] 之山. 评论丨当"江歌遇害案"变成"江歌刘鑫案",会连带伤害谁? [EB/OL]. (2017-11-14) [2020-02-08]. http://m.news.cctv.com/2017/11/14/ARTIB2CYv4TPtAlMVQoZcMV2171114.shtml.

[171] 周葆华,陈振华."新媒体事件"的集体记忆:以上海市大学生群体为例的经验研究 [J]. 新闻界, 2013 (14): 55-61.

[172] 祝华新,潘宇峰,陈晓冉. 2015 年中国互联网舆情分析报告 [R/OL]. (2015-12-08) [2020-02-16]. https://www.pishu.com.cn/skwx_ps/initDatabaseDetail?siteId=14&contentId=6049291&contentType=literatu.

[173] 祝华新,潘宇峰,陈晓冉. 2016 年中国互联网舆情分析报告 [R/OL]. (2016-12-10) [2020-02-16]. https://www.pishu.com.cn/skwx_ps/initDatabaseDetail?siteId=14&contentId=7555136&contentType=literature.

[174] 祝华新,廖灿亮,潘宇峰. 2017 年中国互联网舆论分析报告 [R/OL]. (2017-04-01) [2020-02-13]. https://www.pishu.com.cn/skwx_ps/initDatabaseDetail?siteId=14&contentId=9213945&contentType=literature.

[175] 祝华新,廖灿亮,潘宇峰. 2018 年中国互联网舆论分析报告 [R/OL]. (2017-04-07) [2020-02-13]. https://www.pishu.com.cn/skwx_ps/initDatabaseDetail?siteId=14&contentId=10426755&contentType=literature.

[176] 祝华新,廖灿亮,潘宇峰. 2019:中国互联网舆情分析报告 [R/OL]. (2020-01-28) [2020-02-13]. https://www.pishu.com.cn/skwx_ps/initDatabaseDetail?siteId=14&contentId=11373202&contentType=literature.

[177] 朱虹. 转型时期社会信任的状况与特征:一项实证研究 [J]. 贵州社会科学, 2011 (10): 118-123.

[178] 朱志玲,朱力. 从"不公"到"怨恨":社会怨恨情绪的形成逻辑 [J]. 社会科学战线, 2014 (2): 172-177.

[179] AHMED S, JAIDKA K, CHO J. Tweeting India's Nirbhaya protest: a study of emotional dynamics in an online social movement [J]. Social movement studies, 2017, 16 (4): 447-465.

[180] AMICHAI-HAMBURGER Y, WAINAPEL G, FOX S. On the Internet no one knows I'm an introvert: extroversion, neuroticism, and Internet interaction [J]. Cyberpsychology & behavior, 2002, 5 (2): 125-128.

[181] BAMAKAN S M H, NURGALIEV I, QU Q. Opinion leader detection:

a methodological review [J]. Expert systems with applications, 2019 (115): 200-222.

[182] BAYER J, ELLISON N, SCHOENEBECK S, et al. Facebook in context (s): measuring emotional responses across time and space [J]. New media & society, 2018, 20 (3): 1047-1067.

[183] BAZAROVA N N, CHOI Y H, SOSIK S V, et al. Social sharing of emotions on Facebook: channel differences, satisfaction, and replies [C/OL]. New York: Association for Computing Machinery, 2015 [2021-02-14]. https://dl.acm.org/doi/10.1145/2675133.2675297.

[184] BERGER J. Arousal increases social transmission of information [J]. Psychological science, 2011, 22 (7): 891-893.

[185] BERGER J, MILKMAN K L. What makes online content viral? [J]. Journal of marketing research, 2012, 49 (2): 192-205.

[186] BLUMER H. Collective behavior [M] //LEE A M. Principles of sociology. New York: Barnes & Noble, 1969: 67-121.

[187] BOKUNEWICZ J F, SHULMAN J. Influencer identification in Twitter networks of destination marketing organizations [J]. Journal of hospitality and tourism technology, 2017, 8 (2): 205-219.

[188] BORDIA P, DIFONZO N. Problem solving in social interactions on the Internet: rumor as social cognition [J]. Social psychology quarterly, 2004, 67 (1): 33-49.

[189] BURKE M, DEVELIN M. Once more with feeling: supportive responses to social sharing on Facebook [C/OL]. New York: Association for Computing Machinery, 2016 [2020-02-20]. https://dl.acm.org/doi/10.1145/2818048.2835199.

[190] CHMIEL A, SOBKOWICZ P, SIENKIEWICZ J, et al. Negative emotions boost user activity at BBC forum [J]. Physica A: statistical mechanics and its applications, 2011, 390 (16): 2936-2944.

[191] CHOI M, TOMA C L. Social sharing through interpersonal media: patterns and effects on emotional well-being [J]. Computers in human behavior, 2014 (36): 530-541.

［192］COLLINS R. Conflict sociology: toward an explanatory science [M]. New York: Academic Press, 1975: 279-280.

［193］COLLINS R. Emotional energy as the common denominator of rational action [J]. Rationality and society, 1993, 5 (2): 203-230.

［194］CONDON W S, OGSTON W D. Sound film analysis of normal and pathological behavior patterns [J]. Journal of nervous and mental disease, 1966 (143): 338-347.

［195］COOMBS W T. Impact of past crises on current crisis communication: insights from situational crisis communication theory [J]. Journal of business communication, 2004, 41 (3): 265-289.

［196］COVIELLO L, SOHN Y, KRAMER A D, et al. Detecting emotional contagion in massive social networks [J/OL]. PLoS one, 2014, 9 (3): 1-6 (2014-03-12) [2020-12-30]. https://doi.org/10.1371/journal.pone.0090315.

［197］DURKHEIM E. Suicide [M]. Glencoe, Illinois: Free Press, 1951: 241-276.

［198］EKMAN P. Strong evidence for universals in facial expressions: a reply to Russell's mistaken critique [J]. Psychological bulletin, 1994, 115 (2): 268-287.

［199］EKMAN P, FRIESEN W V. Constants across cultures in the face and emotion [J]. Journal of personality and social psychology, 1971, 17 (2): 124-129.

［200］FAN R, XU K, ZHAO J. An agent-based model for emotion contagion and competition in online social media [J]. Physica A: statistical mechanics and its applications, 2018 (495): 245-259.

［201］FERRARA E, YANG Z. Measuring emotional contagion in social media [J/OL]. PLoS one, 2015, 10 (11): 1-14 (2015-11-06) [2020-12-30]. https://doi.org/10.1371/journal.pone.0142390.

［202］FREBERG K, GRAHAM K, MCGAUGHEY K. Who are the social media influencers? A study of public perceptions of personality [J]. Public relations review, 2011, 37 (1): 90-92.

［203］FREEDLAND J. Post-truth politicians such as Donald Trump and Boris Johnson are no joke［EB/OL］.（2016-05-13）［2021-12-17］. https://www.theguardian.com/commentisfree/2016/may/13/boris-johnson-donald-trump-post-truth-politician.

［204］FRYE M. A note on anger in the politics of reality: essays in feminist theory［M］. New York: Crossing Press, 1983: 84-94.

［205］GAMSON W A. Talking politics［M］. Cambridge: Cambridge University Press, 1992.

［206］GIDDENS A. Modernity and self-identity: self and society in the late modern age［M］. Redwood City, CA: Stanford University Press, 1991: 1-9.

［207］GILLIN P. New media, new influencers and implications for the public relations profession［J］. Journal of new communications research, 2008, 2（2）: 1-10.

［208］GOODWIN J. The libidinal constitution of a high-risk social movement: affectual ties and solidarity in the Huk rebellion, 1946 to 1954［J］. American sociological review, 1997（62）: 53-69.

［209］GOODWIN J, JASPER J M, POLLETTA F. Passionate politics: emotions and social movements［M］. Chicago: University of Chicago Press, 2001.

［210］GOODWIN J, PFAFF S. Emotion work in high-risk social movement: managing fear in the US and East German civil rights movements［M］// GOODWIN J, JASPER J M, POLLETTA F. Passionate politics: emotions and social movements. Chicago: University of Chicago Press, 2001: 282-302.

［211］GORDON S L. The sociology of sentiments and emotion［M］// ROSENBERG M, TUNER R H. Social psychology: sociological perspectives. New York: Basic Books, 1981: 562-592.

［212］GURR T R. Why men rebel［M］. Princeton: Princeton University Press, 1970.

［213］HATFIELD E, CACCIOPO J T, RAPSON R L. Emotional contagion［M］. Cambridge: Cambridge University Press, 1994: 78.

［214］HILL C A. The psychology of rhetorical images［M］// HILL C A, MARGUERITE H. Defining visual rhetorics. Mahwah, NJ: Lawrence Erlbaum

Associates, 2004: 30-35.

[215] HOCHSCHILD A R. Emotion work, feeling rules, and social structure [J]. American journal of sociology, 1979, 85 (3): 551-575.

[216] HOFER M, AUBERT V. Perceived bridging and bonding social capital on Twitter: differentiating between followers and followees [J]. Computers in human behavior, 2013, 29 (6): 2134-2142.

[217] IMBIR K K. From heart to mind and back again. A duality of emotion overview on emotion-cognition interactions [J]. New ideas in psychology, 2016 (43): 39-49.

[218] JAIN L, KATARYA R. Discover opinion leader in online social network using firefly algorithm [J]. Expert systems with applications, 2019 (122): 1-15.

[219] JASPER J M. The art of moral protest: culture, biography, and creativity in social movements [M]. Chicago: University of Chicago Press, 1997: 10-16.

[220] JASPER J M. Emotions and social movements: twenty years of theory and research [J]. Annual review of sociology, 2011 (37): 285-303.

[221] JASPER J M. The emotions of protest [M]. Chicago: University of Chicago Press, 2018: 4-5.

[222] JASPER J M, POULSEN J D. Recruiting strangers and friends: moral shocks and social networks in animal rights and anti-nuclear protests [J]. Social problems, 1995, 42 (4): 493-512.

[223] KAPPAS A, TSANKOVA E, THEUNIS M, et al. Cyberemotions: subjective and physiological responses elicited by contributing to online discussion forums [EB/OL]. (2010-09-18) [2021-12-15]. https://www.researchgate.net/publication/311232424_Cyberemotions_Subjective_and_physiological_responses_to_reading_online_discussion_forums.

[224] KIM S, BAK J, OH A. Do you feel what I feel? Social aspects of emotions in Twitter conversations [J/OL]. Proceedings of the international AAAI conference on web and social media, 2021, 6 (1): 495-498 [2021-12-17]. https://ojs.aaai.org/index.php/ICWSM/article/view/14310.

[225] KLANDERMANS B. Mobilization and participation: social-

psychological expansions of resource mobilization theory [J]. American sociological review, 1984, 49 (5): 583-600.

[226] KLANDERMANS B, OEGEMA D. Potentials, networks, motivations, and barriers: steps towards participation in social movements [J]. American sociological review, 1987, 52 (4): 519-531.

[227] KORNHAUSER W. The politics of mass society [M]. New York: Free Press, 1959: 2-5.

[228] KRAMER A D I. The spread of emotion via Facebook [C/OL]. New York: Association for Computing Machinery, (2012-05-05) [2021-12-07]. https://doi.org/10.1145/2207676.2207787.

[229] KRAMER A D I, GUILLORY J E, HANCOCK J T. Experimental evidence of massive-scale emotional contagion through social networks [J]. Proceedings of the national academy of sciences, 2014, 111 (24): 8788-8790.

[230] KÜSTER D, KAPPAS A. Measuring emotions in individuals and internet communities [M]//BENSKI T, FISHER E. Internet and emotions. London: Routledge, 2013: 62-76.

[231] LI C, LI Q, VAN MIEGHEM P, et al. Correlation between centrality metrics and their application to the opinion model [J]. The european physical journal B, 2015, 88 (3): 65.

[232] LI F, DU T C. Who is talking? An ontology-based opinion leader identification framework for word-of-mouth marketing in online social blogs [J]. Decision support systems, 2011, 51 (1): 190-197.

[233] LIN R, UTZ S. The emotional responses of browsing Facebook: happiness, envy, and the role of tie strength [J]. Computers in human behavior, 2015 (52): 29-38.

[234] LIN Y C, YANG Y H, CHEN H H. Exploiting online music tags for music emotion classification [J]. ACM transactions on multimedia computing, communications, and applications, 2011, 7S (1): 1-16.

[235] LIU J. Digital media, cycle of contention, and sustainability of environmental activism: the case of anti-PX protests in China [J]. Mass communication and society, 2016, 19 (5): 604-625.

[236] LORENZ-SPREEN P, MØNSTED B M, HÖVEL P, et al. Accelerating dynamics of collective attention [J]. Nature communications, 2019, 10 (1): 1-9.

[237] MANICKAVASAGAM S, SUNDARAM B V. Exploring gender based influencers using Social Network Analysis [EB/OL]. (2015-08-31) [2021-12-17]. https://ieeexplore.ieee.org/abstract/document/7229715. DOI: 10.1109/ICoAC.2014.7229715

[238] MCADAM D. "Initiator" and "Spin-off" movements [M] // TRAUGOTT M. Repertoires and cycles of collective action. Durham, NC: Duke University Press, 1995: 217-239.

[239] MCCARTHY J D, ZALD M N. Resource mobilization and social movements: a partial theory [J]. American journal of sociology, 1977, 82 (6): 1212-1241.

[240] MCKENNA K Y, BARGH J A. Plan 9 from cyberspace: the implications of the Internet for personality and social psychology [J]. Personality and social psychology review, 2000, 4 (1): 57-75.

[241] MERTON R K. Social structure and anomie [J]. American sociological review, 1938, 3 (5): 672-682.

[242] MOU X, DU Y. Sentiment classification of Chinese movie reviews in micro-blog based on context [EB/OL]. (2016-08-04) [2020-02-16]. https://ieeexplore.ieee.org/document/7529576. DOI: 10.1109/ICCCBDA.2016.7529576.

[243] NEPSTAD S E, ERICKSON S. Convictions of the soul: religion, culture, and agency in the Central America solidarity movement [M]. New York: Oxford Univerdity Press, 2004: 137-155.

[244] NEPSTAD S E, SMITH C. The social structure of moral outrage in recruitment to the US Central America peace movement [M] // GOODWIN J, JASPER J M, POLLETTA F. Passionate politics: emotions and social movements. Chicago: University of Chicago Press, 2001: 158-174.

[245] NUNES R H, FERREIRA J B, de Freitas A S, et al. The effects of social media opinion leaders' recommendations on followers' intention to buy

[J]. Revista brasileira de gestão de negócios, 2018, 20 (1): 57-73.

[246] Oxford Languages. Word of the Year 2016 [EB/OL]. [2021-03-07]. https://languages.oup.com/word-of-the-year/2016/.

[247] PARK R E, BURGESS E W. Introduction to the science of sociology [M]. Chicago: University of Chicago Press, 1921.

[248] PENNEBAKER J W, BOOTH R J, FRANCIS M E. Linguistic inquiry and word count: LIWC2007 [EB/OL]. [2021-12-15]. http://www.gruberpeplab.com/teaching/psych231_fall2013/documents/231_Pennebaker2007.pdf.

[249] PERIKOS I, HATZILYGEROUDIS I. Recognizing emotions in text using ensemble of classifiers [J]. Engineering applications of artificial intelligence, 2016 (51): 191-201.

[250] POLLETTA F, JASPER J M. Collective identity and social movements [J]. Annual review of sociology, 2001, 27 (1): 283-305.

[251] QIU L, LIN H, LEUNG A K, et al. Putting their best foot forward: emotional disclosure on Facebook [J]. Cyberpsychology, behavior, and social networking, 2012, 15 (10): 569-572.

[252] ROBINSON M D, CLORE G L. Episodic and semantic knowledge in emotional self-report: evidence for two judgment processes [J]. Journal of personality and social psychology, 2002, 83 (1): 198.

[253] ROGERS E M. Diffusion of innovation [M]. New York: Free Press, 1995: 291.

[254] RUEFF-LOPES R, NAVARRO J, CAETANO A, et al. A markov chain analysis of emotional exchange in voice-to-voice communication: testing for the mimicry hypothesis of emotional contagion [J]. Human communication research, 2015, 41 (3): 412-434.

[255] SAMPSON T D. Virality: contagion theory in the age of networks [M]. Minessota: University of Minnesota Press, 2012: 1-16.

[256] SEBASTIANI F. Machine learning in automated text categorization [J]. ACM computing surveys, 2002, 34 (1): 1-47.

[257] SMELSER N J. Theory of collective behavior [M]. New York: Free Press, 1962: 15-17.

［258］SOLEYMANI M, PANTIC M, PUN T. Multimodal emotion recognition in response to videos［J］. IEEE transactions on affective computing, 2011, 3 (2): 211-223.

［259］SPITZBERG B H. Toward a model of meme diffusion (M3D)［J］. Communication theory, 2014, 24 (3): 311-339.

［260］SULER J. The online disinhibition effect［J］. Cyberpsychology & behavior, 2004, 7 (3): 321-326.

［261］SZE J A, GYURAK A, YUAN J W, et al. Coherence between emotional experience and physiology: does body awareness training have an impact?［J］. Emotion, 2010, 10 (6): 803.

［262］TARROW S. Cycles of collective action［J］. Social science history, 1993, 17 (2): 281-307.

［263］TARROW S. Modular collective action and the rise of the social movement［J］. Politics & society, 1993, 21 (1): 69-90.

［264］TARROW S. Power in movement［M］. 3th ed. New York: Cambridge University Press, 2011: 29.

［265］THELWALL M, WILKINSON D, UPPAL S. Data mining emotion in social network communication: gender differences in MySpace［J］. Journal of the American society for information science and technology, 2010, 61 (1): 190-199.

［266］TURCOTTE J, YORK C, IRVING J, et al. News recommendations from social media opinion leaders: effects on media trust and information seeking［J］. Journal of compute-mediated communication, 2015, 20 (5): 520-535.

［267］TURKLE S. Alone together: why we expect more from technology and less from each other［M］. New York: Basic Books, 2011: 153.

［268］UTZ S. The function of self-disclosure on social network sites: not only intimate, but also positive and entertaining self-disclosures increase the feeling of connection［J］. Computers in human behavior, 2015 (45): 1-10.

［269］UZUNOĞLU E, KIP S M. Brand communication through digital influencers: leveraging blogger engagement［J］. International journal of informaion management, 2014, 34 (5): 592-602.

[270] WARREN M R. Fire in the heart: how white activists embrace racial justice [M]. New York: Oxford University Press, 2010: 23-54.

[271] WASSERMAN S, FAUST K. Social network analysis: methods and applications (Structural analysis in the social sciences) [M]. Cambridge: Cambridge University Press, 1994: 249.

[272] WILD B, ERB M, EYB M, et al. Why are smiles contagious? An fMRI study of the interaction between perception of facial affect and facial movements [J]. Psychiatry research: neuroimaging, 2003, 123 (1): 17-36.

[273] WINTER S, NEUBAUM G. Examining characteristics of opinion leaders in social media: a motivational approach [J]. Social media + society, 2016, 2 (3): 1-12.

[274] YOUNG M P. A revolution of the soul: transformative experiences and immediate abolition [M] //GOODWIN J, JASPER J M, POLLETTA F. Passionate politics: emotions and social movements. Chicago: University of Chicago Press, 2001: 99-114.

[275] ZHANG L, ZHAO J, XU K. Who creates trends in online social media: the crowd or opinion leaders? [J]. Journal of computer-mediated communication, 2015, 21 (1): 1-16.

[276] ZHAO S, GRASMUCK S, MARTIN J. Identity construction on Facebook: digital empowerment in anchored relationships [J]. Computers in human behavior, 2008, 24 (5): 1816-1836.

[277] ZÚÑIGA H G D, JUNG N, VALENZUELA S. Social media use for news and individuals' social capital, civic engagement and political participation [J]. Journal of computer-mediated communication, 2012, 17 (3): 319-336.

附　录

附录 1　深度访谈大纲

一、开启访问

本部分主要向受访者介绍此次访谈的目的，说明本次访谈是一项关于情绪与网络舆情的学术研究，所有资料仅用于学术研究，不会泄露任何个人信息，也不会将资料用于任何商业途径。

向受访者强调本次访谈主要是了解公众的真实感受和想法，所有问题的答案无关对错，避免受访者在访谈中刻意塑造自己客观理性的个人形象。

询问受访者的姓名、性别、年龄、职业等个人信息。

二、案例引入

向受访者介绍此次研究的案例库，大致介绍每个案例的主要内容，请受访者选择自己印象较深、感触较深的 3~5 个案例进行重点访谈。

三、正式访问

（一）事件爆发期的讨论

此部分主要目的是帮助受访者回忆当时的心理感受和情感态度，以便受访者能够更好地进入案例情境中。同时，为下一部分受访者谈事件结束后的情感态度做铺垫，以便能够看到整个过程中受访者的情绪变化。

1. 你还记得当时在哪里看到×××事件的吗？身边的人，或者网民们对这件事都是一种什么样的情绪态度？

2. 在你知道这个事件后，第一时间你是一种什么样的情绪反应？

3. 针对受访者提到的情绪指向的对象进一步追问,你对这些不同的对象(当事人、涉事机构等)分别是怎样的情绪?他们的哪些行为和做法让你产生了这些情绪?

4. 在事件发生过程中,你对这些人的情绪有变化吗?

5. 你的情绪的强烈程度在事件整个发展过程中有变化吗?有哪些因素促使你情绪的这种变化?

(二) 事件衰退期的讨论

此部分主要目的是了解受访者在事件结束后的情绪态度。通过结合事件发展过程,了解受访者对不同对象持有哪些情感态度、发生了怎样的变化、为什么会产生这些变化。

1. 你对×××事件的关注持续了多久?大概从什么时候开始你觉得这件事没那么令你激动了?为什么?

2. ×××事件已经过去有一段时间了,你现在对这个事件是怎样的情绪感受?请受访者针对不同主体分别进行详细描述。

3. 现在回想起来,你觉得×××事件在你心中留下了什么?让你印象最深刻的情感有哪些?

4. 在×××事件结束后,又发生了其他一些类似事件,比如:×××。这些类似的事件发生后,你是什么样的心理感受?会联想到之前发生的事件吗?谈一谈你的心理变化过程。

5. 你觉得×××事件结束后,会对未来产生哪些影响?

附录2 深度访谈对象信息表

为保护受访者个人隐私,已对每位受访者进行匿名化处理。各受访者信息如下表。

编号	受访者	性别	年龄	职业
1	A	男	27	媒体编辑
2	B	女	30	在校学生
3	C	男	35	事业单位职工
4	D	女	27	公务员

续表

编号	受访者	性别	年龄	职业
5	E	女	34	公务员
6	F	女	29	事业单位职工
7	G	男	29	医务工作者
8	H	女	35	全职妈妈
9	I	男	57	公务员
10	J	男	24	创业者
11	K	女	28	公司职员
12	L	女	28	中学教师
13	M	女	28	公司职员
14	N	女	27	公司职员
15	O	女	32	公司职员
16	P	女	59	退休人员

附录3　本书研究的22个网络舆情事件案例信息表

案例01

事件名称	南京宝马撞人案
案例简介	2015年6月20日下午，在南京市秦淮区，一辆宝马车撞上一辆马自达轿车，导致车内一男一女身亡。7月4日，肇事者王季进被批准逮捕。9月10日，秦淮区检察院发布情况说明，犯罪嫌疑人王季进被鉴定为"作案时患急性短暂性精神障碍"，引发舆论强烈反应。许多网民对鉴定结果表示质疑甚至嘲讽。舆论主要聚焦于肇事者是否患有精神障碍、为什么想到去做精神疾病鉴定、它是否可能成为犯罪嫌疑人的脱罪之道等问题。2016年5月10日，秦淮区人民法院受理了被害人近亲对王季进作案时是否患有精神疾病予以重新鉴定的申请。二次鉴定表明，犯罪嫌疑人在作案时患急性短暂性精神障碍、有限制刑事责任能力。2017年4月1日，肇事者王季进以危险方式危害公共安全罪被判处有期徒刑11年。

案例 02

事件名称	山东"问题疫苗"事件
案例简介	2016年3月,山东警方破获案值5.7亿元的非法疫苗案。25种儿童、成人用的二类疫苗未经严格冷链存储运输销往24个省市。5月20日,检察机关对涉嫌非法经营疫苗犯罪的125人批准逮捕,立案侦查职务犯罪37人。2017年1月24日,济南市中级人民法院分别对被告人庞红卫判处有期徒刑十五年、被告人孙琪判处有期徒刑六年。该事件受到公众巨大关注,舆论主要聚焦于公众对此事的痛心和愤怒;望相关部门彻查此事;对食品药品安全问题的担忧;要求严惩涉事企业、关心受害者善后问题等。

案例 03

事件名称	多地校园"毒跑道"事件
案例简介	2016年,北京、成都等地相继曝出校园"毒跑道"事件。例如,2016年5月底,有报道称北京第二实验小学白云路分校于2015年暑期改造的操场有异味,造成部分孩子出现流鼻血、喉咙痒痛等身体不适。随后,展览路第一小学、丰台区星空俊才实验艺术幼儿园等陆续被曝出疑因操场出现异味,引发多名孩子出现流鼻血等症状。事件随即引发各方关注,不少网民对未成年人校园安全问题表示担忧,也有人质疑毒跑道背后的黑色产业链。6月13日,新华社播发《新华社五问"毒跑道"》深度调查报道,披露了"毒跑道"中标、施工、验收背后的种种乱象。6月17日,经家长、专家、区教委多次协商,白云路分校、展览路一小操场开始全场拆除。

案例 04

事件名称	北京如家和颐酒店女子遇袭事件
案例简介	2016年4月3日,从外地来北京的女士弯弯(化名)表示,其在位于朝阳区酒仙桥北路望京798和颐酒店入住时,被陌生男子跟踪后强行拖拽,后被抓住头发用力撕扯,但酒店工作人员并未阻止。弯弯被一女房客搭救后,陌生男子逃走。4月7日,警方在河南省许昌市将涉案男子李某抓获。11月4日,朝阳区法院以介绍卖淫罪判处被告人李某有期徒刑2年,罚

续表

事件名称	北京如家和颐酒店女子遇袭事件
案例简介	款5 000元。该事件引发广大网民对女性人身安全问题的担忧以及对性别暴力的关注,不少网民呼吁相关部门严查严惩。同时,公众也对和颐酒店在事发及事后处理中的做法提出质疑,如:事发时酒店工作人员看到后并未采取行动制止,而如家集团事后的危机公关也显得冷漠而生硬,反而为其招致更多的不满。

案例 05

事件名称	罗一笑事件
案例简介	2016年11月25日,一篇《罗一笑,你给我站住!》的文章开始刷爆朋友圈。文中称一位作家罗尔5岁的女儿罗一笑被查出患有白血病,每天的医疗费用很高。心急如焚的父亲选择"卖文"筹款。不久,有网友称此事为营销炒作,罗一笑的治疗花费并没有文中宣称的那般高额,而且罗尔在东莞与深圳均有房产,善款也早已筹齐。这一事件被媒体称为"带血的营销"。12月1日,微信团队发表声明,表示罗尔将《罗一笑,你给我站住!》一文的全部赞赏资金以及11月30日网友当日全天所有文章的赞赏资金原路退回。在该事件中,从支持罗尔、被罗尔的好父亲形象所感动,到抨击、谴责罗尔利用女儿炒作,网民的情绪在一天之内经历了"过山车"式反转。

案例 06

事件名称	榆林产妇坠亡事件
案例简介	2017年8月31日20时许,一名产妇在陕西省榆林市第一医院绥德院区住院部从5楼坠下身亡,引发舆论关注。事发后,围绕"究竟是谁拒绝为产妇实施剖腹产"的问题,医院和家属各执一词。据媒体披露,因疼痛难忍,原计划顺产的产妇马某曾多次提出剖宫产要求,未获同意。院方表示曾多次建议剖宫产,均被家属拒绝。家属则称曾两次提出剖宫产,医生说不用。9月7日,榆林市专家组经过调查初步认为,产妇产前告知手续完善、诊疗措施合理。但此事件也暴露出医院工作人员防范突发事件意识不强、监护不到位等问题,已成立领导小组依法查处。此事件中网民的争

续表

事件名称	榆林产妇坠亡事件
案例简介	议点包含究竟是谁拒绝剖宫产、医护人员是否存在监护失职、质疑产妇家属签字制度过于僵化、女性的生育自主权应该如何保证等。

案例07

事件名称	山东于欢案
案例简介	2017年3月23日,《南方周末》以《刺死辱母者》为题报道了一起"辱母杀人案",引发舆论热议。起因是在2016年4月14日,山东男子于欢在母亲苏银霞（某民营企业家）被十多名高利贷催债人进行长时间侮辱后,情急之下用水果刀刺伤4人,造成1人死亡、3人受伤。2017年2月17日,山东省聊城市中级人民法院一审以故意伤害罪判处于欢无期徒刑。3月23日,《南方周末》报道该事件后,引发媒体和公众的广泛关注。公众围绕理性法律与感性伦理展开讨论,包括质疑一审判决的合理性、表达对辱母者的愤恨和对于欢的同情理解、呼吁正视民间高利贷问题等。2017年6月23日,山东省高级人民法院二审认定于欢属防卫过当,构成故意伤害罪,判处有期徒刑5年。

案例08

事件名称	杭州保姆纵火案
案例简介	2017年6月22日凌晨,浙江省杭州市蓝色钱江小区一家庭保姆故意纵火,导致雇主母子4人死亡,引发舆论震惊。7月1日,杭州市人民检察院批准逮捕犯罪嫌疑人莫焕晶。事后,涉事保姆嗜赌、偷窃等"黑历史"被不断曝出,而事发小区的绿城物业也被指存在救援不力和安全管理漏洞等问题。2018年2月9日,案件一审公开宣判,被告人莫焕晶被判死刑。6月4日,案件做出二审裁定：驳回上诉,维持原判。2018年9月21日,莫焕晶被执行死刑。该事件中,大量网民强烈谴责保姆的残忍行为、质疑物业公司失职、批评家政行业监管乱象等。

案例 09

事件名称	北京红黄蓝幼儿园虐童事件
案例简介	2017年11月22日晚，多名家长反映红黄蓝幼儿园（新天地分园）国际小二班的幼儿遭遇老师扎针、喂不明白色药片。事件曝光后迅速引爆舆论。11月25日，北京警方将造谣"老虎团"人员参与猥亵的女子刘某行政拘留。11月28日，北京警方通报称，涉事教师刘某曾采用缝衣针扎的方式进行"管教"，已被刑事拘留；在已恢复的视频中未发现有人对儿童实施侵害；网传涉事幼儿园"集体猥亵幼童""'爷爷医生，叔叔医生'脱光衣服检查女儿身体"等言论系编造。2018年12月26日，朝阳区法院判处被告人刘亚男有期徒刑一年六个月，五年内不得从事未成年人看护教育工作。2019年6月11日，北京市第三中级人民法院二审驳回上诉，维持原判。此事件引发公众对涉事教师强烈的愤怒和对受害儿童的同情，并引起公众对幼教行业门槛、幼儿园管理规范等问题的关注与反思。

案例 10

事件名称	江歌案
案例简介	2017年11月9日，专访栏目《局面》推出对江歌母亲和刘鑫的采访视频，再次将公众视野转向一年前的江歌遇害案，引发舆论热议。2016年11月3日，留日学生江歌在日本东京中野区的公寓门外被其闺蜜刘鑫的前男友陈世峰用匕首杀害。事发后，刘鑫迟迟没有面对媒体及江歌母亲。2017年5月，江歌母亲在网上公开了刘鑫的个人信息，双方发生隔空冲突。12月20日，日本东京地方裁判所判处被告人陈世峰有期徒刑20年。2019年10月28日，江歌母亲以生命权纠纷为由对刘鑫提起诉讼。此事件的舆论聚焦点主要包括公众谴责刘鑫的冷血自私、对江歌母女表示同情等。

案例 11

事件名称	长生生物问题疫苗事件
案例简介	2018年7月15日，国家药监局发布通告指出，长春长生生物科技有限公司冻干人用狂犬病疫苗生产存在记录造假等行为。7月21日，微信公

续表

事件名称	长生生物问题疫苗事件
案例简介	众号"兽楼处"发表了一篇名为《疫苗之王》的文章,迅速引爆朋友圈。7月22日晚,李克强总理就疫苗事件作出批示:必须给全国人民一个明明白白的交代。7月29日,警方以涉嫌生产、销售劣药罪,对长生生物董事长高某芳等18名犯罪嫌疑人提请批准逮捕。此后,相关部门开展了疫苗补种、赔偿等工作,并对相关责任人进行了严肃处理。此事件引发网民强烈的愤怒、焦虑等情绪,舆论主要聚焦于对问题疫苗表示恐慌;对涉事企业表示愤怒,希望得到严惩;关心受害者善后问题;希望国家加强监管、严厉彻查,预防此类事件再度发生。

案例12

事件名称	滴滴顺风车乘客遇害系列事件
案例简介	2018年5月5日深夜,空姐李明珠在郑州航空港区乘坐一辆滴滴顺风车后失联。5月8日,警方证实李明珠已遇害,嫌犯系滴滴司机刘振华。5月12日,嫌疑人尸体被打捞上岸,案件告破。仅三个月后,8月24日,浙江省乐清市一女孩赵培辰在温州虹桥镇乘坐滴滴顺风车,向朋友发送"救命"信息后失联。8月25日,嫌疑人钟元被抓获,交代了其对赵培辰实施强奸,并将其杀害的犯罪事实。滴滴公司于8月28日宣布无限期下架顺风车服务。2019年2月1日,温州市中级人民法院一审判决被告人钟元死刑。这些事件引发网民对网约车监管、滴滴司机的审核漏洞、女性人身安全等问题的关注与讨论。

案例13

事件名称	反性骚扰系列事件
案例简介	2018年,网络中开始集中曝出多起教育圈、公益圈、传媒圈等的性骚扰事件。例如,2018年1月1日,北航毕业生罗茜茜实名举报北航教授陈小武性骚扰女学生;4月5日,北京大学95级学生李悠悠实名举报前北大中文系教授、现任南京大学文学院教授沈阳20年前曾性侵北大中文系95级本科生高岩,并污蔑高岩患有精神病,致使其自杀身亡;7月23日,知名公益人雷闯被指在一次徒步中对一女生实施性侵,同天,江苏南通的环

续表

事件名称	反性骚扰系列事件
案例简介	保行动者刘斌在朋友圈指控环保组织"自然大学"创始人冯永锋对其机构的女实习生和女员工性骚扰；7月25日，资深媒体人章文被匿名曝光性骚扰，随后，蒋方舟、易小荷等媒体人实名举报。类似事件仍在不断被曝出，引发了公众对性骚扰行为的愤慨、对受害者的同情、对女性地位的反思。

案例14

事件名称	高铁霸座等乘客霸凌行为频发
案例简介	2018年，多起高铁霸座事件引发社会舆论关注。 2018年8月21日，"霸座男"孙赫在G334次高铁上霸占某女乘客的座位。8月23日，济南铁路局称，涉事男乘客的行为属道德问题，不构成违法行为。8月24日，中国铁路济南局集团公司表示，孙某被处治安罚款200元，并在一定期限内被限制购票乘坐火车。9月3日，该男子被列为严重失信人。9月17日，在D353次列车上，六旬"霸座大妈"强行霸占其他乘客的座位，并抓伤在旁劝说的另一乘客。9月19日，在G6078次列车上，"霸座女"周某强占靠窗位置并辱骂乘警和周围旅客，被处以罚款200元的行政处罚，并被列为严重失信人。 此类事件引发公众对霸座者的厌恶，舆论聚焦点在于"霸座"行为应该如何有效处置、如何增加社会治安处罚的威慑力等。

案例15

事件名称	福建泉港碳九泄漏事故
案例简介	2018年11月4日凌晨，福建泉州码头的一艘石化产品运输船发生泄漏，69.1吨碳九物质入海，造成严重的海水污染。随后，多家媒体实地探访，舆论迅速聚焦此事。11月25日，泉州市政府召开新闻发布会表示，事故中的实际泄漏量为69.1吨（而非起初通报中所称的6.9吨），涉事企业存在违规操作和刻意瞒报问题。2019年10月11日，涉事企业8人被判处4年6个月至1年6个月不等的有期徒刑。此事引发公众对事故造成的当地海水及空气环境污染的担忧、对污染可能对人体造成危害的担忧，以及相关部门对企业安全生产责任和监管不力应如何处置等问题的思考。

案例 16

事件名称	"996"工作制引发舆论热议
案例简介	2019年3月26日,一位中国程序员在知名代码托管平台GitHub上创建了一个名为"996.ICU"的项目,以此抵制互联网公司的"996"工作制度(即工作日早9点上班,晚9点下班,且一周工作6天的工作制度),引起大批互联网公司程序员的共鸣。此后,互联网巨头马云、刘强东等人先后表态。马云称"能做到'996'是一种巨大的福气",刘强东直言"混日子的人不是我的兄弟"。李国庆、胡锡进等人对于"996"工作制表示坚决反对。4月14日,马云称"不强制'996',但人要有拼搏精神"。同日,@人民日报发文评论"崇尚奋斗,不等于强制'996'"。此事件的舆论聚焦点主要包含对"996"矛盾产生原因的讨论、对"996"工作制的看法、热议国内互联网大佬有关"996"的表态等。

案例 17

事件名称	单身女性冻卵权引热议
案例简介	2019年12月23日,全国首例单身女性争取冻卵案在北京市朝阳区人民法院公开开庭审理,未当庭宣判。案件缘起于当事人徐枣枣(化名)于2018年11月14日在首都医科大学附属北京妇产医院生殖科咨询冻卵事宜,并确认身体正常、卵子健康,但她提出的冻卵需求却遭到了拒绝。医生表示医院无法为单身女性提供冻卵服务。为此,徐女士将该医院告上法庭。此事件引发公众对单身女性生育权的关注和讨论。

案例 18

事件名称	西安奔驰女车主哭诉维权案
案例简介	2019年4月11日,一段"奔驰女车主哭诉维权"的视频刷爆网络。该女车主在西安"利之星"奔驰4S店购买了一辆奔驰车后,还未开出4S店就发现发动机漏油。与4S店多次交涉后,店方称只能更换发动机,无法退款也不能换车。情急之下女车主坐在一台红色奔驰展车引擎盖上,向围观群众哭诉自己的购车维权遭遇。4月16日,该名车主与店方达成换车补

续表

事件名称	西安奔驰女车主哭诉维权案
案例简介	偿等和解协议。5月27日，西安高新区市场监管部门通报，"利之星"公司被依法处以一百万元罚款。不少网民赞支持女车主的维权方式、指责4S店欺诈、质疑当地相关部门介入不及时、对汽车销售乱象表示无奈。舆论聚焦点主要包含汽车销售市场质量把关不严、买卖双方信息不对称、售后服务态度堪忧、消费者权益保护受阻等问题。

案例 19

事件名称	江苏响水"3·21"化工厂爆炸事故
案例简介	2019年3月21日，江苏省盐城市响水县生态化工园区的天嘉宜化工有限公司化学储罐发生特别重大爆炸事故，造成78人死亡、76人重伤，640人住院治疗，直接经济损失19.86亿元。经国务院调查组认定，这是一起长期违法贮存危险废物导致自燃进而引发爆炸的特别重大生产安全责任事故，并对事故中存在失职失责问题的相关领导及公职人员进行了严肃问责和处分。由于该事故造成多人伤亡，引发媒体纷纷聚焦，迅速形成舆论热点。此事件的舆论聚焦点主要包含公众对化工厂爆炸带来环境污染等问题的关切，对涉事企业劣迹斑斑存在监管形式主义的质疑，对伤亡人员的同情与悲伤等。

案例 20

事件名称	无锡高架桥侧翻事故
案例简介	2019年10月10日，江苏省无锡市锡山区312国道上海方向K135处、锡港路上跨桥出现桥面侧翻，造成3人死亡，2人受伤。初步分析事故原因为半挂牵引车严重超载。事后，共12人因涉嫌重大责任事故罪被司法机关采取措施，17名责任人建议由纪检监察部门提出处理意见。此事件的舆论聚焦点主要包含对桥梁设计、建造方及相关监管部门的质疑，例如，桥梁设计是否存在缺陷、该桥常年有密集的载重货车通行却为何无人监管等。

案例 21

事件名称	"昆明恶霸"孙小果案
案例简介	2019年4月24日,《昆明日报》报道,中央扫黑除恶第20督导组在昆明市打掉了孙小果、涂力军等一批涉黑涉恶犯罪团伙。当日,有网民爆料"中国十大恶人榜首""昆明恶霸"孙小果人生经历及背景,称其"20年前被判死刑却没死",引发舆论关注。5月12日,《新京报》发布追踪文章,称孙小果多次服刑、减刑经历存在"疑点"。5月15日,"澎湃新闻"称其疑似通过发明专利获得减刑,但该专利材料由其母亲提供。《南方周末》文章指出,孙小果生父是其隐秘"后台"。多家媒体公布的减刑细节彻底引爆舆论场。2020年2月20日,孙小果被执行死刑。此案情节恶劣,严重冲击了公众的道德底线,舆论聚焦点主要在孙小果的减刑依据、家庭背景、背后的"保护伞""专利减刑"产业链、涉黑涉恶腐败问题等。

案例 22

事件名称	李文亮医生被评定为烈士
案例简介	李文亮是武汉市中心医院的一名眼科医生。作为眼科医生,他不惧危险,勇于近距离接触患者。除白天值班外,坚持5天一个夜班,负责管理8张床位,始终坚守在医疗救治岗位。2020年1月6日,李文亮医生在收治一名患者时不幸感染新冠肺炎。他在住院治疗期间表示,康复后要再投入抗击疫情战斗中,表现出医者仁心、不惧危险、救死扶伤的优秀品质。2月7日,李文亮经抢救无效以身殉职。 2020年3月,李文亮被追授为"全国卫生健康系统新冠肺炎疫情防控工作先进个人"。4月,湖北省人民政府评定李文亮为烈士。4月20日,李文亮被追授第24届"中国青年五四奖章"。 李文亮医生去世后,大量网民自发到其微博中表示深切悼念。